JN072754

笠置寺本堂と弥勒石

神仏習合の歴史を表す稲荷神社

冬の笠置山からの展望

堂前の十三重塔 背後に薬師石と文殊石

薬師石を仰ぎ見る

行在所に向かう石段

虚空蔵石
（虚空蔵菩薩像といわれるが、弥勒像との説もある。制作年代については文献もなく、詳細は不明である）

※口絵の写真はすべて笠置寺住職小林慶昭師により、ご提供頂いたものである。

笠置山周辺図（出典：国土地理院地図）

笠置寺境内図

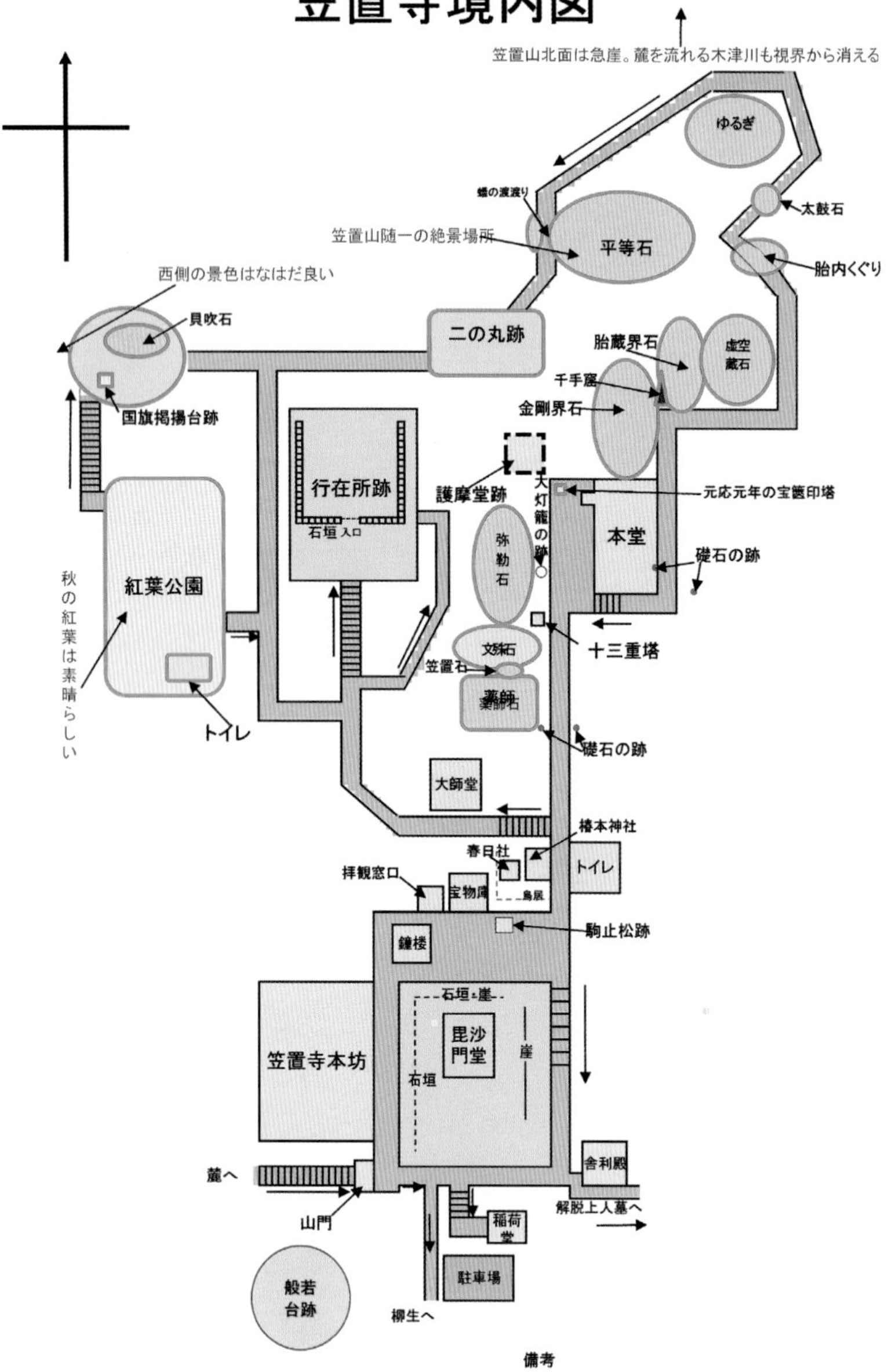

備考

矢印(→)の向きは上り坂の向きをあらわす

距離、建物等スケールは正確ではない

増補改訂新版

笠置寺 激動の1300年

ある山寺の歴史

小《こ》林《ばやし》義《ぎ》亮《りょう》

MPミヤオビパブリッシング

増補改訂新版　序 言

平成三十年改訂新版を発行するにあたり、筆者は「おそらくこれが笠置寺研究最後の書となること と思われる」と記したが、幸い健康にも恵まれ、なお活動が可能であるため、ここに永遠に続くであろう笠置寺の一里塚として増補改訂新版を出版する運びとなった。

基本的に第一版からの大きな修正はないが、笠置山で天智の皇子が危難に遭ったのは天智十年（六七一年）、天武の笠置寺草創を白鳳十一年（六八三年）とし、両者の干支の同一なることは状況に合わず考慮外としたこと（三四頁～三七頁）、笠置寺所蔵の十一面観音記の読み込みにより、江戸時代に大仏殿を再建した東大寺公慶上人の弟子、庸訓が十一面観音悔過の再興を願って寄進した十一面観音は現在舎利殿に安置されている観世音菩薩であると判断したこと（五三頁）、改訂新版第一刷において「清水寺草創にかかる笠置山の関わり」で資料としてあげた「興福寺官務牒疏」が近年偽書であると指摘されていること（九八頁）から関係記述を削除したことなどが特筆すべき点である。

サラリーマン生活を離れて自分時間を取り戻して二十四年、関東より京都南山城の地に思いを馳せながら筆を進められたのは、かの地に生まれ育った者の特権であり幸せを感じざるを得ない。

この書が、室町時代に貞盛によって編纂された笠置寺縁起同様、笠置寺の歴史を記す書として未来に語り継がれていけば、刹那の寿命しか有せない人間として冥利に尽きるものである。

令和五年一月二十二日　　八十四歳の誕生日に

改訂新版　序言

建暦三年（一二一三年）二月に貞慶がこの世を去って八百年となる平成二十五年（二〇一三年）を中心にして解脱上人貞慶八百年忌が関係する各所で執行された。同時に奈良国立博物館では平成二十四年に貞慶展、平成二十六年に京都国立博物館で南山城古寺展が開かれ、貞慶の活躍拠点であった笠置寺も脚光を浴びるに至った。

大阪大学による「笠置寺調査報告」（平成十七年度）は笠置寺を次のように評価する。少し長いが引用する。

　この寺の有する歴史は、京や奈良の大寺院のそれと比しても全く引けを取らない程に長く濃密なものである。

　南北朝期に都を出、東大寺に向かうも、結局東大寺に留まることができずに行き場を失った後醍醐天皇を迎え入れたのが笠置寺であった。そして結果的にこのことが、四十九坊あったと言われる笠置寺の全山を焼亡させる事になり、その後復興への努力は成されるものの、遂に往事の隆盛を取り戻すことなく現在に至っているのである。

　しかしそれ以前には、天智天皇皇子による弥勒彫顕と笠置寺創建説話、実忠による東大寺修二会の笠置寺起源説、後醍醐天皇の夢告による楠木正成との出会い等、笠置寺にまつわる伝承は非常に魅力的なエピソードで綴られている。荒唐無稽なものも多いこれらの伝承であるが、そのスケールは国史にかかわる規模であり、しかも『笠置寺縁起』のみならず、『今昔物語集』、『太平記』といった基本文献に見いだせる程の認知を得ていたことの意味は大きいであろう。

また一方で、平安末期に南都の復興に尽力した貞慶の入寺や、その貞慶に東大寺大勧進の重源が送った釣り鐘が現存すること、更にその後、宗性が膨大な経典書写をこの地でしていることなどは紛れも無い事実であり、笠置寺が文化史上に果たした役割は大きい。何人を問わず元弘戦による全山焼亡がなかったならという思いを抱かせる古刹と言えよう。

と記している。

幸い笠置寺草創から現在に至るまでを記述した拙書は笠置寺や南山城の寺院群、ひいては南都仏教を研究する先学に引用されることも増え、また笠置寺を語る読み物として一般の読者のご支援を得て版を重ねることができた。

山中にひっそりと佇み、世間と距離を置き宗教生活にいそしむ山寺とは異なり、規模は小さいがバイタリティーに富むこの寺を、皆様のご支援に励まされて、改訂新版では近年学者論文の成果、京都府埋蔵文化財調査研究センター調査報告、改訂版以降の新発見資料をもとに更に精緻にかつ幅広く見ることに努めた。

この内、特筆すべきは、

一、元弘の役で後醍醐天皇が落ち延びたルート（少なくともここ七十年では誰も調査のために下ったことはない）を実際に踏破し、その結果、奇襲後の脱出はまず不可能と判断、『太平記』の記述と異なり、事前に笠置山から下山していたと考えた（第五章）。

二、元弘の役とその後の笠置寺を記した『笠置寺縁起抄出』は奈良一乗院にて笠置寺眞盛が書写させたというのが定説であったが（『大日本仏教全書解説』）、阪大調査による指摘でこれは薩摩一乗院にて、笠置寺再興勧進状をまとめた貞盛が書写せしめたものであることが判明した（第五章）。

三、元弘の役以前の笠置寺は東大寺実忠の機縁で兵庫関の関税徴収事務の一部を任されていたことが判明した（第四章）。京都府埋蔵文化財調査研究センター調査報告で、青磁、白磁、高麗青磁など多様な陶磁器類が発掘された事を報じているが、これは兵庫関の関税徴収事務との関連を窺わせるものである（第四章）。

四、明治前後の笠置寺の無住期は明治九年に丈英が入山して終止符を打ったというのが一般に流布している説であるが、本山である智積院の記録「智積院日鑑」に、福寿院俊丈が明治六年十月に御目見を相済ませ智積院の末寺となったという記録が発掘された。俊丈という住持はこの記録以外どこにも出てこない。今後の研究課題を提供するものとなった（第六章）。

五、笠置山を隈無く踏破し、現在はその所在が判然としない名勝、既に忘却の彼方に消えようとしている遺跡・史跡等に光を当てた（第十一章）。

などである。

筆者は齢七十九歳を過ぎ、おそらくこれが笠置寺研究最後の書となることと思われる。私が生を受けた笠置寺に対する感謝の気持ちとして弥勒の宝前にこの書を奉納し、遠い将来であっても再び現れてくるであろう篤学の士への指針となることを希望するものである。

平成三十年五月吉日

改訂版　序言

旧版で私は史実を忠実に再現すること、しかし単なる資料の無味乾燥な羅列に止まらないように心がけ、内容的に専門家の批判にも耐え得るものを目指しながら、同時に笠置寺を訪れる参拝客や歴史好きの人々にとって肩のこらない歴史読み物として枕頭で読んでもらえるようなものをと考えた。幸い笠置寺への参拝客をはじめとして一般の読者を得たほか、笠置寺研究の学者、先生たちにも受け入れられて研究論文にも参照されるなど、お陰で平成十六年には第二版を出すことができた。

今回の改訂にあたって考慮したのは次の諸点である。

第一に旧版を発刊してから、空白であった江戸時代後期の史料を多数目にする機会が得られ、今まで藤堂藩の史料以外に江戸時代の笠置寺の様子を知るよすがが少なかったが、今回新史料の解読によりその様子が判然としてきた。五四八点にも及ぶ文書（現在山城郷土資料館へ寄託）を読み解いて、それから浮かび上がってきた江戸時代の笠置寺を活写し、その記述を全面的に書き改めた。

次に専門家が笠置寺を研究するについての一助にするため、史料編を充実させた。笠置寺所蔵の文書についてはすべて原典から読みとった。

最後に誌幅の関係で本文に入れられなかった事項を読者に供示するため、各年代に於ける笠置寺の様子を年譜の充実という形で補った。

なお旧版以降の諸賢の研究成果も参考にさせていただいた。専門家の先生方にお礼を申し述べたい。

いずれにしても最初に述べたように二兎を追いかけた旧版の姿勢は崩していないので、堅苦しい論述に終始することは避けた。一般の方にも気楽にこの書を繙いていただければありがたい。

平成二十年四月吉日

旧版　序言

笠置寺は京都府の最南、奈良との県境をなす笠置山に所在し、その創建は今から約一三〇〇年前の白鳳時代に遡る。この寺は当時、朝鮮半島から渡来した帰化人によって彫顕されたと思われる巨大な弥勒像を有し、弥勒信仰の道場として発展してきた。

平安時代には末法思想の浸透と共に、弥勒の修行する兜率天への生まれ変わり（上生）や、五十六億七千万年後に予定されている弥勒のこの世への出現（下生）を願って盛んになった弥勒信仰を背景に、天皇や藤原氏一族など貴顕の人々の信仰を得て、京の都から多数の参詣の人を集めた。

鎌倉時代の初期、藤原貴族出自の貞慶が華美を衒い、堕落に走っていた旧仏教の改革を目指して笠置山に入山したことにより、笠置寺は更に大きく発展した。

そのまま隆盛を極め、高野山のような日本有数の山岳大寺院になるかのように思われた笠置寺ではあったが、鎌倉末期に於いて、この山を巡る元弘の役で堂塔伽藍の大半が灰燼に帰した。

その後、復興の動きはあったが、戦国の争乱もあり過去の栄光の姿は再現できず、江戸末期にはとうとう無住の寺院となるに至った。

だが『笠置寺縁起』でインドの聖地、霊鷲山の北西の一角が飛びきたった山と格調高く謳われた笠置山に創建されたこの寺は、明治の世になって、忠君愛国思想の高まりのなかで、その衰亡の原因となった元弘の役が再び脚光を浴びるに至り、再興への歩みをはじめた。

この流れは昭和の時代に於いて、第二次大戦の終結と共に頓挫したが、自然回帰の流れの中、四季折々の豊かな自然や、都会の人々の気持ちを安らかにする山の雰囲気が街の生活に疲れた人々の関心を集め、新たな発展期を迎えるに至っている。

笠置寺は過去一三〇〇年の歴史で留まるものではない。弥勒下生の五十六億七千万年という人智を超えた未来に、巨大な弥勒像から生身の弥勒が下生してくるその時を待ちながら、自らの歴史を刻んでいく悠久の寺院である。

この寺はまるで意思ある生命体のように栄枯盛衰を繰り返しながら、たくさんの人々の活動に支えられて現在に至っている。これからもまた一刹那のはかない人の命の積み重ねによって、その長きにわたって齢を刻んでいくことであろう。

笠置寺には色々な顔がある。弥勒信仰の場としての、修験道の遺跡としての、元弘の役戦跡としての、四季折々の豊かな自然に囲まれた景勝の地としての笠置寺。私はこのドラマ性に富んだ古刹を主人公として、その草創から現在に至るまで、この寺が日本史の大きな流れの中でどのように生々流転を繰り返してきたかを明らかにしようとした。

私事であるが、私は第二次大戦勃発前夜の暗黒期、寒風吹き荒む一月に笠置山の山頂、笠置寺でこの世に生を受けた。爾来、解脱上人が掘削した清冽な井戸水に育まれ、解脱鐘の余韻嫋々たる響きと白鳳の昔から絶えることのない松籟を子守歌に、虚空蔵石の尊像を遊び相手に、そして、弥勒の石上に漂う片雲に千年の歴史を夢想して幼年時代を過ごした。このような環境にあって、笠置の一三〇〇年にわたる歴史がそのまま自然に私の血肉となっていった。

あまりにも一体となっていたがため、笠置の素晴らしさが理解できないままに過ぎていったが、長じて大阪に、そして四十年にわたり大都会東京の喧噪の中に暮らすうちに、私は笠置を再認識するようになっていった。

　笠置は史跡名勝天然記念物の指定を受けた昭和の初めから軍国主義華やかなりし頃は、忠君愛国思想と相俟って研究の対象となることが多かったが、戦後は学者の研究対象となることは少なかった。しかも残念ながら、最近の研究も過去の成果に依存するところが多く、かねがね私には不満が残っていた。

　四十年近くを企業戦士として俗世の巷で過ごす間、この由緒ある寺の悠久の歴史を顧みるゆとりを、時間的にも精神的にも持ち得なかった。しかしサラリーマン生活から解放された今、私はここで私の精神面を作り上げてくれた笠置をもう一度見直して、一三〇〇年にわたる歴史を再発見してみたいと思い、筆をとったものである。

　その姿勢として、史実を忠実に再現すること、しかし単なる資料の無味乾燥な羅列に止まらないように心がけた。日本の歴史の大きな流れの中で、この山寺がどのように発展し、弄ばれ、そして対応し、生き延びてきたかを巨視的に、かつ温かい目で見るように心がけた。大阪からわずか一時間強で訪れることができるこの豊かな自然を都会の人々にも感じていただけるように四季折々の季節の描写も散りばめてみた。

　そして私は風光明媚で古い歴史を持つこの地に、生を受け、育った者のみが感じられるものを言葉にしようと試みた。

　何分素人のことであり、どこまで最初の意図が実現されたかは読者の判断を仰がなくてはならないが、笠置山で生まれ育った私が直接肌で感じ取った笠置を再現できていれば望外の喜びである。

　この書は笠置寺の正史ではない。笠置寺に生を受けた筆者が読者に伝えたい、あるいは読者に興味をもってもらいたいことなどを自由に書いたものである。

史料の制約や漢文の素養、専門知識の欠如によって、その道の権威からみれば噴飯ものの処があるかもしれない。しかし私としては内容的にある程度専門家の批判にも耐え得るものを目指しながら、同時に笠置寺を訪れる参拝客や歴史好きの人々にとって、肩のこらない歴史読み物として枕頭で読んでもらえるようなものをと考えて記述していった。

二兎を追うようなことになったかもしれないが、私を生み、育ててくれたこの豊かな自然に富んだ笠置山を行間に想像しながら、読み進んでもらえれば幸せである。

平成十四年十一月十五日

目次

増補改訂新版　序言　3
改訂新版　序言　4
改訂版　序言　7
旧版　序言　9

第一章　天人降りて弥勒の石像を彫る――笠置寺草創の謎　21
『笠置寺縁起』によるその草創の謂れ　22
天智、天武期の時代　28
その頃に於ける日本と朝鮮との関係／弥勒信仰とは／我が国への弥勒信仰の伝来
弥勒像を発願したのは誰か　34
弥勒像彫顕の技術者は誰か　38
どのような像が彫顕されていたか――「笠置曼荼羅」、室生大野寺の石仏について　40
「笠置曼荼羅」／大野寺弥勒像
その他の石仏群、併せて笠置寺へのいざない　47

笠置寺へ／三つの巨石と一つの石／十三重塔／金剛界、胎蔵界の巨石・千手窟／
虚空蔵石
修験道の道場としての笠置山　63

第二章　兜率天への神秘の入り口――千手窟　65

良弁、千手窟にて千手の秘法を修し、岩山を破砕して東大寺建築用材を流し下す　66
実忠、千手窟から兜率天に入り、修正会を持ち帰る――二月堂お水取りの始まり　71
ここで東大寺と笠置寺との関係　74

第三章　弥勒の霊場として発展する笠置寺　77

笠置寺を訪れた貴顕の人々や高僧　79
空　海／醍醐天皇・菅原道真／花山院／関白藤原道長／関白藤原頼道／
右大臣藤原宗忠／後白河法皇／無動寺法印（慈円）／僧正遍照／源義経
笠置山を詠んだ和歌　90
寺域の整備、弥勒霊場の確立　91
法華八講の再開／鳥羽院庁御下文による寺領の確定／礼堂の建築／
各種法会の整備

護国寺所蔵大般若経平安後期古書写経について　96
清水寺草創にかかる笠置山の関わり　98
ひ・と・休・み　『今昔物語』より一話「僧正遍照の道心、霧に消え入る妻子」　101

第四章　南都から貞慶入山し、寺の整備大いに進む　103

貞慶とは　104
経歴／思想と行動
貞慶を取り巻く人物　110
明恵／重源／九条兼実／藤原定家／後鳥羽上皇
貞慶はなぜ興福寺を離れて笠置寺へ入ったか　119
貞慶は笠置寺で何を行ったか　122
その一、寺域の整備／その二、法会の整備／その三、財政基盤の充実
貞慶、海住山寺へ移る　141
貞慶の後を受け継いだ宗性　144
宗性とは／宗性の著作『弥勒如来感応抄』／
宗性時代の笠置寺の整備／宗性にまつわるその他のエピソード

兵庫関への入船から徴収する関税事務、東大寺からの一部受任について　151

第五章　元弘の役で笠置寺炎上、弥勒像その姿を隠す　153

元弘の役の発端　154
後醍醐天皇、笠置寺へ／天下の険たる笠置山／楠木正成招請さる
笠置山の戦い　163
幕府決死隊が搦め手より侵入して守備隊の不意を襲い、笠置山全山炎上す　169
帝側の勇将の活躍／帝観音谷よりからくも脱出／帝囚われの身となる／
元弘の役の処分
後醍醐天皇、隠岐の島から脱出し京に戻り、建武の中興なる　181
後醍醐天皇、再び京を出る。そして吉野にて失意の天皇　184
再建ならぬ笠置寺　188
室町時代。笠置寺周辺に争乱は絶えず／応仁の乱。その収束後も南山城に紛争やまず
貞盛、『笠置寺縁起』の編纂にかかる　195
『笠置寺再興勧進状』を編纂／『笠置寺縁起』について／『笠置寺縁起抄出』について／
『笠置寺縁起絵巻』について

戦国の世、笠置寺は要塞となる　204
『多聞院日記』の記録に見る笠置寺／織豊時代の笠置寺

第六章　江戸時代、衰亡に向かう笠置寺。だが法灯は連綿と続く　211

江戸時代後期の文書の解読により当時の様子が鮮明に　212
藤堂藩支配の始まり　213
江戸時代の笠置寺の様子　217
坊の推移／子院／宗派、真言宗への転換／法要、檀家とのつながり
藤堂藩による寺領の寄進、財政面への支援、要人の来山　223
諸堂の整備　藩主の参詣／藩主以外の人々の来山
元弘の役戦跡としての笠置山　234
江戸後期、衰亡へと向かう笠置寺　236
安政元年(一八五四年)六月、安政の大地震　246
地震により被害を受けた坊の再建
明治直前に於ける住持交代の様子　252
福寿院南海／多聞院義祥／文殊院法全／丈英

幕末から明治初期にかけての笠置寺のまとめ　259

第七章　丈英入山し、無住の寺を再興する　263

遂に無住の寺に？　264
麓では　266
丈英が入山して笠置寺復興に立ち上がる　268
絵図面に見る明治の笠置寺　271
大正時代には　277
東宮の登山／山上へケーブルカーを敷設する計画

第八章　南朝の遺跡として関心を集める笠置寺　283

慶順の時代　284
戦中時代の笠置寺　288

第九章　終戦から現代へ、そして五十六億七千万年先へ　291

戦後の混乱　292
農地改革による経済的困窮　294

慶順の急死と慶尊の住職復帰　297
南山城水害　299
尊亮による本堂修理　302
慶範による境内の整備、堂の修理　303
平成の世には　306
NHK大河ドラマ「太平記」の舞台に／笠やん／二十一世紀に入り／
六百八十五年ぶりの春日明神勧請
これからの笠置寺　312

第十章　笠置山歳時記　313
春／梅雨／雷／霧／虫／動物／松茸／錦秋／来る年への準備／元旦／雪

第十一章　笠置山名所ガイド　333
笠置への交通　334
笠置駅から山へ　337
山門から笠置寺境内へ　340

笠置山の名所巡り　343
本堂、磨崖仏／胎内くぐり／太鼓石／ゆるぎ石／平等石／二の丸跡／貝吹岩／行在所跡／弥勒石上／大師堂／毘沙門堂／稲荷神社／東山・上人墓／その他の名所
改訂新版　あとがき　365
史料編　369
『一代峯縁起』／『笠置寺縁起』／『今昔物語集』巻第十一／『笠置山縁起』（護国寺本）／『枕草子』／『中右記』（藤原宗忠）／『笠置寺縁起抄出』／『笠置寺再興勧進状』／『笠置山記』（月潭道澄）／『遊笠置山記』（津坂東陽）／『陪游笠置山記』（齋藤拙堂）
年　表　418
主要参考文献　432

第一章　天人降りて弥勒の石像を彫る
――笠置寺草創《かさぎでらそうそう》の謎

笠置寺は、いつ、誰によって創建されたものであろうか。これについては『笠置寺縁起』や『今昔物語』などに興味深い記載があるが史実は謎である。まず笠置寺草創の物語を『笠置寺縁起』によって紹介しよう。

『笠置寺縁起』によるその草創の謂れ

皇子危難に遭う(『笠置寺縁起絵巻』より)

今を去ること凡そ千三百年以前、天智《てんじ》天皇の御代十年(六七一年)のこと。才覚抜群で文筆を好み、同時に狩りが趣味であった皇子は、ある日、群臣を率い馬に乗って木津川を遡り、鹿鷺山《しかさぎざん》(笠置山のこと)の峯に至って狩を行った。

皇子が山上で鹿を追っていくと高い崖の先端に行き当たった。追われていたその鹿は絶壁から身を投じた。皇子の馬は勢い余って絶壁の際まで走ってやっと止まったが、馬は四つの足を一つに集めて、そこに進退窮まってしまった。戻ろうにも足の踏む場所はない。馬を進めんとしても石壁が立ちはだかって動けない。絶壁の底までは十数メートルもあって恐ろしさで目は眩み谷底も見えない。このまま絶壁から落ちて死んでしまうのか、皇子はほとんど気を失いそうになった。その時皇

子がため息をついて歎いて願う。

「この山の神よ、もし私の命を助けていただけるならば、この巌に弥勒《みろく》の像を刻み奉てまつらん」と。

俄に立てた願ではあったが、たちまちにして神仏の助けが現れたのか、馬は四足を促し後に指し退いて皇子はやっとその身の無事を得た。従者が待機している所に行き着いてつぶさにこの危難のことを侍臣に語り、被っていた笠を脱ぎ、それを傍らの石上に置いて後日訪れる時の目印とした。縁起原文は「脱テ二所ノレ服之蘭笠一置ク二後日之指南ニ一」で、これが笠置なる名称の発祥とされる。

皇子は一両日を経て、笠を置いた所を尋ね至った。山の頂からようやく下って巌の腰を回り、やっと巌の下に至ったが、上を向けば巌は屏風のように屹立して、視界の果ては雲が流れる天に及ぶようである。こんな険しい場所に祈念した仏像が彫れるものだろうかと皇子は途方に暮れた。その時、突然黒雲が山を覆ってあたかも真夜中のようになり、その暗闇の中に石を刻む音が聞こえ、小石が飛び散った。黒雲が消えた後、皇子の仰ぎ見る目にその石の面には弥勒の尊像がくっきりと映った。天人が哀れんで、皇子の誓いの実現に向けてこれを助けたのである。

縁起はいう。「爰に皇子、仰ぎて石像を瞻るに、慈氏《じし》（弥勒）の尊容目前に新し。伏して化人の霊像を礼し、掌を合せて仏に向いて曰く、昔西梵《せいぼん》（西のインド国）の天皇、良き匠《たくみ》を得て忉利天《とうりてん》を于《う》る。今東陽《とうよう》（日本のこと）の朕、鉄鑿《てつさく》（鉄のノミ）を誂《あつら》えて知《ち》足天《そくてん》を乎（于の間違いか？）ると。凡そ末代希奇の特尊なり。一天四海の兆民《ちょうみん》専ら恭敬《きょうけい》（つつしみうやまう）を加えよ。然れば則ち、纔《わずか》に歩を運ぶ輩《やから》も、都率《とそつ》に往生するの種《しゅ》を殖《しょく》するなり。偶慈顔に礼する族も、龍華成道《りゅうげじょうどう》の果《か》を結ぶなり。同じく来縁を結ばしめんが為、粗裁《そさい》（おおまかな様子）を遐邇《かじ》（遠い所と近い所、遠近）に贈る」

以上が『笠置寺縁起』に記されている当寺本尊弥勒像刻彫の謂れであり、平安後期成立の『今昔物語《こんじゃくものがたり》集』巻第十一中「天智天皇御子始笠置寺語第三十」、『伊呂波字類抄《いろはじるいしょう》』（平安末期成立）、『阿娑縛抄《あさばしょう》』（鎌倉初期成立）にもほぼ同じ話が記されている。

『今昔物語』を通して一般に知られているこの『笠置寺縁起』とは若干内容の異なるもう一つの笠置寺草創に関する話が『諸寺縁起集』に法隆寺《ほうりゅうじ》、興福寺《こうふくじ》、薬師寺《やくしじ》、唐招提寺《とうしょうだいじ》など南都の大寺と並んで記載されている（便宜上『笠置山縁起』とする）。『諸寺縁起集』は興福寺大乗院《だいじょういん》から護国寺《ごこくじ》に伝わったため一般に『護国寺本諸寺《ごこくじほんしょじ》縁起集《えんぎしゅう》』といわれている。

皇子が危難に逢ったのはこの薬師石の上

内容を見ると、皇子が危難に遭遇した様子は『笠置寺縁起』とほぼ同じである。後日誓いの彫像を行うため、再び目印の笠を置いた山を目指したがなぜか山に登れない。この時、皇子はその容貌、普通の人とは思えない一人の貴人に出会う。貴人は「あなたの願いの成就を手助けしてあげよう」といい、共に山に赴いた。ところが山の北麓、川の南の際でその貴人の姿がたちまち消え失せ、同時に黒雲が峯を覆って強風が吹き抜け、大雨が降り、雷が山を崩さんばかりに鳴った。そのうちに空が晴れて静かになったのを見て山に登ると、以前に笠を置いた所の巌がきれいに磨かれ、そこに五丈（約十五メートル）の弥勒像が現れていた。その相好は妙にして生身のようであった。

以上が『笠置山縁起』のあらすじである。内容は先に紹介した『笠置寺縁起』とほぼ同じであるが、主人公を第三皇子としているのと弥勒像彫顕に対する天人の手助けの様子、弥勒像の表現が詳しいことなどが異なっている。

東大寺《とうだいじ》に伝わる『東大寺要録《ようろく》』（仁治二年〔一二四一年〕書写で平安時代院政期に成立）に、笠置寺は「天智天皇第十三皇子建立　縁起有リ」と記載されていることから、笠置寺草創にかかるその内容は既に当時存在した『笠置寺縁起』（これを『原笠置寺縁起』と言いたい）を通して平安時代に世間に知られていて、これを踏まえて『今昔物語』草創話や『伊呂波字類抄』、『阿娑縛抄』に記述されたものではなかろうか。

文明十四年完成の現『笠置寺縁起』の作成当時、原『笠置寺縁起』が存在したか否かは不明であるが、縁起編集者が笠置寺草創部分は原『笠置寺縁起』に拠ったか、あるいはこの三文献を参考にしたのは同一の字句が各所に散見されることから間違いなかろう。『護国寺本諸寺縁起集』が若干内容に異なる点があるのは、奇瑞譚《きずいたん》を強調して尊像のありがたみを増したものであり、また現れた弥勒像について詳細な描写がされているのは平安時代の弥勒信仰を反映したものと考えられ、実際に尊像を見てその有様を描写したためと判断する。

さて再び『笠置寺縁起』に戻る。縁起ではこの造像は天智天皇の御代十年のこととされる。斉明《さいめい》天皇が亡くなり、その子中大兄《なかのおおえ》（天智）が執政に就いたのが西暦六六一年、翌六六二年が天智元年とされるので、弥勒像刻彫は六七一年のこととなる。また一方、縁起は笠置寺の草創は白鳳《はくほう》十一年、天武《てんむ》天皇の叡願《えいがん》によるとも述べる。

しかしこの草創の謂れについて、学者は天智天皇の御代に縁起に記すような事情で弥勒の石仏が造られたか否かは、当時の文献には見えぬことであるから確認することができない。むしろこれは笠置寺なる名称を説明するために作り出された一説話であると考えたり（川勝政太郎「笠置磨崖石仏小考」）、これを荒唐無稽な説として、開山が役の行者より古いということを主張するためのものと考える説（豊島修「笠置山の修験道」）などが出されている。

このように草創期に遡る確実な史料がないため、巨大な花崗岩の一枚岩に弥勒の尊像を彫顕したのは果たして誰なのか、それはいつのことなのか明確には決めがたい。

縁起では笠置寺の草創は白鳳十一年、天武天皇によるとされるが、天智天皇の皇子の弥勒像彫顕との関係をどう見るか。別の観点からみれば石像の完成と笠置寺の開基とは同時なのか、あるいは異なるのか。異なるとした場合どちらが先か、その時期はいつかなどが疑問として残るのである。

これらの疑問に対してはいろいろな考え方が出されている。例えば川勝政太郎氏は「笠置磨崖石仏小考」に於いて、『今昔物語』に良弁《ろうべん》（後述）が笠置山上に弥勒像を見出して寺を造営したとあるのを受けて、石像の造顕と寺の造営を同時のものと考へ、良弁が奈良に近い笠置山上の大巌面を見て神秘の心を動かし、弥勒の像容をここに刻んで笠置寺を開いたとし、笠置寺の草創、即弥勒石像の造顕、年代は奈良時代末期、天平《てんぴょう》ないし宝亀《ほうき》の頃に求め得るとし、天智天皇皇子の危難に遭遇する話は石像の神秘性を語らんとする潤色であり、笠置寺の名称を説明するために作り出された一説話であるとする。

堀池春峰氏は「笠置寺と笠置曼荼羅についての一試論」に於いて、笠置寺は天智天皇皇子の創建になり、霊山としての山岳信仰が盛んとなった後、東大寺造営に当たって、笠置山北麓の木津川の岩場を摧破した良弁率いる石工、木工等工人により石仏群像が彫刻され、ささやかな堂舎の建立を見るに至ったとする。

足立康氏は「笠置寺弥勒像と笠置曼荼羅」に於いて、弥勒像は天智期ほど古くないにしても、その存在は少なくとも奈良朝までは遡り得るであろうとする。

豊島修氏は「笠置山の修験道」に於いて、笠置山には修験道の始祖、役《えん》の行者《ぎょうじゃ》に先行する原始修験道としての山岳信仰が奈良時代に成立し、そののち奈良朝末期から平安初期の頃、主として南都系の優婆塞《うばそく》・聖《ひじり》によって山中修行が行われていた。そして、笠置山の歴史的展開は、奈良末期には開かれていたと考えられるが、信仰的開創はそれよりもずっと古く、弥勒の石仏も実忠《じっちゅう》（七二六年〜？　後述）以前に既に無名の山岳修行僧によって造られていたものと推定されるという。

松前健氏は『笠置町と笠置山』に於いて、笠置寺が奈良時代から一種の宗教的修行者、持経者《じきょうしゃ》らの行場であったことは、磨崖仏《まがいぶつ》群や銅製釈迦誕生仏など奈良時代の遺物もあることから推察されるが、『笠置寺縁起』に見られる天智の皇子、役の行者、良弁、実忠、空海《くうかい》、日蔵《にちぞう》などの説話は、みな荒唐無稽な奇蹟譚ばかりで史実には遠いとし、「弥勒大磨崖仏」は「古い磐座《いわくら》信仰の上に仏教の外皮をかぶせたもの」で「奈良時代末期のものと推定され」るとする。

確たる史料がないため、以上のようにその議論は学者によって様々で、その結論も推論の域を脱し得ない。笠置寺草創に関して上に述べた諸々の謎を解くためには、まず『笠置寺縁起』に触れられている天智、天武期を中心とした当時の時代背景を調べてみる必要がある。

天智、天武期の時代

■その頃に於ける日本と朝鮮との関係■

日本では六四五年、当時、あたかも国王のように専制的な権力を振るって、国政をほしいままにしていた蘇我入鹿《そがのいるか》を中大兄（後の天智天皇）と中臣鎌足《なかとみのかまたり》が飛鳥板蓋宮《あすかいたぶきのみや》の宮殿に於いて暗殺し、その父、蝦夷《えみし》をも自害せしめて「乙巳《いっし》の変《へん》」を実現した。

この頃朝鮮半島では新羅《しらぎ》、百済《くだら》、高句麗《こうくり》がお互いに争い、この三つ巴の争いを半島に勢力を伸ばそうとする唐《とう》が利用するという複雑な情勢にあった。

六五五年、百済・高句麗が新羅に攻め込み、新羅の要請を受けた唐が高句麗などと交戦していたが、ついに六六〇年に百済は唐と新羅の連合軍の前に滅亡した。しかし唐が再び高句麗に鉾先を向けている間に、百済は勢いを盛り返して新羅・唐に抵抗を繰り返し、日本に援軍の派遣を要請してきた。これを受けた皇太子中大兄は三度にわたり半島に兵を出したが、三度目の六六三年、二万七千人の兵が白村江《はくそんこう》で行われた唐との一大海戦で大敗を喫して外征軍は全面的に壊滅した。その結果、百済は滅亡し、唐と新羅に攻め立てられた高句麗も六六八年に平壌を陥されて滅亡した。

この時、両国から日本に王族、貴族をはじめ多数の人々が大量に亡命渡来した。日本は朝鮮半島に於ける足がかりを失うこととなったが、一方、渡来人《とらいじん》の流入によって我が国に大陸の文化がもたらされ、白鳳文化の礎が造られることとなった。

半島進出に失敗した中大兄は以後国内事業を精力的に推進して、天智六年（六六七年）には近江《おうみ》に都を移した。近江の宮では朝廷に事なく、遊覧これを好む状況であったが、中大兄の後継者問題、即ち後継者として弟の大海人《おおあま》と実子の大友《おおとも》皇子どちらを選ぶかが中大兄の頭に重苦しく垂れ込めていた。

中大兄は翌七年に即位して天智天皇となり、晩年の天智十年（六七一年）一月になって後継者問題に結論を出した。天智のとった選択は、弟で皇太子であった大海人皇子をさしおいて実子の大友皇子を太政大臣に任じることであった。これを受けて大海人皇子は病の床にあった兄天智の後事を託したいとの要請を退けて東宮を辞して出家し、吉野《よしの》に入山した。その一ヶ月半後の十二月に天皇が崩御し、ここに世継ぎの大友皇子と野に放たれた虎、大海人との間に戦争が始まった。世にいう壬申《じんしん》の乱である。翌年（六七二年）六月、少人数で隠棲地の吉野を出た大海人は伊賀《いが》、鈴鹿《すずか》、不破《ふわ》の関をへて一ヶ月後に大津《おおつ》に攻め上がり、この戦いに敗れた大友皇子は大津宮付近の山中で自害した。乱に勝ちを占めた大海人はその二ヶ月後の九月、新宮（飛鳥浄御原宮《あすかきよみはらのみや》　奈良県明日香《あすか》村に所在）に移り、天武二年（六七三年）二月、天皇に即位して天武天皇となった。

天武天皇は自ら親政を行い、内政につとめ、神宮の修理、律令の整備、八色《やくさ》の姓《かばね》の制定、史書の編纂に着手するなど国家体制の整備を行い、また仏教崇拝の念に篤く高市大寺《たけちだいじ》をはじめ国家的大寺の造営整備にも力を注いだ。

以上が『笠置寺縁起』にいう笠置寺草創前後の時代の様子で、この時代背景を抜きにして笠置寺の草創を語ることはできない。

■弥勒信仰とは■

巨石累々たる笠置山の中でとりわけ目を引く高さ十五・七メートル、幅十二・七メートルに及ぶほぼ長方形の大石壁があり、そこに仏像が彫られた。これが笠置寺本尊の弥勒仏である。この巨石は険しい山中の急斜面にあり、天人がその彫顕を手助けしたという縁起の記述を待つまでもなく、当時としては相当の難事業であったことは想像に難くない。そのような難工事を乗り越えて現出すべき仏像こそ当時最も崇拝されていた仏像のはずである。ここに着目すれば彫顕年代も推定できると考える。即ち、笠置寺にある弥勒像自体がその作成年代を示しているのである。

では弥勒信仰が盛んであったのはいつの時代であろうか。歴史を繙いてみると、日本で弥勒信仰が最初に盛んになったのは、まさしくこの天智期に於いてである。結論を先に述べると、笠置寺の弥勒像は天智期前後に創られたものである。

仏典によれば弥勒仏は、まだ悟りきってはいない菩薩《ぼさつ》のままでその浄土《じょうど》である兜率天《とそつてん》の内院《ないいん》に於いて天人のために説法しているとされる。兜率天とは仏教でいう欲界《よくかい》の第四天のことで、将来、仏となるべき菩薩が地上に下りるまでの最後の生を過ごす場所である。釈尊《しゃくそん》もここで修行していたが、現在は弥勒菩薩が兜率天に上生《じょうしょう》して、その内院で天人などに説法し、自らも修行して将来成仏する時を待っている。釈迦仏の予言では、弥勒はその寿が兜率天で四千歳（人間界の年月でいえば五十六億七千万年）が尽きたとき、この世に生まれ変わり（下生《げしょう》して）華林園《かりんえん》内の龍華樹《りゅうげじゅ》のもとで仏《ぶっ》陀《だ》の悟りを開いて、釈迦如来《しゃかにょらい》の教えに洩れた大衆を三会《さんね》の説法《せっぽう》の会座《えざ》、即ち初会に九十六億人、二会に九十四億人、三会に九十二億人と三回にわたって救済する（これを龍華三会《りゅうげさんね》という）とされる。

弥勒下生の時には、国土平坦、人民富楽にして四大宝蔵が現出し、是より財宝を出すに尽きることなく、また闘争、病患等の難もなく、人民は安穏のうちに弥勒如来の三会の説法を聞くことができるとされる。

ただ弥勒がこの世に下生してくるのは五十六億七千万年という無限に近い彼方であり、それでは今の世の人は救われない。そこで常に弥勒の浄土（兜率の内院）を希求していけば、その人は亡くなるとすぐ弥勒の住む兜率天に昇り（上生）、下生の時まで弥勒菩薩のもとで修行することによって輪廻《りんね》転生《てんせい》の苦から逃れることができるという「上生」の信仰が生まれた。

この五十六億七千万年先に予定されている弥勒の「下生」と、死後すぐ弥勒の住む兜率天へ我々が死後「上生」する、この二つが弥勒信仰の中心となっている。

次の言葉はすべて弥勒信仰に係わるものであり、笠置寺に関する文献にもしばしば出てくるので頭に入れておくと笠置寺を理解する一助になる。即ち、「兜率天」「覩史多天《としたてん》」「知足天」（兜率天に同じ）「龍華会《りゅうげえ》」「龍華樹」「三会」「弥勒上生」「弥勒下生」「慈尊《じそん》」（梵語《ぼんご》のマイトレーヤの漢訳）「内院」「補処《ふしょ》の菩薩」（釈迦仏の代わりとなる菩薩の意）等である。

■我が国への弥勒信仰の伝来■

もともと敏達《びだつ》天皇の十三年（五八四年）九月には「百済より来る鹿深臣《かふかのおみ》、弥勒の石像《いしのみかた》一躯《ひとはしら》有《たもてり》」（『日本書紀』巻第二十）とあり、蘇我馬子《そがのうまこ》は飛鳥石川精舎《あすかいしかわしょうじゃ》を造って弥勒の石像を安置させ、また推古《すいこ》天皇十一年（六〇三年）には秦河勝《はたかわかつ》が聖徳太子《しょうとくたいし》より弥勒像を拝受して蜂岡寺《はちおかでら》（現、広隆寺《こうりゅうじ》）を創建する（『日本書紀』巻第二十二）など、我が国にも弥勒信仰の基礎は既にできていた。

一方、国家滅亡当時の百済でも既に弥勒信仰が盛んであり、七世紀前半には百済最後の都・扶余《ふよ》の別都である益山《いくさん》の北西四・五キロの地に百済王の武王《ぶおう》によって百済最大の弥勒寺院が建造されていて人々の信仰を集めていた。百済が六六三年に姿を消し、この時、国を失った百済の多数の貴族、僧侶、一般人たちが日本に亡命したが、この百済人が天智天皇に百済の弥勒信仰を伝えた。これが天智期になって弥勒信仰が急速に盛んになった直接的な原因である。

羽曳野《はびきの》市にある野中寺《やちゅうじ》には白村江の敗戦三年後の六六六年に造られた弥勒半跏思惟像《みろくはんかしゆいぞう》が現存する。天智天皇は大津遷都の翌年、百済益山王宮の北西に弥勒寺が配置されているのをモデルとして近江宮の北西に崇福寺《すうふくじ》を建立して丈六《じょうろく》の弥勒像を納め、弥勒経十部を書写した。これは天智天皇同盟の士、藤原鎌足《ふじわらのかまたり》の死に臨んで兜率天への上生を祈り、龍華会に赴かんことを発願したことにもよる。天智天皇期にはこのように弥勒信仰を証左する事実が数多く存在する。

弥勒信仰がピークを迎えたのはこのように天智期から天平の末までである。その後、弥勒信仰は阿弥陀《あみだ》信仰にその地位を譲るが、再び、末法思想《まっぽうしそう》を背景にした摂関期《せっかんき》の浄土思想《じょうどしそう》高潮のもとで新たな展開を示すことになる（速見侑『弥勒信仰』）。

したがって笠置寺の弥勒像彫顕はこの天智期の弥勒信仰が基礎にあったものと考えるのが素直であり、弥勒信仰に陰りが見えだし、聖武《しょうむ》天皇により盧舎那仏《るしゃなぶつ》造立の詔勅の発せられた良弁の時代より前でなければならない。即ち笠置寺弥勒像造像を奈良時代末期、天平ないしは宝亀の頃に求めるのは弥勒信仰を巡る時代背景からして疑問が生じるのである。

もし彫像が後代の良弁、実忠の時代であったならば、おそらく弥勒の代わりに毘盧遮那仏やその他の仏像が彫刻されていたことであろう。困難な工事の末に彫顕された仏像が弥勒像であることこそ、取りも直さず笠置寺の石像自体が東大寺創建より以前の白鳳期の作であることを客観的に実証しているのである。

中国龍門石窟盧舎那仏像

笠置寺弥勒像とほぼ同時代の西暦675年に則天武后の姿に似せて造られた像の高さ17.14メートルの大仏。

大仏はバーミヤン、シルクロード莫高窟、炳靈寺窟、そして麦積山、龍門、雲崗、と東進し、朝鮮半島を経て笠置寺にて弥勒像として花開き、東大寺大仏で結実した。

弥勒像を発願したのは誰か

縁起によると弥勒仏彫顕の発願は危難に遭った天智天皇の皇子で、笠置寺草創は天武天皇の叡願によるとされている。

弥勒仏彫顕と笠置寺草創の時期の前後関係については、最初に笠置山中に軒を連ねる堂塔伽藍が造り上げられたというより、まず高さ十五メートルに及ぶ一枚岩に宗教心の発露で大磨崖仏が彫られたことが笠置寺創建のきっかけとなったと見るのが自然である。

即ち堂塔伽藍があり、崇拝の対象として弥勒磨崖仏が刻まれたのではなく、古くより霊の宿るとされた巨石があって、そこに宗教的感情をもって弥勒仏が刻まれ、同時ないしその後に礼拝する堂が建築されていったとするのが、ここ笠置山を取り巻く自然の雰囲気からしての順序である。

なお『今昔物語』には笠置寺は弥勒像が彫顕されてから、良弁がこれを見つけその後に堂などが造られたと述べる。都の近くで大作業を経て顕現された弥勒像がそのまま森の中に埋没してしまったとは考えられないし、またその存在は当時の知識人や宗教人なら当然知っていたと見るべきで、良弁がこれを見つけたとする『今昔物語』の話は草深い路傍の石仏ならいざ知らず、巨石に流麗に彫られた像についてはは不自然である。

次に彫像の時期を白鳳期として、笠置山に狩猟に来て危難に遭い、弥勒仏の彫顕を発願した人物を検討する。

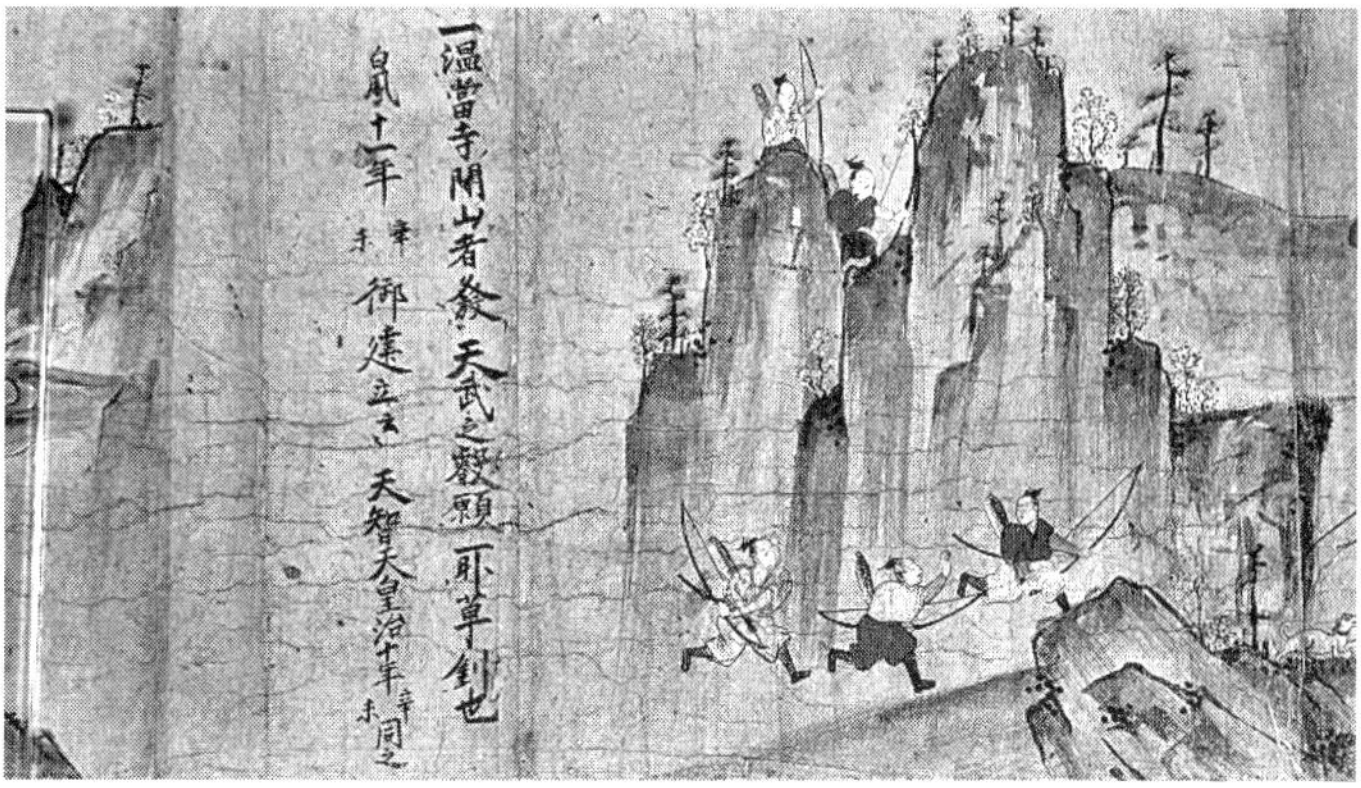

『笠置寺縁起絵巻』による笠置寺草創の記事

縁起にあるように天智天皇の皇子とすれば、歴史上年齢から候補になるのは第一皇子の大友皇子（六四八年生）、第二皇子の建皇子《たけるのみこ》（六五一年生）、第三皇子の川島皇子《かわしまのみこ》（六五七年生）であろうが、建皇子は僅か八歳にて死亡、第四皇子以下は年齢的に合わないので除外すると、残るは大友皇子と川島皇子となる。危難に遭ったときを天智の十年とすると、大友は二十三歳、川島は十四歳で、年齢の点からは大友に利がある。しかしこの年は壬申の乱の直前で、十月には天武が吉野に逃れ、十二月に天智が亡くなっており、皇子が弥勒像を彫顕する環境にはなかったはずである。

危難に遭った皇子を大友皇子とした場合、大友皇子は危難の翌年に壬申の乱で天武天皇によって死に至らしめられている。壬申の乱に勝ちを得て天皇に即位した天武は、甥である大友皇子鎮魂のため、皇子が山神と結んだ約束を果たすべく、皇子に代わって弥勒像を彫顕し笠置寺を草創したと考えることができる。

更なる推論を加える。危難に遭った皇子を川島皇子とした場合、その時皇子は十四歳。まだ若いが群臣を卒いれば狩猟は可能であろう。護国寺本『笠置山縁起』に第三皇子と明記してあることもその根拠となる。

川島皇子は叔父の天武天皇に殺された大友皇子とは異なり、壬申の乱後も生き残って天武天皇の皇女、泊瀬部皇女《はつせべのひめみこ》を妻とするまでに天武天皇の信任を得て、天武天皇の諸皇子に伍して天武朝で大きく活躍した。天武の世が安定し、天皇が仏教寺院を整備していく中で娘婿の川島皇子の献言によって天武天皇が渡来人伝来の技術力をもって弥勒像を彫顕し、笠置寺を草創したと。

これらを裏付ける史料はないが、時の流れを追えば、これが縁起にいう「温《たづぬ》るに当寺開山は天武の叡願に発し、草創さる所なり」の意味であろう。『笠置寺縁起』により危難に遭った皇子を大友皇子としても、護国寺本『笠置山縁起』によって川島皇子としても、弥勒像を彫顕し、笠置寺を草創したのは天武天皇と考えるのである。

笠置寺縁起は天智の皇子が危難に遭った年を天智十年辛未、天武による笠置寺の草創を白鳳十一年辛未の年とする。縁起の干支からすれば、両者は同年の出来事となるが、天武による草創を同年とするのは造像に要する期間や当時の宮廷を取り巻く情勢を考えれば無理がある（前掲二十四頁の今昔物語やその他の資料には干支の記載はない）。危難に遭ったのが天智の皇子とすれば、この頃、天武天皇もまだ皇子（大海人皇子）であり、辛未の年の翌年には天智の皇子大友皇子と天武の間に壬申の乱が勃発している。やはり、数年後、天武の治世が落ち着き、大寺を創建する機運が出た頃、白鳳十一年（天武二年を白鳳元年として）西暦六八三年に巨大仏を有する笠置寺が創建されたとみるのが妥当であろう。なお奈良薬師寺も天武九年（六八〇年）皇后の病気平癒を祈って発願されている。

現地を見れば実感できるが、この弥勒石は全体に前面に傾斜し、今にも倒れてきそうなほどの迫力で迫ってくる。また弥勒石の前にも大きな石が積み重なっていて、その石の前、現在本堂のある所

（今は整地されて小さな広場となっている）は、当時、おそらく東の谷に向かって急斜面の崖となっていたと思われる。そのため、人里離れたこの山上で仏像線刻のための足場を作るだけでも大作業であり、巨大な光背を彫り窪めるのもまた大変な労力を必要とする。到底この作業は片手間で行えるものではない。笠置山北麓の難所を摧破した良弁率いる造東大寺司の石工等によって石仏群像が彫刻（堀池氏）できるような代物とは思えない。この像は財力のある天皇家の発願と、芸術性、宗教性の薫り高い尊像を大石壁に刻する技術集団があってはじめて完成し得るものである。

『笠置寺縁起』の記述を荒唐無稽な奇蹟譚として切り捨てる学説があるが、これらを荒唐無稽であるとして切り捨てるのでなく、これら奇蹟譚の背後に潜む事実を究明するのが学者の姿勢であろう。

天武の時代は神道的祭儀が国家的に整備された時代であり、仏教興隆の先頭に立っていた天武天皇により国家的仏教儀礼が全国的規模で行われ、高市大寺など国家的大寺の造営整備が行われた時代でもある。笠置寺がこの頃に創建されたとして、時代背景からも十分に説得力を持ち得る。

弥勒像彫顕の技術者は誰か

弥勒石は花崗岩の巨石である。花崗岩は結晶の粒子が大きくかつ粒子の熱膨張率が異なるため、粒子間の結合が弱まって風化しやすい。風化が進むと構成鉱物の粗い粒子を残したままばらばらの状態になり、非常にもろく崩れやすくなる。堅くてもろい、いたって加工のしづらい石である。

そのため昔は太い釘のようなもので少しずつ彫っていった。この花崗岩の加工技術も仏教と一緒に大陸から入ってきたものである。飛鳥地方には花崗岩で造った造形品が多いが、これらを造ったのは渡来系の人たちの子孫であると推測され、今に残る花崗岩の彫像は六世紀後半から九世紀までのものが多い（久野建『古代日本と渡来文化』）といわれる。

南山城の平野部には高麗系の狛《こま》氏族が多く住み着いていた。前述したように六六三年には日本・百済軍は唐・新羅軍と白村江に戦って大敗した。その時、朝鮮半島から撤退する日本軍は王侯、貴族をはじめとする百済の遺民多数を連れて帰った。その後天智六年（六六七年）には白村江戦勝の余勢を駆って唐・新羅連合軍が高句麗の都を攻め、一ヶ月にわたる攻防の後これも陥落させた。その結果、翌年には高句麗も滅亡し、その時も王侯を含む多くの亡命者が日本に渡り、これら渡来人の多くが山城の地に住み着いた。南山城には今でも上狛、下狛、高麗とか精華町《せいかちょう》という朝鮮半島に由来する地名が多くみられる。これらの渡来人はその地に於いて高麗寺《こまでら》、下狛寺等を造営して仏教文化の発展に大きな役割を果たしていた。

そのうちの一つ、高麗寺は宇治方面から遡ってきた木津川が直角に東に向きを変える木津の対岸、上狛にある。この流れを遡ると笠置は近い。今は寺跡が残るに過ぎないが、木津川に南面する南北百九十メートル、東西二百メートルの広大な寺域に、塔、金堂、講堂を配した法起寺《ほっきじ》方式の伽藍があったとされ、二〇〇七年十一月には七世紀後半や八世紀末頃のものとみられる鴟尾《しび》の破片、南門の柱石などが出土した。当時は壮麗な寺院が木津川を行き来する舟からもみられたことであろう。また寺の北側には高麗寺造営氏族である狛氏族のものと考えられる大規模な居宅跡も発見されている。

彼等渡来人こそ時の権力者の命を受け、日本人の持たない技術を駆使してこの石仏を刻んだ人たちである。

東大寺造営にあたって千手窟《せんじゅくつ》に籠もって秘法を行い、「笠置の磐石」を破り、船筏の通路を開いた良弁が、この弥勒像を造ったという説がある（二七頁参照）。しかし、大仏の建立に全力を投入していた良弁が果たして石工を使ってこの大事業を成し遂げるだけの時間的、精神的余力があったであろうか、また岩を砕破する石工に繊細、華麗な仏像を彫顕する技術力があったであろうか、疑問ありとせざるを得ない。

どのような像が彫顕されていたか
――「笠置曼荼羅」、室生大野寺の石仏について

■「笠置曼荼羅《かさぎまんだら》」■

残念ながら笠置寺の弥勒像は現在では巨大な石面に彫り窪められた仏像の光背が残っているだけで、そこには弥勒のお姿はない。元弘《げんこう》の兵火（後述）に遭って、その優麗なる線刻の仏像は一夜にして姿を隠してしまったのである。しかしこの希有な大石像は世の注目を集め、平安から鎌倉時代にかけて幾つかの文献などにその記録を留めている。その中に尊像を知る素晴らしい資料が二つ、今に残されている。

その一つは「笠置曼荼羅」である。この曼荼羅は大和文華館《やまとぶんかかん》に所蔵されており、縦七五・七センチ、横五四・八センチ、赤や緑に彩色された絹本《けんぽん》掛幅で、宗教的雰囲気に満ちた逸品で国の重要文化財に指定されている。

この曼荼羅はかつて多武峯《とうのみね》曼荼羅といわれていた。多武峯の談山《だんさん》神社には山の斜面に拝殿があり、十三重塔があってこの曼荼羅の画に似ていたためである。しかしこの神社にはこのような石像はなかった。笑い話のようだが明治三十九年、この曼荼羅を手に入れた原三渓《はらさんけい》（横浜本牧の三渓園を造っ

た人物）はこの像を求めて秘かに談山神社の境内を掘ったという。この曼荼羅が笠置寺を描いたものであると判明したのは、昭和十一年、国宝に指定されたとき行われた文部省調査の結果で、国宝指定時にその名称が「笠置曼荼羅図」に改められた。

曼荼羅は元弘の役（一三三一年）以前の笠置寺を如実に描写しているのでよく見てみよう。画面右側にある巨大な弥勒の立像は左下にその慈悲深い目を落としている。弥勒仏の衲衣《のうえ》は優雅な線を描いてその尊体を覆い、安定感のある足を踏み割り式の二つの蓮華座《れんげざ》にそれぞれ乗せている。弥勒の左右には二人の僧が描かれている。向かって左側は袈裟《けさ》を捧げる釈迦の弟子迦葉《かしょう》である。迦葉は釈尊付法《ふほう》の伝衣《でんえ》を弥勒出世の時、弥勒に献ぜんがため鶏足山《けいそくさん》（インド・マガダ国に所在　玄奘『大唐西

笠置曼荼羅（大和文華館所蔵）

域記』）で禅定に入っているが、今、弥勒仏の出世にあってその伝衣を尊前に捧げている様子を表している。また柄香炉《えごうろ》を執る羅漢《らかん》は釈迦十大弟子の一人、釈迦の息子でもある羅睺羅尊者《らごうらそんじゃ》である。したがって弥勒石像は、弥勒菩薩が成仏して如来《にょらい》形となって下生し、龍華樹《りゅうげじゅ》下三会《かさんね》の説法を試みる姿を表したものである（西村貞「南山城笠置寺の石仏」）。

弥勒と二人の僧の衣は朱色に着色されている。もともと着色されていなかったが、平安の頃に着色されたものである。このことは『本朝世紀《ほんちょうせいき》』（平安時代の歴史書）に「笠置弥勒加彩色之後、霊験惟少」とあり、『沙石集《しゃせきしゅう》』に「笠置の弥勒はいろどり奉て後、霊験《れいけん》御坐《おわ》さずと云へり」とあることから判明する。

石像の前に木製の基壇が備えられているが、おそらくここには花や供物、香炉が捧げられていたのであろう。現在は木製の基壇の代わりに石垣で土壇が築かれている。

像の前の石には背の高い灯籠《とうろう》が描かれている。今もこの絵の位置にある大きな石の上には灯籠を据え付けるために彫られた直径五十センチ程の窪みと五センチ程の穴が二つ残っている。右端にある大きな石も正確に描かれている。

弥勒石の左、現在石造十三重塔《じゅうさんじゅうのとう》の建っている場所には朱塗りの柱と白壁とのコントラストが華麗な檜皮葺《ひわだぶき》の十三重塔が描かれている。この十三重塔は興福寺から笠置寺に入山して笠置寺を大きく発展させた貞慶《じょうけい》（詳細は後述）により建久《けんきゅう》九年（一一九八年）十一月に建立され「般若報恩塔《はんにゃほうおんとう》」と名付けられた「木瓦葺《きがわらぶき》十三重塔」である。曼荼羅では屋根が檜皮葺きとなっているようであるが、これは貞慶の後を慕って笠置寺に入山した鎌倉時代の学僧である宗性《そうしょう》によって修復された時に葺き替えられたものであろう。

現地にあって笠置寺本堂を背にして弥勒石方面をご覧あれ。弥勒像や壮麗な十三重塔、スケールの大きい礼堂は姿を消してはいるが、十三重塔へと上がる石段、右手から灯籠へと上がる石段、礼堂から下って虚空蔵石《こくぞういし》へと進む桟道、そして諸堂の位置関係、すべて千年近くの歳月にかかわらず全く実写そのものである。本堂前の巨石に彫られた堂の礎石《そせき》もそのまま残されている。

「笠置曼荼羅」では石像の前を礼堂が棟を延ばしている。元久元年《げんきゅう》（一二〇四年）、鎌倉幕府の寄進も得て完成した礼堂で、断崖に面して数多くの長い柱でかろうじてその均衡を保っている。この狭い場所にあって弥勒像を参拝するため、できるだけ弥勒像より距離を置いて礼堂を建てようとするための工夫であった。曼荼羅で見る限り柱間が十二を数える大きなもので、今もこの礼堂の礎石が本堂前と本堂下の大石に刻まれている。これらの遺構からも当時の礼堂が現在の本堂に比べて奥行きもあり、そのスケールが相当大きかったことが判明する。また建物の断崖に面して回廊が設けられている。画面左端には文殊《もんじゅ》石の下と薬師《やくし》石の下に堂が見える。薬師石の下の大石にも礎石の穴が二つ残っているが、おそらく薬師石の下にあった堂の礎石として使われていたのであろう。画面左下には虚空《こく》蔵菩薩《ぞうぼさつぞう》像の刻まれた巨石へと下る木の階段がある。これも今と同じである。

弥勒像の前には赤や黄色のきれいな花が咲き乱れている。折から弥勒像を参拝にきた主従らしき人物が、その巨大な石像を目にして背を屈めている。貴婦人に付き従う従者は既にその像に威圧されたのか、笠を脱ぎ前屈みになって主人の後に続いている。主従に向かって弥勒如来は温かい眼差しを注いでいる。悠久の静けさを保つ尊像と動の人物の対比が見事で、また崇高な弥勒像に相対するこれらの人物の篤い宗教心を見る者に感じさせる。「笠置曼荼羅」は巨大かつ威厳に満ちた弥勒像を目の当たりにした鎌倉時代の人が敬虔な宗教心に駆られて描いたものと確信する。

写実性に富んだ「笠置曼荼羅」であるが、一つだけ描かれていないものがある。弥勒像が焼失する以前の元応《げんおう》元年（一三一九年）銘の宝篋印塔《ほうきょういんとう》で、場所は本堂横の広場にある。宝篋印塔が設置される以前に曼荼羅が描かれたのか、礼堂の屋根で隠れているのか、今となっては不明であるが、現存するこの宝篋印塔だけが真実の弥勒像を十二年の間だけではあるが毎日見上げていた事になる。

この曼荼羅はいつ作成されたのか、その制作年代については諸説がある。平安時代に残されていた笠置弥勒画像や大野寺《おおのでら》弥勒像（後述）の様式などから、これらを参考にして元弘の役後に笠置山往時の盛観を描かんとしたものであるとする説が以前は有力であったが、これだけの素晴らしい宗教的雰囲気に満ちた画像が、元弘の役後の荒廃した境内の実景から描き得るとは思えない。そのため、その優美な画法等から、この曼荼羅は元弘の役以前に、実際にその尊像を直接実写したものであろうという説が近年有力になり、今や通説となったとみてよい。

十三重塔が当時の住侶であった宗性によって檜皮葺きになったのが文応《ぶんおう》元年（一二六〇年）である。したがってこの曼荼羅はそれ以降、弥勒像が元弘の役（一三三一年）で焼失するまでの間に描かれたとみる。

なお現存する石造十三重塔は曼荼羅に描かれた十三重塔が焼失したあと、南北朝《なんぼくちょう》時代に建てられたと思われる。この塔は昭和三十二年に重要文化財の指定を受けた。

美術史家、美術評論家として著名な矢代幸雄氏は「精細にして的確なる建物の描出、樹木花卉類の美しき写生、特に男女の参詣人の風俗画的描写、何れも鎌倉時代も相当進みたる時代を示すことはたしかである」と述べ、更に「社地寺域を描写する曼荼羅のうち、もしもその場所の景観が異常に見事であって、それ自身の美的感銘を深く与える場合には、そういう曼荼羅画は、自ら宗教思想よりも、自然よりの美的感銘により多く引張られて製作され、換言すれば、より多く純粋風景画に近づいて、近代的意義をもつのである。この意味に於いて、（社寺曼荼羅としては）熊野曼荼羅の一種である有名な那智滝図及びこの笠置曼荼羅を以て、二大代表作と考える」とされ、「私は今もなほこの名画をぢつと見て在りし日の笠置山頂の壮観を偲び、これほど立派な石仏ならば、化人が彫成を扶けたと伝へらるゝも、無理はない」と、絶賛される（『歎美抄《たんびしょう》』）。

■大野寺弥勒像■

もう一つ、笠置寺の弥勒像を知る資料は室生大野寺の弥勒像である。室生寺に近く、室生寺の西の大門といわれる大野寺に笠置寺の弥勒像を模した石像があり、ありがたいことに今は光背《こうはい》を残すに過ぎない在りし日の笠置寺の弥勒像の面影をこの目に見せてくれる。

この像は高さ十三メートル余、宇陀川《うだがわ》に面する屏風《びょうぶ》ヶ浦という石英安山岩の岩壁に刻まれている。承元《じょうげん》元年（一二〇七年）十月に後鳥羽上皇《ごとばじょうこう》の発願により、貞慶とも交流のあった興福寺別当《べっとう》の雅縁《がえん》大僧正が棟梁となり、宋人石匠伊行末《いのゆきすえ》が中心となって造立したものである。同三年（一二〇九年）三月、後鳥羽上皇の臨幸を仰いで落慶供養《らっけいくよう》が行われた。この間一年半、交通の便の良い平地でもこれだけの期間を有している。これよりはるかに古い時代、人里離れた山間の笠置山での精緻な造像の苦労が理解できるではないか。

大野寺の弥勒像は線刻が荒削りで「笠置曼荼羅」に画かれている弥勒像に較べると優美さ、繊細さの点で劣っている。また素材となっている大野寺の岩は山肌の岩盤が露出したもので、石質も花崗岩

同復元線刻図

大野寺弥勒像

のように固くないため亀裂が多く、石面の剥離もあって像の損傷が激しい。今なお、我々が目にすることのできる笠置寺の虚空蔵菩薩像が、大野寺の石像より遥かに古いにもかかわらず、優雅さや鮮明さに於いて数段上であることから見て、笠置寺磨崖仏の石質の良さ、技術力の高さ、保存の良さが如実に証明されるであろう。しかしこの大野寺の磨崖仏とて、現在では笠置寺の貴重な遺産を今に示す数少ない証として残されていることを幸いとする。

その他の石仏群、併せて笠置寺へのいざない

最初から固い話が続いたので、『笠置寺縁起』にインドの霊山の北西の角が飛び来たったと記載される笠置山の霊的な雰囲気にも触れながら、気分を変えて気楽に石仏群を案内していこう。

笠置寺山門

■笠置寺へ■

ＪＲ笠置駅から数分、南笠置の登山口から出発して、元弘の時代に激しい攻防戦が繰り広げられた八丁の急坂を地獄谷や足助次郎《あすけじろう》奮戦の跡、戦死者の名を刻んだという名切《なきり》石《いし》等を見ながら登っていくと、ゆっくり歩いても麓から約一時間弱で「天武天皇勅願所《ちょくがんしょ》　後醍醐《ごだいご》天皇行在所《あんざいしょ》　笠置山《かさぎさん》寺《じ》」と書かれた石碑のある笠置寺山門に着く。

ここに至る道は砂礫が混じり、木の根が錯綜して歩きにくい。底の深いハイキングシューズが欲しいところであ

る。山門をくぐると険しい山としては珍しいほど大きな広場を持つ笠置寺境内に入る。夏の季節、樹林におおわれた東の谷から吹き上げてくる涼風が汗ばんだ体に心地よく、生き返るような気分になる。

すぐ左には平成十年（一九九八年）十二月に改装された笠置寺の庫裡《くり》、左正面には鐘楼《しょうろう》があり、東大寺の勧進僧重源《かんじんそうちょうげん》上人より寄進された解脱鐘《げだつかね》が目に入る。

椿本神社

広場の奥には当山鎮守の椿本神社《つばきもと》がある。『笠置寺縁起』によれば、この鎮守護法《ちんじゅごほう》の神は吉野金峯山《きんぷさん》の椿本大明神であるという。延喜《えんぎ》八年（九〇八年）に日蔵上人（道賢《どうけん》）が笠置寺の千手窟より兜率天に入った時、山神から「吾が山は未だ護法を信ぜず。早く請じるがよい」と告げられ、道賢は急ぎ金峯山に帰り、金剛蔵王《こんごうざおう》に詣でて祈請したところ、蔵王権現が「ここから北東の方へ十六町行くと大木がある。その木の元の尊い石に護法を請うて尊崇せよ」と告げた。道賢がそれに従って大木のもとを尋ね至ったところ、そこにはお告げの通り石があって光明を放っていた。道賢はその光明石を箱に納め、笠置寺に勧請《かんじょう》せしめて鎮守を仰ぎ奉った。それ以後、威験日に新たにして悪魔降伏の擁護の霊験が大きかった。『笠置寺縁起』はこの霊験は厚く、遥か遠く弥勒菩薩の出世の時まで到り、仏法僧の繁昌は永く龍華会の成道まで鎮守し給う霊験無双の明神であると述べている。

椿本神社の左側に祀られている朱の色も鮮やかな社は平成二十八年六月、春日大社《かすがたいしゃ》から勧請された春日大社摂社本宮《せっしゃほんぐう》神社旧社殿である。

■三つの巨石と一つの石■

広場左側には笠置寺の庫裡や解脱鐘、宝物庫、椿本神社が点在する。石段を二重に重ねた右側の高台に毘沙門堂《びしゃもんどう》を見て、この広場を左に曲がっていく。この辺りは元弘の役に於いて笠置落城の際、後醍醐天皇を逃がさんとする守備軍と幕府軍が大激戦を行ったところである。

東側の急崖は観音谷《かんのんだに》。楓や椎、樫の巨木が鬱蒼と茂る本堂への参道を百メートル程進むと、正面には正月堂《しょうがつどう》、そして頭上に覆い被さるように突き出た高さ十二メートル、幅九メートルの巨石が眼に入ってくる。これを薬師石《やくしいし》という。この石を見上げると、まるで軍艦の舳先に似ているので戦時中は軍艦石《ぐんかんいし》の名で通っていた。観光客はガイドの説明に納得し、上を見上げては大きく開いた口で「ほんまや。よう軍艦に似てるなあ」と感心するのが常であった。なおこの足下の大石には直径三十センチ程の穴が二ヶ所に開いている。在りし日の堂の柱石であり、「笠置曼荼羅」で左端に描かれている堂の礎石と思われる。今は徒らに雨水がたまり、落ち葉を浮かべているだけであるが、壮麗な諸堂の存在を想像せしめるに充分である。

近時の伝承ではこの薬師石と隣の文殊石、弥勒石の三つの巨岩を収蔵した伽藍《がらん》が存在したとされる。例えば『雍州府志《ようしゅうふし》』（貞享《じょうきょう》三年〔一六八六年〕）には「古へ、伽藍、魏々然たり。この石像も堂内にあり」とし、『笠置山独案内』（明治十九年〔一八八六年〕）には「昔時弥勒薬師文殊の三大石を内に籠めて建てたるものなり」という。しかし「笠置曼荼羅」にはそのような伽藍は描かれていないし、そのような大きな伽藍を支えるに充分な礎石も見つかっていない。栄華を極めた笠置寺を一層大きく見せたいとする後世の願望が空想を拡げしめたのであろう。

更に進み、軍艦石の舳先の部分を回り込むと、杉の大木越しに薬師石右面の中間に円い窪みとその周辺に、手の指のような浮き彫りがかすかに見られる。ガイドは天智天皇の皇子がこの石上から落下したときに馬の蹄が当たった跡であると説明する。当然、作り話に過ぎない。あるいは薬師如来が手に持つ薬壺と掌であるとも言い伝えられているが、真偽の程は不明である。その右に文殊菩薩が刻まれていたといわれる高さ七メートル、幅十三メートルの文殊石があるが、この巨石には人の手が加えられた形跡はない。

『笠置寺縁起』など過去の史料にもこの二つの巨石に薬師如来や文殊菩薩の像が彫られていたとする記述はなく、「笠置曼荼羅」にもその姿は見られない。巨岩そのものを信仰の対象にしていた磐座信仰の名残が、弥勒像の完成を機にこれらを仏像と見たてたと考えるのが妥当であろう。あるいは文殊石については般若台六角堂に釈迦、弥勒と並んで文殊菩薩が安置されていたのが一つのヒントであるかもしれない。

文殊石から本堂前に至れば、突如として今なお人形の光背（高さ十二・四、幅五・七メートル）の面影を妖しくその石面に残す高さ十五・七メートル、幅十二・七メートルの弥勒石が笠置山の巨石の中でも一等地を抜いて、圧倒的かつ鬼気迫る迫力で屹立しているのが目に入る。これが笠置寺の本尊、弥勒仏である。今から千三百年前、白鳳の時代から天皇をはじめ、貴顕や多くの庶民の信仰を集め、笠置寺をして弥勒の聖地といわしめたその石仏がこれなのである。

巨石の基部は拝観場所から五～六メートル高い所にあるため、視覚的にも実際の高さ以上に聳えて見える。巨石は見る者の頭上に覆い被さり、今にもこちらに倒れてくるような迫力には言葉を失う。現に、石上遥か上空を東から西にゆっくり流れて行く雲を見据えていると、あたかもこの巨石がじわじわと自分の方に倒れてきているかのような錯覚すら感じる。杉、椎、楓の巨木がその巨石の周辺を取り囲み、春には桜やツツジ、そして新緑が、秋には燃えるような紅葉がこの巨石へ自然が供える供花となり、雨上がりの時や秋の朝などに漂う霧はこの巨石へ自然が与える香華となる。誠に天然の妙である。

弥勒石

弥勒石下部に見つかった彫刻。何を彫ったのか不明である。

近年弥勒石の下部、土壇との境に人工の彫り物を発見した。元弘の役の火災の時に土に埋まっていて焼け残ったものとも考えられる。この彫り物が何を意味するかは後日の研究となる。

弥勒石から視線を左に移すと薬師石と文殊石との間に挟まれるように小さい石が載っているのが望見され

る。小さいといっても高さ一メートル、幅二メートル以上もあり、巨石に挟まれているため小さく見えるだけである。言い伝えでは危難に遭った天智天皇の皇子が再度訪れる際の目印として笠を置いた石といわれている。笠置の名の起源となった石であり、笠置石《かさおきいし》といわれる。

なお笠置寺の山号は鹿鷺山という。伝承では天智の皇子が弥勒像彫顕のため、再び笠置山を訪れたが、目印に置いた笠がどうしても見あたらない。途方に暮れていた時、一羽の白鷺が空中を旋回すること三回にして笠を置いた石に舞い降りた。皇子はその白鷺に目を向け、それによって笠のありかが判明した。この縁で山号を「鹿鷺山」、寺号を「笠置寺」と称するようになったとされる。

これはあくまでも伝承である。縁起にもこのエピソードの記載はない。笠置を鹿鷺というのは、既に『類聚三代格《るいじゅうさんだいかく》』（平安時代に編纂された法令集）、寛平《かんぺい》八年（八九六年）の『太政官符《だじょうかんぷ》』に「伊賀に連なり南、大和に接する処として大川原《おおかわら》、有市《ありいち》、鹿鷺」とある。昔、この山には鹿や鷺が多く棲息していたので、これをもって鹿鷺と称したのだろう。

弥勒石を正面に見て、巨石に囲まれた右側の小高い空き地に以前は二尺ばかりの不動明王の立像を本尊とする護摩堂《ごまどう》があった。江戸時代の名勝案内図では本堂奥の石段の上に立派な堂が描かれている。しかし、既にその石段も埋もれ、巨石に囲まれて椎や樫の巨木の生育する平地がかすかにその堂があったことを想像させるに過ぎない。

巨大な弥勒石に相対する堂が笠置寺本堂の正月堂である。もともとこの場所には笠置寺本尊、弥勒如来を拝礼する礼堂があり、鎌倉初期に解脱上人貞慶が鎌倉幕府の寄進も得てここに壮麗な礼堂を建立したが、元弘の役の戦火で焼失した。その後永徳《えいとく》元年（一三八一年）に再建されたが、この堂は応永《おうえい》五年（一三九八年）に不慮《ふりょ》の火災で焼失してその後再建ならぬままに推移した。これを受けて文明十四年（一四八二年）に貞盛《じょうせい》の手により辛苦の結果、再建されたようであるが、堂内の棟札（現在所在不明）に「慶安《けいあん》元年戊子八月二日　太守高次《たかつぐ》様御建立」とあるので、その後、この堂を藤堂藩二代当主の高次が再建したことが窺われる。これらについては後述する。

この本堂は第二次大戦後、相当痛みが激しく基礎も傾き倒壊の危険すら生じたので、昭和三十二年（一九五七年）解体修理を行い、その機会に昔の礼堂の様式を復元して磨崖仏を拝するために桟唐戸両開きの開口を設けた。

正月堂本尊は十一面観世音菩薩。平安時代前期の特徴をそなえているとする（阪大調査報告）。笠置寺への来歴の由来は不明である。なお寺内舎利殿には、江戸時代に東大寺公慶《こうけい》上人（大仏殿の再建を行った）の志を体して正月堂悔過の復興を祈請して寄進された十一面観音像が安置されている。

■十三重塔■

文殊石の前面に十三重塔が立っている。この十三重塔は「初重軸部の四方は二重円光式に掘りくぼめて、釈迦、弥陀、弥勒、薬師の顕教系四方仏を半肉彫し、蓮座は軸部表面に薄く彫ってある。各層の笠は軒が厚目で、ゆるやかに反り、下から上へ僅かの逓減をみせる。十重目と十二重目は入れかわっているようである。相輪は請花、宝珠を失っているが、水烟付きである」（川勝政太郎『日本石造美術事典』）。この塔は国の重要文化財に指定されている。

怪異な姿を絶壁からはみ出している文殊、薬師の両巨石と薬師石の前にある杉の巨木を背景にすると、それらの前面に立つ高さ四・七メートルのこの塔は日本庭園の石灯籠のように小さく見えるが、

十三重塔と薬師石

人工物と自然の対比が素晴らしく、期せずして配置の妙を得ている。

この塔がいつ建立されたかは不明であるが、その形式等から鎌倉末期から室町初期のものと推定されている。

寺伝では解脱上人が母の供養のために造ったともいわれているが、解脱上人が建造したのは木瓦造の十三重塔で「般若報恩塔」と称されるものであった。木瓦造とは木で本瓦葺きを模して葺いたものである。木造の塔は元弘の役以前の寺を描いたとされる「笠置曼荼羅」にも描かれているので、この石造の十三重塔が解脱上人によって造られたとするのは事実に合わない。「般若報恩塔」のあった場所にこの石造の十三重塔が造られているところからみれば、元弘の役で焼失した「般若報恩塔」を後世に伝えるために、同じ場所に石造十三重塔を建造したとするのが正確であろう。その意味でこの十三重塔が元弘の役の戦死者を弔うために造られたとする伝承があるいは正鵠を得ているのかもしれない。

十三重塔の両側にある五輪の石塔は、元弘の役に奮戦してここ笠置山に戦死した石川義純《よしずみ》と錦織《にしきおり》判官俊政《はんがんとしまさ》（両武将の活躍については後述）の墓とも伝えられるが、これも定かではない。しかし十三重塔が上述のような動機で作られたとすると、元弘の役の勇者の墓とするのも納得がいく。

■金剛界《こんごうかい》、胎蔵界《たいぞうかい》の巨石・千手窟■

本堂の前を右に折れて、文明年間に組まれた懸崖造《けんがいづくり》の基礎部分にかろうじて造られた道を下る。道の下二ヶ所に、礼堂の礎石と思われる直径三十センチ程の穴が石面に彫られている。これらの柱の跡から判断すると、元弘の役以前に建っていた礼堂は今の本堂よりも相当規模が大きかったことが実際に理解できる。これは弥勒像を描いた「笠置曼荼羅」からも確認されるところである。急斜面に建った本堂の基礎部分や礎石を見ると、この厳しい地形にあって、千年以上もの間、弥勒像を礼拝するため、如何に先人が苦労してきたかが偲ばれる。

道を下って本堂の懸崖造りの木組みを左手にして進んでいくと正面に巨石が三個、鉤形に並んでいる。直角に向かい合う二つの石には金剛界（石の高さ十二メートル）、胎蔵界（石の高さ十五メートル）の曼荼羅が描かれていたという。今は右側の石の側面に舟形の切れ込み（蓮華座の一部といわれる）が残されているだけであり、真偽の程はわからない。

この二つの石の間が千手窟といわれる。古来、弥勒の浄土につながる龍穴《りゅうけつ》とされた所であり、弥勒石像と並んで笠置寺に於ける最も神聖な場所である。残念ながら現在の千手窟は千年以上にわたる土砂が堆積して、秘所への入口としての龍穴の面影は薄れているが、金剛界、胎蔵界の二つの巨石（二つ併せて両部石とも称される）に挟まれたこの洞窟の様子は、良弁が千手の秘法を修し、実忠や日蔵上人がここから兜率天に入ったという伝承もさもありなんと思わせる幽遠な雰囲気を今なお残している。なお千手窟については次章に詳しく述べる。

この辺りから見上げれば、太くがっしりした懸崖造りの本堂の木組みの斜め上、木の間越しに弥勒

金剛界石とその左上に弥勒石

千手窟

石が本堂前から見るよりも更に高くそそり立つ。正面両側の金剛界、胎蔵界の古色蒼然とした巨岩はその歴史の古さを示すように苔やシダを表面につけ、屏風を立てかけたように屹立する。足もとの扁平な花崗岩は実は巨石の頭で、この石は更に谷底へと絶壁となって落ち込んでいく。この絶壁の下から見上げれば、通路は折り重なる巨石の間の桟道と見えるはずである。巨石が累々と何段にも折り重なるこの辺りは、正に笠置山の核心部ともいうべき場所を形作っている。縁起に、笠置山は「此土《このくに》の地に非《あら》ず。耆闍崛山《ぎしゃくっせん》（鷲峯山《じゅぶせん》と漢訳される。中インド・マガダ国の首都、王舎城の北東にあり、釈尊が説法した地として有名な霊山）の霊峯《れいほう》欠け落ちて来現す。補処の弥勒慈尊、胎蔵界の峯なり」という記述もさもありなんと納得できる雰囲気をもち、他にその類を見ない。この場所は自ずから襟を正させる霊気に満ち、日の傾いた午後、一人でここに静かに佇めば、身の回りに山霊が漂っている感に打たれる。

耳を澄ませば松の巨木を吹き抜ける風はさわやかな音色を奏で、遥か下を流れる木津川の瀬音も耳に心地よく、心身にこびりついた俗世間の邪念を消し去ってくれるかのようである。さわやかな秋の晴れた朝、日が昇るにつれ、木津川の川霧が谷間より上がり、これら巨石に雲となって絡み付く時、この世ならざる墨絵の世界が現出され、異次元に迷い込んだ気分となる。ここを訪れる者は山霊に囲まれて心洗われる想いがして、千年前、平安の貴顕が感じたと同じ敬虔なる宗教心に浸り得ること必定である。

■虚空蔵石■

眼を胎蔵界石の方に向けると、胎蔵界石に寄り添うようにむすび形の巨岩が見え、ここにも摩崖仏が刻まれている。そのスケールは石の高さ十二メートル、幅七メートル、像の総高六・七七メートル、座高四・二一メートル、髪際から地付きまで三・五五メートルもある巨大な線刻の仏像である。この仏は茎に宝相華《ほうそうげ》（想像上の花、蓮の花びらを象った蓮華紋から変化したもの）の絡む蓮華の上に趺坐《ふざ》する。頭上には宝冠《ほうかん》を頂き、胸に瓔珞《ようらく》を飾り、天衣を翻し、右手は施無畏印《せむいいん》、左手は与願印《よがんいん》を作っている。この仏は虚空蔵菩薩といわれているお姿である。

本堂の建物から離れていたため、幸い元弘の役の戦火にも焼かれず、千数百年の年月と風雨に堪え抜き、当時と変わらぬ華麗な姿を今に伝えている。エジプトのオベリスクは数千年の歳月に耐えて鮮明なる象形文字を残しているが、エジプトとは異なり、寒暑がはっきりして風雨が荒れる我が国では、どんな堅固な石でも数百年も経たぬうちに、そこに刻まれた文字や絵が風化して判別が不可能となるものである。もともと花崗岩は風化しやすい性質をもっている。このことは昔の墓石や神社の参拝記念碑等を見れば納得できるだろう。それを考えると、虚空蔵の像が彫刻の一線たりとも損なわれず、千数百年後の現在まで彫顕当時そのままの鮮明さで残存しているのは奇跡としか言いようがない。笠置山の巨石は千年を超える歳月の風雪すら浸食できない硬い素材でできているのである。

　笠置山の花崗岩は河原に転がっている丸い石がそのまま巨大になった感じであって、単体の巨石が幾重にも重なっている所に特徴がある。亀裂もなければ、鋭い角もない。あくまでも丸い石である。

虚空蔵石

　しかしそれだけに、その大きさが高山の数百メートルに及ぶ岩盤の露出した絶壁（例えば甲府の昇仙峡、奥秩父瑞牆山《みずかきさん》、中央アルプス駒ヶ岳、九州大崩山《おおくえやま》、屋久島の山群など）に匹敵する重量感、存在感をもっているのである。

　さてこの虚空蔵菩薩像について、『笠置寺縁起』は嵯峨《さが》天皇の弘仁《こうにん》年間（八一〇～八二四年）、空海が虚空蔵の宝前で求聞持法《ぐもんじほう》を修した時、新明星がこの岩を指して光を当てたもうた処、その光跡が石を穿ったと伝える。

求聞持法は一種の記憶力増進法で虚空蔵菩薩の真言を百万遍、これを百日続けることにより見聞覚知したことすべてを忘れなくするという法である。空海もこれを阿波の国大滝嶽で実行したこと、空海の書、『三教指帰《さんごうしいき》』に記述されている。

注目すべきはこの『笠置寺縁起』の話とよく似た話が法輪寺《ほうりんじ》虚空蔵菩薩について述べられていることである。空海の弟子、道昌《どうしょう》が嵯峨葛井寺《かずのいじ》（現在法輪寺）に百ヶ日参籠し求聞持法を修した。最後の夜の明け方、月が西山に隠れ、明星が東天に現れる暁の頃、道昌は明星を拝し、閼伽《あか》の水を汲んだ。その時、光炎が雷光のように輝いた。畏れてこれを見るに明星天子が眼前に来り現れて、道昌の袖には虚空蔵菩薩の姿が縫いつけたように浮かび上がった。このお姿は数日を経ても消えず、良い香りが紛々と漂った。ここに道昌はその姿を写して木像を彫造し、衣の袖に現れた「奇特の霊像」を胎内に納め、それを神護寺《じんごじ》に於いて空海が供養し奉った。これが法輪寺の虚空蔵菩薩である（法輪寺縁起）。

また奈良市の虚空蔵寺（弘仁寺《こうにんじ》）の本尊虚空蔵菩薩像についても「明星零落の地に於いて建立される」と記録されている。このように虚空蔵菩薩について明星が関連づけられることが多いのは、明星が虚空蔵の化身であるとされるためである。学者が空海のこの奇瑞をも荒唐無稽という（松前　前掲）のは、虚空蔵菩薩にまつわるこの背景を読み込んでいないためと思料せざるを得ない。

残念ながら空海が笠置山に来たという『笠置寺縁起』を補強する史料はどこにもない。しかし空海は西暦八〇六年に唐から帰国した後、弘仁元年（八一〇年）から四年間東大寺別当に就任している。『笠置寺縁起』にいう弘仁年中に笠置寺を訪問しても不思議はなかろう（第三章に述べる）。

この虚空蔵磨崖仏は近年苦心の末に拓本がとられた。虚空蔵石の前面は非常に狭くて絶壁に面して

虚空蔵磨崖仏像拓本

いる。そのため、この像は弥勒像よりも更に間近に足下から見上げることになるので、もともと全体像のバランスが判然としなかったが、巨大な拓本によって初めてこの像が流れるような線刻で描かれた優雅にして華麗、均整のとれた姿であることが判明した。我が国最古、最美、最大、最絢爛、最荘厳で精緻、均整のとれた線刻磨崖仏であり、日本だけでなく中国の莫高窟《ばっこうくつ》をはじめとする石窟やインド、アジャンタの石窟などにもこれほどの精緻、優雅な尊像はない。もっと世界の注目を集めても良い国宝級の像である。

残念なのはこの素晴らしい磨崖仏に関する文献は意外にも上記の空海にからむ縁起の記述以外に見つかっていないことである。作成年代については天平末期とも平安後期ともいわれるが定説はない。しかし虚空蔵石の下から経筒や和鏡、銅製の六器具などの経塚遺物が発見されており、平安時代には既に信仰の対象となっていたことは間違いない。

前掲の堀池氏はこの彫像を如意輪《にょいりん》観音座像とされ、奈良時代末期の雄渾な気風を宿しているとし、川勝氏は「尊像は蓮座上に趺座する菩薩形座像で頭上には宝冠を頂き、胸に瓔珞を飾り、光背は二重円光とする。宝冠正面には優雅な宝相華文を刻出して居り、蓮座は広闊な単弁蓮弁を以ってし、且つ池中より生じた蓮華なることを表現するため中央下方には莖を立て、これに宝相華様の見事な唐草を纏綿させている優雅さは比類稀なものである。面相亦円満で、しかも極めて洗練された像容を示していて、密教図像を巌面に見る思ひがある。その宝冠飾、蓮弁の形、さては莖を飾る宝相華の彫刻には多分に藤原芸術の香がある」とする。またこの像が如来のように持ち物を持たず、宝冠、瓔珞を加えて菩薩形にしている点から弥勒菩薩と推定する説もある。

延喜十六年（九一六年）に成立した『一代峯縁起《いちだいほうえんぎ》』には道賢が虚空蔵の石屋の竜穴から兜率天の外院に入るとの記述がある。『笠置寺縁起』がこの像を虚空蔵としたのは、これによったものと思われる。しかし弥勒の霊場として信仰を集めてきた笠置寺にあっては、やはりこの像も弥勒如来と考え、弥勒石像とあまり時を置かないで刻彫されたものと見るのが自然であろう。

最近泉武夫氏が昭和五十九年にとられた拓本を踏まえて詳細な研究を発表された（平成十八年五月「笠置寺摩崖線刻菩薩像の制作時期をめぐって」京都博物館学叢）。この像の様子が奈良時代風であり、八世紀半ばの東大寺大仏蓮弁毛彫毘盧遮那如来像や八世紀前半の法隆寺橘夫人厨子の扉絵菩薩像、八世紀後半の唐招提寺木彫群、東大寺法華堂不空羂索観音像などとの類似する手法、そして拓本によって判明した像の髪際から地付きまでが大宝令（七〇一年）以前に普及していたとされる高麗尺の一丈（一尺が三五・五七センチ）に合致する点などを勘案して奈良時代末期の制作と推定されている。

朝鮮半島からもたらされた高麗尺をもって造られたものとすれば、笠置寺弥勒像と同じくこの像も渡来人の手によるものとも推測でき、まだ虚空蔵菩薩像と確定されていないこの像があるいは焼失した弥勒像とあまり時間を置かないで彫刻された二つ目の弥勒像ではなかったかとも推測し得る。この泉氏の論文は久々に笠置寺の虚空蔵菩薩像について精密な論考が行われた力作であり、この説を基礎として更に研究が発展していく事に期待するものである。

しかしこの見事な線刻菩薩像が過去の文献にあまり出てこないのは、不思議といえば不思議である。本尊の弥勒像があまりにも素晴らしいもので本尊仏としてその存在感が大きすぎこの像の影が薄かったためか、あるいはこの像の前面が巨大な石の頭となっていて絶壁の下に落ち込んでいて礼拝に適さなかったため、弥勒像ほど注目されなかったのかもしれない。もし、この像を正面に見る礼堂を造るとなると、数十メートル下の断崖の基部から基礎を積み上げなければならず、当時としては不可能なことであったであろう。

いずれにしてもこの虚空蔵菩薩像は弥勒仏が焼亡した現在、今に残る笠置寺の完全、華麗な唯一の磨崖仏であり、我国のみならず世界に誇り得る遺産であると思料する。「我国石造美術史を飾る線刻磨崖石仏の古遺物として、かの豊後臼杵付近の陽刻磨崖石仏と共に指を屈すべきものであるが、寧ろその巨大さと典麗さに於いては本邦石仏中に冠たるもの」（川勝　前掲）として評価が高い。

それにしても、この素晴らしい虚空蔵菩薩像を目にする都度、更に素晴らしかったであろう弥勒像が「もし焼亡していなかったら」と幾度悔やむことか。歴史に「もし」という言葉がないのはわかっていても、この言葉を発せざるを得ないのである。

修験道《しゅげんどう》の道場としての笠置山

笠置寺は草創以来、弥勒像を中心にして天皇勅願の寺として大きく発展していくが、この笠置寺は修験道の道場としての別の面をも有する。

関西本線笠置駅付近から見上げると、笠置山は大小二つのお椀を重ねて置いたような柔和な姿であるが、北側や東側から見上げる笠置山は長い年月にわたり木津川の急流が山肌を削りとって急崖を形作ってきたため、一転して険しい山容を示す。鬱蒼とした樹木で覆われる山肌に巨石が見え隠れする様子は、周囲を取り巻く穏やかな山々とは全く異なった雰囲気を醸し出している。原始の人にとっては巨石に囲まれたこの山は神霊が住むにふさわしい山と思えたに違いない。巨木や巨石あるいは山容怪異な山自体を神体として崇拝する日本古来の自然崇拝の中にあって、古代の人が笠置山の尋常ならざる山の雰囲気に接してその山容やそこにある巨石群を神聖視し、仏教伝来以前から巨石を通じて神の存在を認識するいわゆる磐座信仰が存在したことは否定できない。

この磐座信仰が役の行者を始祖とする修験道と一体となり、笠置山は修験道の山としてその名を高め、吉野山、金峯山と結び付いて修験道の霊地として発展してきたのである。

ここに笠置山の修験道の一面を記する縁起を紹介しておこう。その縁起は一代峯笠置の名で修験道の成立展開に重要な役割を演じた大和の霊山の大峯、葛城《かつらぎ》と並んで記されている。これが完成したのは奥書から延喜十六年（九一六年）である。かいつまんで内容を紹介しよう。

大和の東北に一代峯（笠置山のこと）という高山があり、ここに弥勒・観音の化身といわれる禅僧が五百余人修業している。吉野金峯山は弥勒菩薩が修業する兜率天の内院、一代笠置峯は兜率天の外院で、この峯に一度修行する者は必ず兜率天に往生し、その極楽に至ることができる。役の行者が白鳳十二年四月にこの山に入山して修業し、両部の如法経を書いて石中に安置した。

延喜年間に吉野金峯山椿山寺《ちんざんじ》で出家した修行僧、道賢（日蔵上人）が延喜八年八月に笠置山に参籠し、その間千手窟よりこの兜率天に入り、ここに自分の皮膚を剥いで描いた三部の秘密曼荼羅を安置した。また道賢は一代峯の仙宮で両部の大乗経《だいじょうきょう》を読誦する役の行者に会う。意気投合した道賢と役の行者は「我等、この峯に住みて末代の行者を守護せん」と誓い合う。この山は日本の山でなく、耆闍崛山（インドの釈迦説法の聖地）の西北の角が闕けてこの所に来たものであると締める。

文明十四年（一四八二年）に編纂された『笠置寺縁起』は、役の行者が白鳳十二年（六八四年）四月に笠置山に登って修行したことを記すが、この記事は『一代峯縁起』に依拠したものと思われる。『一代峯縁起』は笠置山を金峯山、葛城山と並んでその山容の厳しさと点在する巨石群の故に役の行者に絡む修験道の原点としても位置づけているのである。

その昔、山城光明山寺（木津川市山城町に所在した）を「一之宿」として笠置山から長谷寺の間に修業の道があり、山中抖擻《さんちゅうとそう》が行われ、三十ヶ所の宿所もあったといわれるが、今は一部を除いてその跡は判然としない。『一代峯縁起』のできた延喜十六年（九一六年）には既に修験道の山として大きな規模を有していた笠置山ではあるが、修験道の山としては元弘の役以降、その活動を停止したと思われる。しかし今も東の覗き、西の覗き、笈渡《おいわたし》、蟻の戸渡り、胎内くぐり、平等（行道か）石など行場の名残がこの山の各所に点在し、この山が大峰山と同じく修験道の山でもある痕跡を残している。

第二章　兜率天への神秘の入口
――千手窟

天武の御代に創建された笠置寺はその後どのような変遷をたどったか。巨石群の話はこれまでにして、創建後の笠置寺の歴史に戻ろう。

天武治世の数十年後、聖武帝により南都に於いて一大国家プロジェクトが開始された。東大寺大仏殿の建立がそれである。笠置寺はその過程で重要な役割を演じ、東大寺との関係が深くなる。

良弁、千手窟にて千手の秘法を修し、岩山を破砕して東大寺建築用材を流し下す

良弁が千手の秘法を修して洪水を起こし、岩山をうち砕く図（『笠置寺縁起絵巻』より）

天平十五年（七四三年）十月、聖武天皇は紫香楽宮《しがらきのみや》に於いて「三宝の威霊に頼て、乾坤相泰かに、万代の福業を修めて、動植咸栄えんことを欲」し、大仏造顕の詔を公布した。

この大仏造顕の詔によって造仏事業が開始された。大仏本体の鋳造が完成したのは天平勝宝《しょうほう》元年（七四九年）、更に三年先の天平勝宝四年（七五二年）四月に孝謙《こうけん》天皇、聖武太上天皇、光明皇太后《こうみょうこうたいごう》臨席のもとに開眼供養が挙行された。実にこの国家的大事業は詔が公布されてから九年間の歳月を要したのである。

大仏を収容する大仏殿も当然ながらそのスケールは大きく、柱間で桁行九間、梁行五間、

裳層をめぐらした屋根が二重、桁行十一間、梁間七間の大建築であった。これに要する木材もまた大量だったのは当然である。

この建築に要する莫大な量の用材には、近江の信楽《しがらき》や伊賀の板蠅《いたはえ》の杣《そま》（三重県名張市西北の山地一帯を指す）の材木が用いられた。これら伊賀など東からくる用材は木《き》津川《づがわ》（当時は泉川《いずみかわ》）を筏で下り、木津の浜（現木津川市）で陸揚げされ、そこから奈良坂を経て東大寺の工事現場に運ばれた。

平城京《へいじょうきょう》の時代には既にこの泉木津は都の外港の役割を担っており、淀川水系で近江、丹波《たんば》、摂津《せっつ》などと結ばれ、各地の産物は木津川を経て都へ持ち込まれていた。しかし宇治《うじ》から遡上してきた木津川は木津で東へ直角に方向を転じるが、この上流部は南北に走る笠置山地を貫流するために、山々が迫り渓谷が続いて、伊賀山地からの筏流しは困難を極めた。

東大寺造営にかかる用材調達の陣頭指揮をとったのは良弁（持統《じとう》天皇三年〜宝亀四年（六八九〜七七三年））であった。良弁は新羅人の審祥《しんしょう》より華厳教学を学び、その徳をもって聖武天皇の帰依を受けた。彼は大仏造顕にあたって華厳経との関連性を説き、天皇の理想実現に積極的に動き、大仏造営についても聖武天皇を助け、その功により大仏開眼の後、東大寺初代別当に任命された。別当就任後は弥勒菩薩や観世音菩薩像を作らせたり伽藍の整備に力を注いだ。

良弁の出自は詳細が不明で、生まれは近江あるいは相模ともされる。伝説では近江の国の人で幼少の頃、大鷲にさらわれて大和の国に運ばれ、義淵《ぎえん》僧正に拾われて養育されたともいわれ、また百済系の渡来人に繋がる人物であったのではないかとの説もある。良弁は弥勒信仰にも篤かったので弥勒磨崖仏のある笠置寺にはとりわけ親近感を抱いていたことも推測に難くない。

話を戻すと、聖武天皇は大仏殿の用材を伊賀の国で確保し、木津川を利用して木津まで運ぼうとしたが、笠置山麓の大きな岩山が木津川の表面を四町ほど覆い尽くし、流れが岩の下を通っていたため筏を流すことができなかった。朝廷ではこの岩山の扱いについて議論百出し、結論に至らなかった。そのため天皇から相談を受けた良弁が、笠置寺の千手窟に籠り千手の秘法を行ったところ、雷神が下ってかの岩山を破砕し、川水は滞らずに流れ、筏は何の支障もなく下ることができた。この時の様子について『笠置寺縁起』は「雷神は善達龍王の小龍の身にて現わる。彼の窟の龍穴より出現して、千手堂正面の左辺の柱を便と為し天に登りて大雨を降し、洪水を成して即時に此の岩山を崩し流し、大仏殿の料材河上より障り無く下る者なり」と。

この話は東大寺の文書にも記載されていて、東大寺造営にあたって良弁が千手窟に籠って秘法を行い、「笠置の磐石」を破り船筏の通路を開いたとある。事実は良弁が石工などを使って巨石を切り崩して木津川の隘路を拡げて上流からの筏を流したのであろう。

笠置山の北麓は鹿ケ淵《ししがふち》といわれ、狭い渓谷を流れ下った所が深い淵となっている。木津川上流より見て、左岸に屹立する笠置山の裾は過去数多くの地震や山崩れによって笠置山から転げ落ちてきた巨

木津川鹿ヶ淵の岩山

大な岩石が積み重なって木津川の流れを狭め、その上、笠置山北面の基盤をなす花崗岩層は木津川の底を越えて対岸にも及び、岩を噛み、あるいは深淵なす流れの対岸にも高さ数十メートルに及ぶ絶壁を形成している。木津川沿いに通じている伊賀街道も明治の代に至るまでこの渓谷には道を開くことができず、江戸時代には峠越えの迂回路となっていて「笠置峠か与右衛門坂（伊賀上野の西方にある）か江戸の箱根は無けりゃ良い」といわれる伊賀街道の難所とされていた。

見事にV字形に浸食された深い渓谷は今も川遊びにくる観光客の目を楽しませている。この鹿ヶ淵より上流の急流が縁起等にいう岩山の難所である。津藩の儒者、津坂東陽《つさかとうよう》（一七五七〜一八二五年）は友人と笠置山に遊び、この鹿ヶ淵をもって「獅子潭《ししがふち》を過ぐるに北崖の積石、峯を成す。高さ百仞《じん》ばかり、峻嶒《りょうそう》（山の嶮しいさま）、竦勢《しょうせい》（そばたつ勢い）にして影を潭底《たんてい》に涵《ひた》し、石罅《せきか》（細かい割れ目）に疎松《そしょう》、参差《しんし》（互いに交錯しているさま）して挿すが如く、尤も逸趣《いっしゅ》有り」と、その有様を絶賛している。

話は変わるが、この鹿ヶ淵一帯を詳細に調査すれば当時の掘削の跡が認められ、その技術水準も判明して、磨崖仏造顕との関係の有無も実証されるかもしれない。

一般的に笠置寺については未だ本格的な考古学的探査の手が入っていないのが現状である。今に至るまで、昭和五十年から二ヶ年に及ぶ笠置町による般若台六角堂の発掘調査、平成十七年十二月、京都府埋蔵文化財調査研究センターによる柳生に続く丘陵地帯の寺院跡などの遺跡調査だけである。他にもここ鹿ヶ淵、千手窟、弥勒石の前面、本堂前から虚空蔵石絶壁下の平坦地に至る地域、上人井戸ならびに井戸周辺の竹林などの遺跡を発掘して学術調査を行えば、創建から全盛期に至る笠置寺の全体像や元弘の役当時の笠置山の様子について新発見が出てくるものと思われるが、これは今後の課題としたい。

なお良弁に関する逸話を一つ。大仏鋳造にあたって鍍金の材料調達に苦労した天皇が、吉野の金峯山から金を得ようとして良弁を召し、金峯の神霊に金を与え給えといわしめた。良弁は七日七夜祈った所、夢に僧がきて、「金峯山の金は弥勒がこの世に現れる時に使うべく弥勒菩薩が預けたもので使わせる訳にはいかない。代わりに近江の田上《たなかみ》に聳えている石の上に如意輪観音を造り、堂を建ててその金の事を祈れば、必要な金が自ずから手に入るであろう」と伝えた。良弁がその通りに行ったところ、陸奥と下野から良質の砂金が出て、無事黄金の大仏が完成した（『今昔物語』巻第十一、聖武天皇始めて東大寺を造れる語第十三）。

天皇は「笠置の磐石」で苦労した際と同じく、金についても良弁に相談していて、千手の秘法ともども、東大寺大仏殿が天皇の信任厚い良弁の非凡な才能によって完成したことを示すものであり、同時に良弁の弥勒信仰をも垣間見させる逸話でもある。

実忠、千手窟から兜率天に入り、修正会を持ち帰る——二月堂お水取りの始まり

さて良弁に続き、良弁の高弟実忠も笠置寺で修行している。実忠（七二六〜？年）は良弁より三十七歳年下、大仏の開眼供養が行われたのは彼が二十六歳の時であった。

実忠は非常に活動的な僧で、良弁に師事し、良弁と同じく大仏殿の建立に携わり、大仏殿の完成後はその造営、修理の面を一手に引き受けていた。

彼は自分の任務や過去の業績について「東大寺権別当実忠廿九箇条事」に詳しく記している。それによれば実忠が大仏殿維持の用材を獲得するため、近江、信楽の山や伊勢の山に入り、あるいは東大寺の権別当として東大寺の経済維持のため各地の国司に租庸調《そようちょう》の米の完納を督促したり忙しく立ち働いていたことが判明する。また木津川上流の山地を彷徨、探査して各地に用材の切り出し、集積のための拠点を造ることにも力を入れた。笠置から約十二キロ上流、用材の採出と調達の根拠地であった三重県伊賀市島ヶ原についには東大寺の末寺、観菩提寺《かんぼだいじ》、通称正月堂を建立するに至っている。

実忠といえばお水取りに触れなければならない。お水取りは東大寺二月堂のものが有名であるが、実は笠置寺が元祖なのである。ではこれに関する『笠置寺縁起』の記載を見てみよう。

実忠は天平勝宝三年（七五一年）十月、笠置寺の龍穴（千手窟）より入って北方一里余り先に進

兜率天から持ち帰った行法を正月堂で行う。実忠の予言通り生身の十一面観音が現れる図（『笠置寺縁起絵巻』より）

んだところで弥勒の修行する兜率天の内院に至った。四十九院、摩尼宝殿《まにほうでん》などを巡礼していく内、常念観音院で諸天衆が集会し、十一面観音の悔過《けか》を勤修するところに行き会った。悔過とは自分の罪を懺悔して罪報を免れんがために、薬師や観音などを本尊として一定の作法によって行う儀式のことで、十一面悔過は観世音菩薩に一切の罪障を懺悔して天下泰平、五穀豊穣等を祈るものである。

聖衆の行法を拝した実忠は聖衆にこの行を下界でもできるだろうかと伺ったところ、聖衆からこの行は厳しくて時間のかかるものである。ここ天上の一昼夜は人間の住む世界の四百歳にあたるので人間には時間が足りないし、生身の観音もいないのでたやすく修することはできないといわれた。

しかし実忠はひるまず、勤行の作法は走りながらこれを修し、誠をもって十一面観音を勧請すれば生身の観音が降臨しないことはなかろうと聖衆を説得した。実忠の熱意に負けた聖衆はこの行法を人間界に持ち帰って伝えることを許した（『笠置寺縁起』、『二月堂縁起』）。

この法会（修正会）は天平勝宝四年一月一日、実忠の本願により建立された笠置寺正月堂に於いて十四日間、昼夜六時（日中、日没、初夜、半夜、後夜、晨朝）の行法で初めて行われ、その際、生身の十一面観音が実忠の予言通り、花皿に乗って降臨されたという（『笠置寺縁起』）。

この行法は東大寺二月堂でその翌月、同じく実忠により始められた（『東大寺要録』）。大仏開眼供養に先立つこと二ヶ月前のことであった。法会は二月堂の「お水取り」として有名であり、今日に至るまで途絶えることなく続けられ、季節の歳時記としても親しまれている。お水取りの三月五日から七日と十二日から十四日の後夜の勤行の後に行われる須弥壇の周りを走り回わる行法は天上の時の流れに人間界の時の流れを近づけんがために実忠が誓った作法で連綿と引き継がれている。

実忠が兜率の内院で苦労の末、十一面観音の悔過を聖衆から伝授されたとき、弥勒仏がこの世に出世する際の導師の登楽《のぼりがく》も同時に伝授された。この曲は、雅楽で演奏される万秋楽《まんじゅうらく》である。東大寺大仏開眼供養のとき初めて奏され、笠置寺恒例の法華八講《ほっけはちこう》（後述）でも舞われていた。

ここで東大寺と笠置寺との関係

良弁、実忠という東大寺の高僧たちが笠置寺を舞台として活躍することによって、笠置寺の名声は飛躍的に高まった。仁治《にんじ》二年（一二四一年）に書写された東大寺要録の末寺章第九に新薬師寺に次いで、笠置寺が「右寺。天智天皇第十三皇子建立　有二縁起一」と記載されており、当時笠置寺が東大寺の末寺であったことが判明する。しかし東大寺の創建やお水取りなどの寺の根本に関わる行事などに大きく関係しているところから、おそらく当時の東大寺と笠置寺の関係は本山と末寺という以上のものであったと考える。

東大寺には巨大な大仏が造られ、そこに華麗な堂塔伽藍が配された。しかしそこには自然の持つ神秘性は付加されていない。この人工の手による崇拝物に対し、人力を超越した雰囲気を有する笠置の山が東大寺には求められない信仰源泉としての神秘性を東大寺に付与した。東大寺はこの神秘性を利用することによって人々の東大寺への信仰をより深化させようとしたのではないか。即ち東大寺は笠置寺をもって東大寺にないものを補完する役割を演じさせたのである。笠置寺が本山としての東大寺を欲していたのではなく、東大寺が笠置寺を欲していた。そしてこの世の土地ではなく、インドの耆闍崛山の霊峰が欠け落ちて出現した（『笠置寺縁起』）という笠置山に東大寺の奥の院的な役割を演じさせたものであろうと私は判断する。

前掲堀池論文は「実忠が創始したと伝える十一面悔過会を笠置山に於いて感得したという伝記を俟

造する事によって、東大寺との関係を諸末寺のそれよりも更に優越せしめ、要因を遠く求めしめる事によって笠置寺自体の立場を有利にせんとしたのであろう」と述べる。

しかし東大寺周辺で笠置寺以上に兜率天への入口と同定し得る神秘性を有する場所はあり得るであろうか。更に『笠置寺縁起』だけに記述されているならまだ理解のしようもあろうが、この記載は東大寺の記録にもあり、それを積極的に利用せんとしている事実に目を向ければ、東大寺はその神秘性を付与するために笠置寺を利用したというべきである。「佞造」という著者の主観的言辞の根拠がどこにあるか理解することは困難であると考える。

このことはさておくとして、私は上に述べたように、東大寺よりも歴史的に創建が古く、自然的環境に於いても、宗教的雰囲気の面でも、平地に建立された東大寺に優越する笠置寺の利点を東大寺が最大限に利用しようとしたものであると考える。東大寺創建以前から、南都の諸寺のなかで修験道の山として、また弥勒信仰の場としても特異な地位を占めていた笠置寺は、当時何ら東大寺と競う立場でもなく、またその末寺として東大寺の庇護のもとにおかれる必要性もなかったはずだからである。

後醍醐天皇行宮の記念碑。木津川に北面する笠置山中腹に所在。第二次大戦の終りまでは注目を浴びていたが、今は観光客にもほとんど忘れ去られている（第7章）。

第三章　弥勒の霊場として発展する笠置寺

良弁、実忠が活躍した笠置寺は、平安時代には「枕草子」の「寺」の段に「寺は壺坂《つぼさか》。笠置。法輪《ほうりん》。霊山《りょうぜん》は、釈迦佛の御住みかなるがあはれなるなり」と日本の寺院の代表格として記述されるほどの寺院となっていった。

平安時代は末法思想がひろがった時代である。永承《えいしょう》七年（一〇五二年）より末法の世に入るという認識があったが、事実、平安中期になると世相は騒然としてきて、戦乱が相次ぎ末法の世が近づいていることを実感させる様相を示していた。道長の死（一〇二八年）により藤原氏の権力も衰えをみせ、貴族は末法の世到来の意識に怯えて浄土への信仰を強めていった。そして来世での救済を希求して西方十万億土を過ぎた弥陀の浄土に生まれんことを夢見ると共に、弥勒の浄土である兜率天への上生を願う信仰が盛んになっていった。また仏教が滅尽し、すべての教典が無くなることを恐れ、弥勒下生の時まで仏典を保存すべく、仏典を書写し経塚に埋めることも流行した。

これらが弥勒像を有する笠置寺をもってこの世の弥勒の浄土として貴顕の信仰を集めることとなった背景である。京都からは木津川を笠置の浜まで遡れば、後は一時間足らずで山頂の笠置寺に到着する。標高も低く、地理的にも吉野に比べると格段に近いので、時間的にも体力的にも公家の弥勒詣の格好の対象として笠置寺がもてはやされ、当時盛んであった吉野詣でに代わるものとして笠置詣でが拡がったものと思われる。

笠置寺を訪れた貴顕の人々や高僧

■空　海■

弘仁年間（八一〇～八二四年）に、空海が笠置寺に来山して虚空像の宝前に於いて求聞持法を修したことが『笠置寺縁起』に記されている。しかし空海の伝記を集大成した『弘法大師伝記集覧』にも『笠置寺縁起』以外に空海の來山を示す記録は残されていない。空海は各地にその足跡の伝承を残しており、縁起の原典が判然としない以上この事実は不明とせざるを得ないが、空海は東大寺の別当（弘仁元年就任）も務めているので来山の可能性は強い。

元弘の役で足助次郎が奮戦したといわれる仁王門《におうもん》（今は山道を挟んで民家と畑となっている）附近から二十メートルほど下った窪地に上水道が整備されるまで附近の住宅に飲料水を供給していた「弘法の井戸」がある。名前の由来は不明だが、空海来山と関係がありそうである。

■醍醐《だいご》天皇・菅原道真《すがわらのみちざね》■

延喜年中（九〇一～九二三年）には醍醐天皇が臨幸された。『笠置寺縁起』によると菅原道真が付き従ったとするが、道真は昌泰《しょうたい》四年（九〇一年）一月に、時の天皇、醍醐天皇を廃しその弟の斉世《ときよ》親王を立てようとしたとして太宰府《だざいふ》に左遷されているので、その年の七月から始まる延喜年中に道真が参詣したことの真偽のほどは不明である。あるいは天皇の訪問が延喜年間よりも早かったのであろうか。『笠置山記』（元禄《げんろく》二年記）には天皇一行が参詣したのは延喜の前、昌泰年間（八九八〜九〇一年）とする。その出典は不明であるが、この時期に天皇に随行して道真が笠置寺に参詣したとすれば上記の矛盾は消える。

醍醐天皇に従って笠置寺を訪れた道真は、この山がいたく気に入り、かかる名山に静居せんものと希求し、死後生前の祈念によってこの地に垂跡されたという（『笠置寺縁起』）。栗栖宮《くるすみや》がそれであり、もともとこの山上（椿本神社横）にあったが、中古、村民の氏神として山の下に移り、現在笠置山に相対するJR笠置駅横の小高い丘の上に鎮まっている。

■花山院《かざんいん》■

永延《えいえん》元年（九八七年）には花山院が御幸された。『百錬抄《ひゃくれんしょう》』に「（九月）十七日院長谷寺、笠置寺、七大寺に参詣」との記事がある。百錬抄には笠置寺と長谷寺だけが固有名詞で書かれている点に当時の笠置寺に対する評価の程が表われている。

花山院（九六八〜一〇〇八年）が笠置寺に詣でたのは御年、弱冠十九歳。院は永観《えいかん》二年（九八四年）、叔父の円融《えんゆう》天皇から譲位されたが、寛和《かんな》二年（九八六年）、わずか二年間の在位で、寵愛する女御の死に人生に無常を感じたためであろうか、夜密かに宮中を出て元慶寺《がんけいじ》（花山寺）に入り出家入道した。外孫の皇太子、懐仁《やすひと》親王（一条天皇）を即位させようとした右大臣藤原兼家《ふじわらのかねいえ》の陰謀に乗ぜられたものであるともいわれる（寛和《かんな》の変）。出家後はしばしば名山古寺を巡り、熊野にも足を伸ばして仏道を修行した。笠置寺に詣でたのは出家して一年四ヶ月後である。

因みに岐阜県恵那市の東にこの地の名山恵那山が大きな山塊を持ち上げていて、それに相対峙するように西に秀麗な裾野を引く笠置山（標高一一二八メートル）がある。この山は花山院が東山道を巡った時、「京都の笠置山にさも似たり」といい、笠置山を偲んで「眺めつつ笠置の山と名づけしはこれも笠置くしるしなりけり」と詠ったことでこの名が付けられたとされる。標高の割には険しさが感じられず、木曽川の支流、中野方川の対岸から見るこの山は、ちょうど木津川対岸から見た笠置山によく似ている。この笠置山には、山頂に雨乞いの神社である笠置神社があり、ヒカリ苔が山頂付近の洞窟に生育することで知られている。

■関白藤原道長《ふじわらのみちなが》■

寛弘《かんこう》四年（一〇〇七年）、関白藤原道長が笠置寺に参詣した。『御堂関白記《みどうかんぱくき》』に「六月八日笠置寺に参る。九日、寺より帰る。山城介真助朝臣、いで来たりて雑事に奉仕す。笠置の津を渡る間、禄物を賜う」と記す。

道長は四月か五月に吉野へ参詣を行うべく準備を進めていたが、側近が御嶽は秋が最高であると薦めたため、まず六月はじめに笠置寺を訪問したのである。従って、この笠置寺参詣は金峯山詣での準備詣での意味があったと思われる。なお『笠置寺縁起』は、道長の笠置寺参詣の時から、長日仁王経《ちょうじつにんのうきょう》の講読が始まったと記録している。天下泰平、鎮護国家を祈願したのである。

道長は弥勒が下生する五十六億七千万年後、弥勒菩薩に自分の存在を見出してもらうため弥勒の浄土に最も近いとされた吉野の奥にある金峯山の一画、それも蔵王権現湧出の岩とされる付近に経塚を造って銅製の経筒の中に自ら書写した法華経を埋めた。

弥陀の浄土に生まれることを願い、その一方、自分で経典を書写して埋経し、弥勒に救いを求めるとは栄耀、栄華、権勢を極めた男の何と恐ろしいまでの浄土渇仰ではないか。

道長は万寿《まんじゅ》四年（一〇二七年）十二月、自分が建てた法成寺《ほうじょうじ》阿弥陀堂で、本尊である阿弥陀如来の手から五色の糸を自分の手に結び、北枕になって弥陀の浄土のある西方に向って念仏読経するうちに息を引き取った。六十二歳であった。

死してもなお胸から上は暖かく、口を動かしているように見えたという。雪の降りしきるなか、身は鳥辺野《とりべの》の煙と消えたが、魂は果たして首尾良く弥陀の浄土に行き着いたか。あるいは弥勒の兜率天に上生して、今現在も五十六億七千万年先の弥勒下生を待つという恵まれた永遠の日々を送っているのであろうか。

経塚は末法思想が盛んな時代、仏教が滅び、教典も姿を消すのではないかとの恐れから、末法の時を越えて弥勒が出現する時まで仏典を保存しようとしたのが始まりである。藤原時代には霊山に経塚を造ることが流行し、山腹の茂みの中とか、谷間のくぼみなど容易に見つからない所を選んで、経典を埋め込んだ。

経塚の構造は書写の経巻を経筒という茶筒のような縦長の器に入れ、土を掘ってその中央にこれを安置し、周囲を石で囲こんで石廓となし、その経筒との間隙には鏡、刀子《とうす》、白磁合子《はくじごうす》、花瓶、六器《ろっき》、火打鎌《ひうちがま》、檜扇《ひおうぎ》等を納置し、上から蓋石を置き、土をかけ葺石をするのが普通である（石田茂作『仏教

金峯山上ガ岳山頂の湧出岩

美術の基本』）。

近年、笠置でも弥勒石仏のすぐ前の岩の窪みから素焼きの筒に入った銅筒が見つかっている（京都府教育委員会指定遺跡、経塚、出土品として土製経筒、銅製経筒、和鏡、銅製六器、白磁合子）。発見場所が金峯山に於ける道長の経塚の有り場所と同じような所である。毎日崇拝の対象となる弥勒仏の足下に経塚を造り得るのは相当の有力者であったと思われる。発見された銅筒は腐食が激しいが、東京国立博物館保管の道長書写の法華経の入っていた筒と同一のものと判定されてもおかしくない状況である。

なお経塚遺物かどうかは判然としないが、今でも薬師石や文殊石前面の斜面からは、時たま素焼きの壺など祭祀に使用したと思われる器具が出土している。

■関白藤原頼通《よりみち》■

道長の長子、頼通が万寿年間（一〇二四～一〇二八年）に笠置寺を訪れ、弥勒石像に参拝した。この記録は「笠置寺住僧等礼堂等造営勧進状」（建仁《けんにん》三年〔一二〇三年〕）にあり、本文では「万寿、即ち関白左大臣、殊に渇仰を凝らす」と記載されている。

この時に参詣したのは道長とする説もあるが、寛仁《かんにん》三年（一〇一九年）三月に道長は病で出家し、同年十二月に頼通が関白職に、治安《じあん》元年（一〇二一年）七月には左大臣になっており、笠置寺参詣時の万寿年間には頼通の関白左大臣の名称は定着していたと思われるので、この時、笠置寺に参詣したのは頼通と判断する（「貞慶の笠置寺再興とその宗教構想」に於いて舩田淳一氏も頼通とする）。なお万寿年間に関白左大臣が笠置寺に参拝したという記録は他には見あたらない。

■右大臣藤原宗忠《むねただ》■

右大臣藤原宗忠（道長の五代後裔）が残した日記『中右記《ちゅうゆうき》』に笠置寺詣での記事がある。彼が一族と共に笠置寺に参詣したのは、元永《げんえい》元年（一一一八年）のことである。宗忠は康平《こうへい》五年（一〇六二年）生まれであるので、この時、五十六歳。宗忠は父の宗俊《むねとし》が死後、兜率天に生まれていることを宰相宗通《むねみち》（宗俊の弟）の夢想で確信して以来、強く弥勒信仰を有するに至った。

中右記によれば参詣の内容は次の通りである。

宗忠は九月二十六日の明け方、京都を舟で出発した。午前八時には飯岡《いのおか》（現在の京田辺市）に着い

鹿ヶ淵上流の木津川。この激流は小舟では遡れない。

てここで盃を重ねて少し休憩したのち、再び舟で午後二時頃に木津に至り、木津を経て日没の後、賀茂《かも》に着いてここで宿泊。夜には奈良から知り合いの高僧が来て賑やかだったようである。

翌二十七日の朝、午前六時には乗船して、南北に険阻な山々が迫り、奇巌怪石が続く絶景を愛でながら木津川を遡って四時間程で笠置の津に着いた。ここで舟を下りて女房たちには輿や馬を用意して笠置寺への道を登り、弥勒石像に対面した。

弥勒仏の宝前では経を供養し、若くして崩じた堀川帝（一一〇七年、二十八歳で崩御）の菩提を祈り、五十六億七千万年後、弥勒菩薩が兜率天より地上に下って、華林園の龍華樹のもとで法会を開かれる時に一族揃って結縁されますようにと祈った。この経供養には笠置寺別当である兼禅已講が講師となり、僧十人が参列した。

経供養の後、僧坊に戻り盃を重ねた後、急いで下山して午後四時に再び乗舟して木津川で舟遊びを楽しんだ。おそらく鹿ヶ淵の上流あたりまで遊覧したのであろうが、水深が深くなり棹もさせなくなったので危険を感じて舟を戻し、日の暮れ時に木津に至ってここにてまた盃を重ねた。

二十八日、午前六時に舟を出し、午後二時に桂川の鳥羽西岸に着いてまたもや酒杯、車に乗り換え午後十時に京に帰った。宗忠が笠置寺に参詣するのはこの時で既に三回目であった。

以上が右大臣の笠置詣での概要である。

木津川の船便をうまく利用しており、笠置山への登山を除いては全く足を使わず、川遊びや連日の酒席を繰り返し、要領よく笠置詣でを行っている。江戸時代のお伊勢参りと同様、宗忠の笠置詣でを見ていると結構レジャー的な要素もあったようである。南都の僧も京の有力者が来るたびに木津まで出向いて接待にあたっていた様子も窺われる。これが当時の貴族が行った笠置詣での一般的なパターンであったのかもしれない。

■後白河法皇《ごしらかわほうおう》■

安元《あんげん》二年（一一七六年）十一月三日から五日にかけて後白河法皇が笠置寺に臨幸し、弥勒仏を礼拝、龍華会を催されて春の法華八講を再開された（『笠置寺縁起』、『玉葉《ぎょくよう》』）。因みに秋の法華八講は頼朝の願によって始められている。

なお、嵯峨天皇の皇子である源《みなもとの》弘《ひろむ》から寄進された田畠十町余について寿永《じゅえい》元年（一一八二年）十月十八日に法華供養のための末代までの費用とする旨の院庁《いんのちょう》下文《くだしぶみ》を賜っている（『笠置寺縁起』）。

この頃は木曽義仲が京を狙って圧力をかけている時で、平家が義仲追討のため教盛《のりもり》を大将にして北陸道に軍勢を派遣する慌ただしい時であった。南都北嶺は源平の争いで大きな被害を被ったが、山深いここ笠置寺ではそれとは無関係に時は刻まれていたのである。

■無動寺法印《むどうじほういん》（慈円《じえん》）■

九条兼実《くじょうかねざね》（後記）の日記『玉葉』には元暦《げんりゃく》二年（一一八五年）八月、無動寺法印が如法経《にょほうきょう》を相い具し笠置寺に詣で、先師法親王のために書写した如法経を霊窟に埋めたとの記述がある。

無動寺法印は『愚管抄《ぐかんしょう》』の著者である慈円のことで、日記『玉葉』の主、兼実の弟（同腹四人兄弟の末弟）である。慈円は養和《ようわ》元年（一一八一年）、法印に、翌寿永元年（一一八二年）、比叡山の無動寺検校《けんぎょう》に補せられて無動寺法印とよばれた。天台座主《てんだいざす》で、天皇の護持僧《ごじそう》でもあり、後鳥羽上皇とも親しかった。

先師法親王とは慈円が十一歳で延暦寺《えんりゃくじ》に入山した時の青蓮院門主《しょうれんいんもんしゅ》の覚快《かくかい》法親王のことである。覚快は鳥羽天皇の第七皇子で、養和元年（一一八一年）に他界した。慈円はこの先師の冥福を祈り笠置寺に参籠したのである。

如法経は如法の教典を書するということで具体的には法華経を書写することをいい、弥勒下生の暁にこの功徳により救済されるという。この思想は平安時代、弥勒信仰の流行と共に前述の経塚信仰となって広がっていった。

弥勒信仰の中心霊場である笠置寺は如法の教典を埋経《まいきょう》して死者の冥福を祈り、または弥勒下生を待つ霊場でもあった。わざわざ比叡山の高僧が笠置寺まで来て埋経をしたことに、当時の弥勒信仰に於ける笠置寺の大きな位置づけが理解できる。なお霊窟とは実忠が兜率天に入った入り口とされる千手窟のことである。

■僧正遍照《へんじょう》■

『今昔物語』巻十九「頭少将良峯宗貞出家語」には仁明《にんみょう》天皇（八一〇～八五〇年）の死去によって出家した宗貞《むねさだ》（後の遍照）が笠置に籠もっている時、妻が参詣するのに気づいたが、道心堅固で名乗らなかったという話を載せる（後述）。

■源　義経《みなもとのよしつね》■

義経が木曽義仲《きそよしなか》追討の途上、笠置寺に立ち寄った形跡がある。『義経記《ぎけいき》』には関係する記載はないが、『平家物語』に「大手の大将軍蒲御曹司範頼《のりより》（中略）近江国、野路、篠原にぞつきにける。搦手の大将軍は九郎御曹司義経（中略）伊賀国を経て宇治橋のつめにぞ押寄せたる」とあり、『源平盛哀記』には「伊勢国より伊賀路に懸って攻め上り（中略）当来導師弥勒菩薩の笠置寺、今日みかの原、和泉河、河風寒く打過ぎて（中略）山城国宇治郡平等院の北の辺、富家の渡へ着き給ふ」とある。

義経一行は木津川沿いの伊賀街道を下って宇治川へと向ったが、当時弥勒の聖地として寺勢に隆盛を加えていた笠置寺に立ち寄り、弥勒仏に戦勝祈願をしたとしても納得がいく。歴史とは不思議なもので、後醍醐天皇が立て籠もった元弘の役では、同じく関東から北条軍がこの道をとって、このたびは笠置山を攻め落とさんとして近づいている。

吉川英治は『新平家物語』の中で、義経は「山上を逍遥して弥勒石のほとりに佇み、しばし石面の弥勒像に見とれていた。指を頬に当て、やや小首を傾げた風情の女人像が、ふと、たれかを連想させ」た、と血なまぐさい戦いの記述に混じり、一服の清涼剤のように作家らしく優しく想像を交えて、義経来山の場面を描いている。

霧の立ちこめる本堂への参道。深山の趣がある。

ただ残念なのは、吉川英治は広隆寺か中宮寺の弥勒半跏像を頭に描いてこの文を書いたらしく、「笠置曼荼羅」を目にしていなかったことである。英治の描写と異なり、ありし日の笠置寺の弥勒仏は立ち姿で慈悲深い眼差しを参拝する者に向けていたのである。

笠置山を詠んだ和歌

このように貴族たちが訪れた笠置山は、古来その秀でた風景が彼らに格好の和歌の題材を与えた。以下幾つかを紹介する。

しらせばやかさぎの山のさくら花おほふばかりの袖ならずとも　藤原定家
ちらすなよかさぎの山のさくら花おほふばかりの袖ならずとも　同
さみだれは水上まさるいづみ川かさぎの山もくもがくれつつ　藤原俊成
河上やかさぎの岩屋けおぬるみこけをむしろとならすうばそく　曽禰好忠
ながめばやかさぎのひかりさしそへていまはといでんあかつきのそら　藤原為家
名にしおはば常はゆるぎの杜にしもいかでかさぎのいはやすくぬる　登蓮法師
わび人のなみだの雨はあらじかし笠着の山ののりの朝日は　藤原家隆

寺域の整備、弥勒霊場の確立

笠置寺詣でが流行すると共に、後白河法皇のような有力者からの寄進も盛んになり、寺域の整備、法要の充実も精力的に行われた。

■法華八講の再開■

平安遷都の延暦十三年（七九四年）に、南都の先達たち（おそらく東大寺の僧か）が笠置山に登り法華八講を行った（『笠置寺縁起』）。法華八講は法華経八巻を八座に分け、一巻ずつ講讃、供養する法会をいうもので、大和岩淵寺《いわぶちでら》勤操《ごんそう》が友人栄好《えいこう》の亡母供養のために延暦十二年（七九三年）に行ったのが最初である（『笠置寺縁起』には延暦二年とする）。

この法会の謂れは仏教説話集『三宝絵詞《さんぽうえことば》』に出ているので紹介しておく。大安寺《だいあんじ》の僧、栄好は自分の食事の一部を童子に届けさせて老いたる母を養っていたが、突然他界してしまった。そこで栄好の友であった勤操が栄好の母には栄好の死を告げず、従来通り食事を供することを続けていた。翌年の春、勤操が客人を接待して自分も酒を過ごしたため、栄好の母に食事を届けるのが遅れた。使いの童子は栄好の母に食事の届くのが遅れたことを問われて、栄好の死を知らせたため、母は驚いて死んでしまった。勤操は彼女が自分の本当の母であったならばこのような過ちはしなかったであろうと反省し、栄好の母のために法華経八巻を八人の僧が分担して誦経、講義することを始めた。勤操は徳を積みその名が有名になるにつれてこの八講も盛大になり、勤操が亡くなった後、東大寺の僧たちが天地院《てんちいん》（行基の草創にかかるとされる廃寺。東大寺の東の山中にあったとされる）で代々この講を続けた。

笠置の法華八講は、岩淵寺、天地院に次いで我が国で第三回目とされる。笠置寺の法華八講はその後途絶えていたが、平安末期に再開された。春の法華八講は後白河法皇が笠置寺に参詣したのを機に行われ、秋の法華八講は源頼朝の寄進により始まった（『笠置寺縁起』）。この法会には舞楽も行われて（『教訓抄』）、一般大衆を引きつける華麗なものであった。

法華経普賢菩薩勧発品《ふげんぼさつかんぼつほん》に、法華経を「受持し読誦し、その義趣《いみ》を解《さと》らば、この人命終するとき（中略）兜率天上の弥勒菩薩の所に往き（中略）生れん。（中略）この故に智者は応当《まさ》に、一心に自ら書き、若しくは人をして書かしめ、受持し読誦し正しく憶念し説《おしえ》の如くに修行すべし」とある。このように、法華経には法華経受持、読誦による兜率天への上生が説かれているため、弥勒仏と関係の深い笠置寺にあって法華経が重んじられたものと思われる。

なお笠置寺の法華八講は天文《てんもん》十九年（一五五〇年）に行われたのを最後にその記録は途絶える（『多聞院《たもんいん》日記』）。

■鳥羽院庁御下文《とばいんのちょうおんくだしぶみ》による寺領の確定■

久安《きゅうあん》年中（一一四五～一一五一年）に境内での狩猟を禁じるために境内地の再確認が行われ、鳥羽上皇の命によって、当時京都の警察、裁判を司る検非違使《けびいし》に任じられていた源　為義《みなもとのためよし》（源頼朝の祖父）が検使となって来山し、実地検分のうえ境内地を確定して絵図面に記録し、そこに役人が加判して寺の庫に納めた。これによって以後、境内での狩猟や漁猟は止み、境界の争いはなくなった。

その後、建久八年（一一九七年）に春日大社に属する小柳生の安部近弘らがこの鳥羽院庁御下文に背き、五百年余り続いている寺領の南限である阿多恵谷《あたえだに》にて田畑を開作し、田五町余を刈り取り、更に僧坊も掠め、社領と称する事件が起こり、笠置寺は境界の確認を求めて訴えを起こしている。

なおこの訴状の主は東大寺別院笠置寺大法師等となっていることは注目に値する。当時東大寺末寺であった笠置寺ではあるが、弥勒信仰の高まりにより、南都に於いて笠置寺の地位が上がっていったものであろうか。

■礼堂の建築■

天仁《てんにん》年中（一一〇八〜一一〇年）には笠置山僧の永眞が弥勒仏の前崖に礼堂を建立した。狭い崖地での建設で難渋したが、宣旨を賜りそのバックアップにより速やかにその大功を終えた。

しかし残念ながらこの礼堂は大治《だいじ》五年（一一三〇年）四月に焼失した。この火災により弥勒像の足の部分が焼けたという記録が残されている。京にまで聞こえた話題の事件であったのだろう（『醍醐《だいご》雑事記《ぞうじき》』巻七）。

■各種法会の整備■

沙門観俊《かんしゅん》によると養和二年（一一八二年）三月、「弥勒念仏」が弥勒殿で行われ、以後、毎年三月十二日から不断の念仏を勤修し、文治《ぶんじ》四年（一一八八年）に至るも中断もなく続行されていた。これを笠置寺の龍華会という。「龍華会」は弥勒菩薩が五十六億七千万年後に兜率天より人間世界に下生して龍華樹に出現し、龍華樹の下で悟りを得て三度説法をして人々を救済することを祈念したものである。

寿永二年（一一八三年）のはじめには笠置寺の住侶信長《しんちょう》によって弥勒三会の化を願い、斎会《さいえ》が始められた。この法会の為に一般より田畑の寄進を募って道俗に結縁を請い、年々三日の佳期をしめし、「八名経」を誦した。この斎会については、まだ興福寺の僧であった貞慶に相談を持ちかけている。貞慶はこの時から十年後に笠置山に入山するが、両者の交流は既に存在していたことが窺われる。

同時に元暦二年（一一八五年）には同じく沙門信長が弥勒殿の「毎月仏供」を勧進した。毎月仏供とは毎月一回、供米一升をもって寄進者の姓名を永く寺に伝え、弥勒下生の時を期するものである。信長は勧進状を作成し、この趣旨に賛同する善男善女を募った。

この時の沙門信長の勧進の例にならって、如教《にょきょう》も文治元年（一一八五年）、寺僧十二人と共に毎日仏供を進めた。供養にあたっては常住の僧により「八名経」一巻を誦し、弥勒の宝号百返を念じ、一升の供米をもって日別の供として供えた施主の恩徳を讃え、弥勒の浄土に上生して慈尊に値遇し、弥勒下生の際、同じく下生して弥勒如来に従わんことを祈念した（如教笠置寺毎日仏供勧進状）。

沙門観俊は文治四年（一一八八年）六月、笠置寺念仏道場に「三尺蒔絵宝篋印塔一基」を造り、その塔内に七寸の白檀弥勒菩薩像一体を安置する発願を行った。不退の念仏を七年間にわたって続け、年々盛んになってきたが、残念ながら道場に本尊がないため、今回宝篋印塔を造立し、そこに白檀弥勒菩薩像一体を安置する事を発願した。宝篋印塔の功徳として、十方の諸仏が常にその内に集い、弥勒菩薩が光明を放ち無量の諸仏に身を変じて現れるとされ、これを道場に具現しようとしたのである。

護国寺所蔵大般若経平安後期古書写経について

平成十一年六月、護国寺薬師堂本尊の台座の下から平安後期の大般若経古書写経が見つかった。この書写経について同寺小野妙恭尼が数年間にわたり独力で精緻な研究を行われた結果、六百巻に及ぶこの大般若経古書写経は書写が久安二年（一一四六年）一月、伊賀国大山田村甲野（現伊賀市）の往生院（現安養寺）に始まり、それから一年半程を要して笠置寺（内五巻を書写）を含む伊賀、大和の数ヶ寺の僧、十数名によって完成され、更にその四十年後の寿永二年（一一八三年）六月から五ヶ月にわたって伊賀千戸別所往生院に於いて四人の僧が一人、百五十巻ずつ受け持って校合のうえ、誤字の指摘、学問的意義に関する膨大な裏書きを行ったものであることが判明した。

笠置寺で書写された五巻の内、第三百五十二巻は笠置寺住僧が久安二年に書写し、その奥書には「龍華会中最初得脱之資粮矣敬白仏子成厳」と記されていて弥勒信仰の一大中心であった笠置寺の証を如実に物語っている。なおこの教典の校合が行われた千戸別所は、大仏殿を勧進した重源が全国に置いた七別所の一つである。

この教典がなぜ護国寺にわたったのかはまだ解明されていないが、伊賀千戸別所から応安《おうあん》二年（一三六九年）に木津川と宇治川の合流点に近い山城際目《さいめ》の長楽寺（今はない）へ移されたようである。その理由やそれ以後の経緯は不明である。発見者の妙恭尼は関西出身である護持院の隆光《りゅうこう》がこの教典のことを知り、護持院に運ばせたものを、護持院が享保二年（一七一七年）に神田橋で炎上する以前に護国寺に納めたものでないかと推測する。

いずれにしても貞慶入寺以前の笠置寺の宗教活動を示す貴重なもので、東大寺大仏殿建立以降の東大寺の杣に関係する寺院群との関係を表す史料であり、今後の研究が待たれるものである。なおこの古写経については小野妙恭尼の研究の成果である「『大般若波羅密多経』平安後期古書写経」によった。

清水寺《きよみずでら》草創にかかる笠置山の関わり

清水の舞台で名高い京都清水寺の創建に笠置寺が関わっていた形跡がある。清水寺草創については、清水寺縁起　、今昔物語などの他、大和小嶋山観覚寺縁起等にも語られている。『清水寺史』によれば、その草創は、宝亀九年（七七八年）延鎮が観音の夢告によって山背国東山に音羽の滝を発見し、観音の化身である老仙、行叡に相いまみえ、その遺命によって千手観音像を彫造して行叡の旧草庵に奉祀したことに始まると伝えられている。

しかしその草創については異説がある。延鎮出所の大和小嶋山観覚寺縁起によると、延鎮が木津川上流にある観音の霊地に住まいすべしとの夢告により、木津川の流れをたどり、金色の流れの支流を遡ってその水源に至り滝にたどり着いた。そこには草庵があり、久しく延鎮の来るを待っていた行叡に行き会うというものである。

清水寺縁起では行叡の草庵は「山城国愛宕郡八坂郷東山麓」とあり、今昔物語は淀川を遡っていった平安京の東の山とする。しかし観覚寺は奈良盆地の南端、延鎮が籠もるには遠すぎるし、霊地としての自然に欠けるきらいがあり、観覚寺縁起の木津川支流説に説得性がある。

笠置には代々、解脱墓のある「東山」の谷間の流れが滝となって絶壁を落ちる所から清水寺の本尊である観音が出てきたという伝承が残されている。東山と笠置山の間の谷は観音谷と称され、元弘の役で笠置落城の際、後醍醐天皇が落ち延びた谷である（後記）。木津川に流れ込む谷は、途中の岩場で滝となるが、この滝はその名も千手滝という。千手滝の上はすこし開けた場所となっていて、かっては水田があった。

笠置寺東方の東山一帯は木津川、支流、滝、霊地笠置寺の更に山奥にある幽邃の地、すべてが観覚寺縁起に一致する場所で、ここはまさしく清水寺草創の地として相応しい地である。

笠置山一帯は古来山岳修行の霊場として有名であり、山岳修行者延鎮の出向いた場所として理にかなっている。

笠置寺はその草創の時より弥勒の霊場であったが、同時に東大寺の実忠が龍穴より兜率の内院に入り、十一面観音悔過を天衆より伝授されて、二月堂のお水取りをこの世にもたらした観音の聖地でもある。

なお行叡より後を委ねられた延鎮は、奈良を出て狩りにきた坂上田村麻呂と巡り会い、その夫人高子の帰依を受けて仏殿を造り、十一面観音を安置した。小嶋山観覚寺縁起は、この寺院がその後平安京の地に移って清水寺となったとする。

時代が四百年ほど下って、鎌倉時代の初め、笠置寺を興隆に導いた貞慶は『東山観音堂修理勧進状』を記している。貞慶が笠置寺に入寺した頃には東山観音堂は既に破損していて、この堂舎の修理を願って勧進状を記したのである。貞慶は言う。東山の峯上に往古より堂舎有りて白檀の千手観音を安置すと。延鎮の草庵につながる観音堂が既に建立して年月が経って破損の度が大きく、貞慶は修理を志したのであろう。

貞慶は谷を隔てて正面する弥勒像を遠望して弥勒信仰を深めると共に、修理のなった観音堂で観音信仰を深めて、晩年、笠置寺より海住山寺に移っていった。

平安時代から観音堂のあった場所。第二次大戦後は田となっていたが、今は人も入らず、荒れ放題の谷に戻っている。

更に貞慶の衣鉢を継ぐ鎌倉時代の笠置寺住侶であった宗性はこの勧進で修復された観音堂をもって観音の霊地とした。

文暦《ぶんりゃく》二年（一二三五年）二月、笠置寺に暴漢が乱入し房舎が破損され住侶が殺害される事件が起きた際、宗性は東山に逃れてその後柳生経由で東大寺へ避難している。

上人墓のある東山の尾根を越えて下ると山中には珍しく平地が広がっている。今は灌木と杉林に変わっているが、昭和二十年代迄はまだ田が残されていて、山上の住人が稲作を行っていて、その最奥の水田は笠置寺が所有していた。筆者も子供時代、よく山を越えて稲作の手伝いに行ったものである。おそらくここが観音堂の所在地であったのであろう（一五〇頁地図参照）。

延宝《えんぽう》三年（一六七五年）に藤堂藩がまとめた笠置寺の境界図によれば、千手滝の上流にはかねつき田（五畝二十歩）とその奥に知足院田（三畝）が記載されている。また明和《めいわ》三年（一七六六年）の文書には東山所在の田として一反二畝十五歩、収穫高一石三斗三合の記録が残されている（明和元年九月「田畑高附宛米帳」）。

このように江戸時代まで東山一帯には笠置寺の所有田畑があり、第二次大戦後の農地改革まで笠置寺の支配するところであった。それは平安時代に堂が立ち並び、宗教活動が行われていた事の証なのである。

ひ・と・休・み

『今昔物語』より一話「僧正遍照の道心、霧に消え入る妻子」

『今昔物語』巻十九「頭少将良峯宗貞出家語」には仁明天皇（八一〇〜八五〇年）の死去によって出家した宗貞（後の遍照）が笠置に籠もっている時、妻が参詣するのに気づいたが、道心堅固で名乗らなかったという話を載せる。

宗貞は仁明天皇の側近として帝の寵が厚かったが、嘉祥三年（八五〇年）、帝の崩御にあって、悲しみのあまり葬送の暁に三十四歳で家を出て、叡山の横川で慈覚大師について仏門に入った。

年月を経て「十月許ニ笠置ト云フ所ニ詣デヽ只独リ礼堂ノ片角ニ蓑ヲ打敷テ行ヒ居タル程ニ見レバ人参ル」。良く見れば出家したとはいえ、日頃忘れることのない最愛の妻と子である。妻は行方不明の夫の様子を知らせていただきたいと泣いて祈っている。妻とは僅か二間程しか離れていないが、妻から見て遍照が暗い所にいるため、そこに人がいることすらわからない。ここにいることを知らせてやりたいと気がはやる。しかし仏はこのような時にこそ辛抱しろと教える。悶々としている内に明け方になり、礼堂から親子共々出てしまって「霧ノ降タルニ歩ミ隠レケル」という。

遍照は叫びたい衝動を抑え、経を念じながら霧の中におぼろげになっていく妻子の後ろ姿をいとおしげに見守っている。しかしその姿もやがて杉や椎の大木が立ち並ぶ参道の霧の中に消えていった。煩悩を断ち切るため懸命に誦経し「これで良いのだ。煩悩にうち勝てた」と自分に言い聞かせる遍照。今も本堂に佇めば一二〇〇年の時空を越えてそんな光景が彷彿とする。

この笠置の山では秋から初冬にかけて木津川の川霧が谷を埋め尽くし、大河のようになって渓谷を東から西に流れ下る。霧の頂は日の昇るにつれて山を包み、山上一帯には五メートル先も見えない濃い霧が広がる。今昔物語の話にあるこの自然は今も昔も変わらず繰り返されている。

なおこのような試練を経た遍照は仏道に於いては当然のこと、詩歌の世界でも大成して六歌仙の一人として親しまれ、百人一首にも顔を出している。

第四章　南都から貞慶入山し、寺の整備大いに進む

この世を謳歌した平家が壇ノ浦の藻屑と消えた平安末期から鎌倉初期にかけて貞慶は活躍した。世情騒然としたこの時代に、法然《ほうねん》が出て貞慶たちの属する旧仏教を攻撃し、民衆のための新しい仏教を世に拡めようとしていた。笠置寺を隆盛に導きながら、この新仏教、鎌倉仏教に果敢に立ち向かい、南都仏教の改革に力を注いだのが貞慶であった。このスケールの大きい貞慶とはどのような人物であったのだろうか。色々な角度からスポットライトを当ててみよう。

一般に貞慶は笠置寺中興の祖といわれる。しかし中興とは「いったん衰えたことを再び盛んにすること。また、その人」（『広辞苑』）をいうので、笠置寺についてはこの言葉は適当でない。即ち貞慶入山以前から時の権力者が参詣のため訪れるなど、既に弥勒の聖地として認知されていて発展の途を歩んでおり、当時興隆に向かいこそ衰えていたことはなかったからである。

貞慶とは

■経 歴■

貞慶（一一五五～一二一三年）は久寿《きゅうじゅ》二年（一一五五年）権右中弁藤原貞憲《ふじわらのさだのり》の子として生まれ、応保《おうほう》二年（一一六二年）八歳の時に興福寺に入寺し、十一歳で得度した。興福寺では父貞憲の弟で後年、興福寺の別当にもなった覚憲《かくけん》に法相《ほっそう》、倶舎《くしゃ》、律《りつ》などの指導を受けた。

承安《じょうあん》二年（一一七二年）の夏に醍醐寺の実運《じつうん》から虚空蔵求聞持法の伝授を受け、寿永元年（一一八二年）に鎮護国家の法会の中でも重要な維摩会《ゆいまえ》の竪義《りゅうぎ》を遂げ、文治二年（一一八六年）には維摩会の講師をも勤め、以後、季御読経《きのみどきょう》、最勝講《さいしょうこう》、御斎会《ごさいえ》や法勝、法成二寺の御八講などの聴衆《ちょうじゅ》、問者《もんじゃ》、講師《こうじ》を勤めるなど、将来仏教界の指導者たることを嘱望されていた。

しかし持戒《じかい》と法相教学を通して修学、求道に努めていた貞慶は、次第に当時の仏教界や寺院生活に批判的になり、前途洋々たる未来を嘱望されながら建久三年（一一九二年）の春に隠棲を決意し、翌年秋、笠置寺に蟄居した（以上、『国史大辞典』等による）。

貞慶の入寺によって笠置寺は堂塔の整備、法会の確立も一段と進み、弥勒信仰の一大拠点の地位を得るに至った。しかし貞慶の活躍はそれに留まらず、笠置寺入山後も京都の貴顕や南都の大寺との交流を続け、南都仏教の旗手たる立場を維持していた。この間の貞慶の活躍は定家の『名月記《めいげつき》』、兼実の『玉葉《ぎょくよう》』、長兼の『三長記《さんちょうき》』など、有力貴族の日記の各所に記録されている。特に法然等による鎌倉新仏教の興隆に対し危機感を抱き、旧仏教側を代表して法然弾劾の書「興福寺奏状《こうふくじそうじょう》」を記すなど大きな存在感を示した。

承元元年（一二〇七年）には笠置寺から近い山寺を再興して、翌年貞慶はこの寺に移って、ここを観音浄土に擬し、海住山寺と号して観音信仰を深めた。入寂は建保《けんぽう》元年（一二一三年）、五十九歳であった。貞慶の一生の軌跡をあらましたどると以上のようである。

貞慶は華麗なる家系と人脈を持つ。彼は少納言藤原通憲《ふじわらのみちのり》（信西《しんぜい》）を祖父とし、権右中弁藤原貞憲を父とする。祖父の通憲はその父実兼《さねかね》の「頗ぶる才智あり、一見一聞の事忘却せず」といわれた才能を受け継ぎ、学者として鳥羽法皇に仕え、博学をもって世に聞こえた。その博学は中国の学問をはじめ、天文学や仏教、歴史、法律、儀式にも及んだ。通憲は少納言を最後に三十九歳で出家したが、妻の朝子が後白河天皇の乳母となったことから絶大な権力を持つに至った。しかし栄華は続かないもので、平治の乱の勃発で源《みなもとのよしとも》義朝に攻められて奈良へ逃げようとしたが捕縛されて斬首された。

父の貞憲は飛騨守、摂津守、権右中弁、少納言で実務弁官としての官途を歩んだ。また歌人でもあったが平治《へいじ》の乱に連座して免官され、永暦《えいりゃく》元年（一一六〇年）の初めに出家した。貞憲の兄弟には興福寺別当の覚憲、東大寺別当の勝賢《しょうけん》など、出家して僧として位を極めた者が多い。貞慶誕生の翌年には保元《ほうげん》の乱が起き、その後一門の栄華を誇った平家が源氏によって京を追われ、ついには壇ノ浦《だんのうら》に春の夜の夢の如くに消えていった。このように騒然とした世にあっては、世を捨て、超俗の世界に身を置くことが一門として生きながらえていくうえに必要なことであったのかもしれない。叔母（または兄妹ともいう）には阿波内侍《あわのないし》がいる。彼女は清盛の娘、建礼門院徳子《けんれいもんいんのりこ》の側近として壇ノ浦から戻り、建礼門院と共に隠遁生活に入った女性で、後白河法皇が建礼門院を大原の侘び住まいに訪問する『平家物語』灌頂《かんじょう》の巻の登場人物として有名である。

貞慶の兄弟にも出家した人が多い。六人の兄弟のうち長男を除き、五人までもが出家していて、それぞれ僧侶として大成している。

貞慶は学僧としての理論面だけでなく、それを実践に移していく希有な実行力と祖父信西以来の毛並みの良さをバックに後鳥羽上皇や藤原定家、九条兼実など中央の有力者との華麗な交流を通して笠置寺の堂塔伽藍や法会の整備に大きな力を発揮した。

■思想と行動■

平安末期、南都の寺院は堕落していた。当時の南都仏教を嘆く貞慶の言葉が『愚迷発心集《ぐめいほっしんしゅう》』に綴られている。一例をあげれば「仏法を学する輩においては、或いは誹謗し、或いは僑慢し、或いは嫉妬し、或いは嘲瞬す。たとひまた学文の志あれども、無上の法宝を費して、還って名利の価を募り、甘露の妙薬を嘗めて、いよいよ煩悩の病を増す」と。

貞慶は南都仏教が本来の仏教の教えに従うべきことを忘れ、世俗の名利を求め、それに引きずられて学問を志す学僧たちまでもが学道に精進できず、心ある僧は寺を離れるような状況となっていることを嘆き、戒律を重んずる真の仏教を求めていったのである。

この背景には南都の寺院に貞慶のような公家、貴族の子弟が数多く流入したことにも起因する。官位の高いこれらの子弟は位階の昇進が早く、一般の僧が何十年も修行しなければ得られないような高位に若くして達するため、一般の僧に将来への希望を失わせ、堕落への道を突っ走らせたのである。

また難しい教義を説くものの、一般大衆に目を向けない既成仏教は変転する時代に弄ばれる一般大衆の苦悩を救う力はなかった。そこに現れたのが法然をはじめとするいわゆる鎌倉新仏教である。

貞慶より二十二歳年上の法然は、叡山や南都で仏教の教えを学び修行を続けたが、そこで悟ったのは弥陀の本願にすがり念仏を唱えるだけでこの末法の世でも救われるとする平易な教えで、一般民衆にも充分理解し得るものであった。そのため法然や親鸞《しんらん》（一二〇一年、法然の門に入る）の説く新仏教は今までの貴族中心の仏教とは異なり、平安末期の激しい動乱の時代背景のもとに大衆を教化、救済する平易な教えとして一般民衆に拡がり始めた。しかもそれは世の底辺にいる一般民衆のみならず、貞慶とも親交の厚い九条兼実や後白河法皇など上流階級にまで及んでいった。

貞慶はこのような新仏教の台頭に大きな危機感を抱き、自己の依って立つ南都仏教の改革に力を注ぐと共に新仏教との対決に立ち上がった。興福寺の衆徒が朝廷に奏上して法然を弾劾した有名な「興福寺奏状」は貞慶の起草になるものである。

この奏状は法然の罪を、新宗を立つる失、新像を図する失、釈尊を軽んずる失、万善を妨ぐる失、霊神に背く失、浄土に暗き失、念仏を誤る失、釈衆を損ずる失、国土を乱る失の九つを挙げ、「殊に天裁《てんさい》を蒙り、永く沙門源空《げんくう》勧むるところの専修念仏《せんじゅねんぶつ》の宗義を糺改せられんことを」と奏上している。

この奏状は貞慶が笠置寺に来て十二年後の元久二年（一二〇五年）に書き上げた。貞慶の率いる笠置寺は興福寺と並んで旧仏教側の砦となっていたのである。結局、この奏状をきっかけとして建永《けんえい》二年（一二〇七年）、法然は土佐へ配流となり（実際は讃岐に留まった）、言動の著しい弟子二人が斬首、念仏停止、親鸞も法然に連座して越後国府（新潟県直江津市）へ配流され、そこで四年余り暮すとい

春日大社と笠置寺は貞慶が春日神社を般若台に勧請して以来深い関係がある。平成26年、春日大社式年造替に絡んで摂社本宮神社の社殿が移設され元弘の役後685年ぶりに春日神社が再び笠置寺に鎮座した（右は椿本神社）。

う新仏教に厳しい展開を招いた。

法然が旧仏教から脱皮し、わかりやすい教義を説いて民衆の中に入りこんでいったのに対して、貞慶たちはあくまでも旧仏教の基盤の上に、弥陀信仰に対抗して弥勒信仰を取り入れてその教義を発展させていった。しかし貴族出身の貞慶の教えは法皇を頂点とする貴族の信仰を集めはしたものの、一般民衆の中に融け込み、その悩みを吸収していくエネルギーを生み出し得なかった点にその限界を露呈するものであり、これが新しい教えとして発展し得なかった要因となったのである。

文治二年（一一八六年）、洛北大原勝林院で三百人の聴衆が列座して見守る中、法然と旧仏教の代表者との間で論議が行われた。旧仏教側には法相の貞慶、三論の明遍（貞慶の叔父）、天台の証真のほか、往生院の念仏房などが参加した。法然は、これまでの仏教もみな優れているが、一般頑愚の類には理解できない。しかし弥陀の本願にすがる教えによれば、知識のあるなし、持戒、破戒を選ばず極楽浄土に入れるのだと説いた（『法然上人行状絵図《ぎょうじょうえず》』第六）。ここに当時の新旧仏教の民衆への食い込みの差の要因が示されている。

貞慶には春日大社や伊勢神宮に対する信仰、釈迦に対する信仰と既にこの世にいない釈迦の遺身としての舎利《しゃり》信仰、そして弥勒に対する信仰がその奥底を流れており、その上に南都仏教の堕落に対する危機感があった。貞慶は笠置寺で南都仏教の建て直しに邁進すると共に、その奥底を流れている信仰の基盤を実現していったのである。これらについてはこの書に於いても笠置寺に於ける貞慶の業績の中で逐一触れていくことになる。

貞慶を取り巻く人物

■明恵《みょうえ》■

栂尾《とがのお》の明恵上人高弁《こうべん》は貞慶と考えを同じくし、法然の念仏宗に激しい批判を加えた貞慶の盟友であった。明恵は紀伊の武士湯浅氏の出で幼くして両親を亡くし、高雄の神護寺に上って文覚《もんがく》や文覚の高弟である上覚《じょうかく》に師事し、十六歳の時東大寺で受戒、以後、主に華厳を学んだ。三十四歳の時、後鳥羽院から高雄の奥の栂尾の地を賜り、そこに高山寺《こうざんじ》を建てて華厳の道場とした。明恵は建暦《けんりゃく》二年（一二一二年）にここで法然の『選択本願《せんじゃくほんがん》念仏集』に対する批判の書『摧邪輪《さいじゃりん》』を著している。

建仁三年（一二〇三年）、高弁は笠置寺に貞慶を訪ねている。貞慶より十八歳年下の高弁にとって新仏教に対する理論的旗手である貞慶は信頼の置ける先達であった。笠置寺には二人の交流の跡を物語るものとして、明恵上人の『夢記』の断片が残されている。

両人について一つ注目しておかねばならないことがある。貞慶が笠置隠遁後も京や南都の有力者や有力寺院との関係を保ち続け、「興福寺奏状」のような国家的論争や南都仏教の復活に傾注した一方、明恵は法然を批判する著述を行ったが、仏教教理からの非難であり、完全に世俗との関係を払拭し、宗教生活、隠遁生活に徹した点に両者の相違が認められることである。笠置寺に解脱上人伝とする後世の一文が残されているが、この中に明恵が貞慶を訪ねて笠置寺に行ったところ、「来て見れハ、こ、もみやこにすみなして、おもひしほとは、棄ぬ也けり」と笠置寺がまるで南都のようだと言って貞慶に会わないで空しく帰った。貞慶はそれを恥じて海住山寺に移ったという逸話が記されている。真実の事ではなかろうが、両者の違いを表す話ではある。

貞慶と明恵の仲を知るエピソードを鎌倉後期仏教説話集の『沙石集』より一つ。

「春日の大明神の御託宣には、明恵房、解脱房をば、我が太郎、次郎と思ふなりとこそ仰せられけれ」。謡曲春日龍神には明恵が入唐渡天の暇乞いに春日に参詣したとき、春日明神が明恵、貞慶の参詣をいつも待ち望んでいる。仏在世の時ならともかく、仏亡き後、今は春日の山こそ聖地であると入唐渡天を止める話がある。

■重 源■

平家による東大寺焼き討ちの後、その復興に尽力した東大寺大勧進俊乗坊《だいかんじんしゅんじょうぼう》重源は、建久七年（一一九六年）八月、笠置寺般若台に宋版大般若経一部、銅鐘一口、白檀《びゃくだん》釈迦像一体を寄進した。

現存する重源寄進の銅鐘は元弘の役の災禍《さいか》にも遭わず、笠置寺の数少ない重宝として残されている。小振りではあるがこの鐘は下縁部に六つの切り込みがあり、銘文が下面に陰刻されている点で我が国には類例が少なく貴重なもので、重要文化財に指定されている。銘文には「建久七年丙辰八月十五日大和尚南無阿弥陀仏」とある（南無阿弥陀仏とは重源の名称、彼は阿弥陀の化身と称していた）。

貞慶と重源、一方は興福寺を出て笠置寺の整備に、他方は東大寺の復興に力を傾注し、伊勢大神宮や春日明神に対する信仰が深く、大般若経や釈迦の遺身としての仏舎利を重んじるところなど共通点

重源寄進の解脱鐘

が多かったためその親交は深かった。

　文治二年（一一八六年）四月、東大寺再興の成功を願って重源は六十名の僧徒を引き連れ伊勢神宮にて大般若経転読を行った。時期は不詳であるが、その後も貞慶を導師として同じく盛大な大般若供養会を行っている。伊勢神宮に対する両巨人の共通の信仰が一つになったものであろう。

　建久三年（一一九二年）重源は大仏殿再興のための拠点である播磨別所として浄土寺（現兵庫県小野市）を建立したが、この寺で建久八年（一一九七年）に行われた諸堂供養の導師を、貞慶が務めている。

　このように共通の思想、行動をもつ二人ではあったが、重源が自分を阿弥陀仏と称し、専修念仏を受け入れた点に於いては貞慶の対極に位置するものではあった。だが貞慶とて新仏教の阿弥陀信仰に対するものとして弥勒信仰をもってきた点に於いてその発想を同じくする。重源の拠って立つ基盤が法然の一般大衆へ説く専修念仏とは異なり、念仏以外に諸行を積極的に行う姿勢が体制側、既成仏教側にあったこともあり、その信仰対象の差が二人の親密さを損なうことにはならなかったのであろう。

重源の寄進になる解脱鐘には貞慶が冥官の招請によって冥界に入り、法会の導師をした謝礼に持ち帰った閻浮壇金《えんぶだごん》という砂金が溶かし入れられているとの言い伝えがある（『山州名跡誌』）。閻浮壇金とは閻浮樹の大森林を流れる河の底に産する砂金で、金のうち最も高貴なものとされている。

貞慶の冥界入りの話は『笠置寺縁起』に次のように記載されている。貞慶が般若台六角堂にて行法中に一人の倶生神《ぐしょうじん》（人の出生と共に生じて人の善悪を記すといわれる神）が出現し、貞慶にいうには「閻魔宮より経衆を招請せよとの命による使いである」と。その時、六角堂正面右辺の庭上の地が破れて、貞慶はそこより閻魔宮に入った。閻魔宮での結願の後、貞慶は母の幽魂と対面して色々と語りあったと記されている。

解脱鐘のいつまでも嫋々たる余韻を引くその上品な音色は、元弘の役の災厄も乗り越えて今もなお八百年前と変わらず笠置山上に染みいるように響いている。残念ながら重源の寄進になる他の品、宋版大般若経一部、白檀の釈迦像は元弘の役で被害にあったと思われ、今に伝えられていない。

二人の高僧の付き合いを示すエピソードを『源平盛衰記』から一つ。即ち、

「同じ夜、夢に貞慶は重源を釈迦と見、重源は貞慶を観音と見た。お互いにその夢を語るため笠置寺と東大寺を出て中間地でばったり会って、共に夢のお告げを語り、お互いを尊敬して三礼した。そして『先に亡くなった方が死後の生まれ変わった世界を示し、生きている相手の死後の世界を予告しよう』と誓った。その後、建永元年（一二〇六年）六月五日、貞慶は夢に重源が霊山に帰ったと報告

され、急いで人を遣わしたところ、既に東大寺浄土堂で入滅していた」と。二人は肝胆相照らす仲であったのである。

■九条兼実■

貞明《ていめい》皇后（大正天皇皇后）を通して現皇室に繋がる九条家の祖となった九条兼実は、北家（天智天皇の盟友、藤原鎌足の孫、房前《ふさざき》を祖とする）の嫡流である法性寺《ほっしょうじ》関白忠通《ただみち》の三男。兼実が生きた時代は清盛の全盛時代から源氏が進出し鎌倉に於いて武家政治が確立されるという極めて波乱に富んだ時代であって、この激しく動く世にあって政局の中心にいた人物であった。

兼実はなかなか出世欲が強かったようで兄の基房《もとふさ》が関白職を平清盛に退けられた時、その後を狙ったが清盛に阻まれた。そのため反平家色を強め、福原遷都にも加わらず京に留まって源氏に接近し、京の後白河法皇と鎌倉の頼朝との橋渡し役となり、あるいは京に於ける頼朝の代弁者ともなっていた。義経が後白河法皇の籠絡にあって兄頼朝に反旗を翻し、それを利用した後白河法皇が頼朝追討の宣旨を出した時にも側近がすべて迎合するなか、罪科なきにもかかわらず頼朝を追討することに唯一反対したのが兼実であった（『愚管抄』巻第五。『愚管抄』の作者慈円は兼実の弟）。このことも頼朝の信頼を勝ち得た理由の一つであろう。頼朝は後に己を追討する宣旨を発給することに賛成した廷臣たちを解官せしめる一方、兼実を幕府権力確立のための朝廷側の窓口として利用した。これらあって兼実はその後源氏の後ろ盾で目論見通りに関白職に就任し、所期の目的を達した。

貞慶が鎌倉幕府から礼堂建設資金を得たのも兼実の働きかけがあったことによるのであろう。

兼実が残した日記『玉葉』の中に貞慶に関する記載が各所に散見される。八講結願の日、貞慶を結座導師に招いてその説法を珍重し、末代の智徳であると評し、只声が小さいことを恨み（建久二年二月二十一日）、興福寺南円堂の誦経に参加して導師貞慶の表白が非常に優れていたと評し（建久二年五月二十二日）、にわかに思い立って行った金泥心経供養に貞慶を講師として招き、貞慶の説法に感涙を拭い（建久二年十月十一日）、貞慶が笠置に隠遁するについての真意を訊くため自邸に招き、その行動は冥告によるものとして納得するも、このように有用の人が皆このように行えば仏法の滅相というべきで悲しむべき事であると嘆きをもらした（建久三年二月八日）。

兼実は貞慶が笠置入山後も貞慶との接触を欠かさず、貞慶も京に来た折り兼実のところを訪れている（建暦元年九月一日、同二年二月十一日）。

これらの交渉を通じて貞慶の笠置寺整備に貴族の一大勢力としての兼実の力が大きく預かったであろうことは想像に難くない。

なお意外なことは、このように貞慶と親交のあった兼実は貞慶の宗教上の宿敵ともいうべき法然に帰依していたことである。兼実が鎌倉幕府に近かったことは述べたが、そのことが京での孤立を招いていたこと、家庭的にも長男良通が二十二歳の若さで早世し、夫人にも先立たれ、更には長男亡き後、期待をかけていた次男の良経も三十八歳で亡くなるという身内の不幸も影響していたのであろう。法然の『撰択本願念仏集』も兼実の請によって作られたものといわれる。この書に対し貞慶はその弾劾の書「興福寺奏状」を著し法然を追放に追いやったのである。相対立する貞慶と法然という両人と共に親交を有していた平安貴族の人間関係はおおらかだったようだ。

■藤原定家■

定家は鎌倉時代に活躍した歌人で『新古今和歌集』の編者として有名である。貞慶は兼実同様定家ともお互いに行き来する付き合いを保っていた。

例えば、定家は元久三年（一二〇六年）四月、笠置寺に参詣、故九条良経《よしつね》（兼実の次男、一一六九～一二〇六年、太政大臣）の菩提を弔うために法華経一部、弥勒上生経などを書写し、貞慶を導師として弥勒仏の御前に於いて供養を行った（三条長兼の日記である『三長記』に記載）。

定家の『名月記』には貞慶が元久二年（一二〇五年）八月、刑部卿三位追善供養の導師を勤めたこと、承元二年（一二〇八年）九月、後鳥羽上皇の河内交野新御堂供養の導師を勤めたこと、建暦元年（一二一一年）十二月十二日、前月他界した宣秋門院《ぎしゅうもんいん》（兼実の娘で後鳥羽帝の中宮）の御子、春華門院《しゅんかもんいん》五七日（死後三十五日目）の仏事の導師を務めたこと、建暦二年（一二一二年）二月十二日に八条旧院にて貞慶が説法を行ったことなどを記す。日頃の深い交流が定家に貞慶に関する記載をなさしめたのであろう。

なおこの建暦二年（一二一二年）二月、貞慶は十一日に九条兼実を訪れ、数刻の間、法文について交談している。翌十二日に上記の八条旧院での説法を行い、中一日を置き十四日に笠置寺に帰った（『玉葉』）。京都に行った時には有力者の間で引っ張りだこになっていた貞慶の姿が垣間見られる。貞慶は笠置寺に隠遁していた訳ではなく、その活動は広範囲にわたっていた。たとえば笠置入山後も播磨国極楽山浄土寺落慶の導師となり（建久八年（一一九七年））、唐招提寺東堂を修理して釈迦念仏会を始め（建仁二年（一二〇二年））、翌年九月にも七日七夜の釈迦念仏会を興行した。また興福寺北円堂の再建や元興寺玉華院弥勒堂の勧進による再興と弥勒講の興行にも協力した。あるいは後鳥羽上皇の春日社御幸、七堂巡礼に際しての二条御所に於ける一切経供の導師を勤め（元久二年〔一二〇五年〕）、京都梅小路南堂の法華経供養の導師を務めるなどその活動は常人の域を超えていた。

■後鳥羽上皇■

後鳥羽上皇（一一八〇～一二三九年　天皇在位は一一八三～一一九八年）は貞慶より二十五歳年下である。後鳥羽天皇は源平動乱のさなかに生を受けた。誕生一ヶ月前には福原遷都が決定されて、祖父後白河法皇、父高倉上皇、兄安徳天皇が都落ちし、生後一ヶ月後に頼朝が挙兵する動乱の只中に生まれ、三歳の時、木曽義仲入京による源氏の圧力で後白河法皇の命によって天皇に即位し、建久九年（一一九八年）一月、まだ十八歳の身で土御門天皇に譲位、承久三年（一二二一年）まで上皇として院政を行った。同年五月、時の執権北条義時追討の院宣を出して承久の乱を起こしたが破れて隠岐島に配流され、延応《えんおう》元年（一二三九年）二月、京に戻れないままに配所にて死去した。彼は時代の波に弄ばれた数奇な運命の天皇であった。

後鳥羽上皇の中宮、宜秋門院九条任子《にんし》は兼実の娘であり、貞慶の後ろ盾であった兼実を通して貞慶は後鳥羽上皇と親交を深めたものと推測される。文献に現れる両者の交流は次の通りである。

正治《しょうじ》二年（一二〇〇年）貞慶は後鳥羽上皇水無瀬殿で法相の宗旨を説き、上皇は貞慶から贈られた『報恩講式』を覧て『瑜伽論《ゆがろん》』百巻の書写を発願した（『大乗院日記目録』）。

元久二年（一二〇五年）八月、刑部卿三位追善供養の導師、同年十二月、上皇南都御幸の際、二条

御所での一切経供養の導師、承元二年（一二〇八年）九月、上皇の河内交野新御堂供養の導師等を務めたこと、建暦元年（一二一一年）十二月に前月他界した宣秋門院の御子、春華門院五七日の仏事の導師を務めたことは既に述べたが、このように上皇が身内の追善法要の導師を貞慶に依頼したことをもって上皇の貞慶への帰依の深さが証明されるであろう。

後鳥羽上皇は承元四年（一二一〇年）九月、笠置寺へ臨幸され瑜伽論供養を行い、埋経を行ったが、その導師は貞慶が務めた。この時の様子を承元四年「具注暦裏書《ぐちゅうれきうらがき》」によれば、同月十八日に上皇は豪雨をついて笠置寺に入り、十九日、貞慶の導師で誦経し瑜伽論を筒に入れて埋経した。二十日は瓶《みか》の原の雅縁の山庄堂にて同じく貞慶の導師で供養を行い、ここを後鳥羽上皇の御祈願所と定めたとある。この山庄堂は後年貞慶が笠置寺から出て移り住む海住山寺にも近い場所である。

貞慶への深い帰依もあって、上皇からは正治元年（一一九九年）に平式重から寄進を受けた「重次名田」を般若台領として官物以下恒例、臨時の国役雑事などを免除する院庁下文が出され、寺領境内地に於いて殺生を禁ずる院の庁御下文も下されている。

笠置寺弥勒像を模した前述の大野寺弥勒像は後鳥羽上皇の叡願によって雅縁大僧正が棟梁となって承元元年（一二〇七年）十月に造立が始まり、承元三年（一二〇九年）三月後鳥羽上皇の御幸を仰いで開眼供養が行われたが、これにも当然貞慶が大きく関わったことであろう。貞慶が笠置上人といわれるのも、後鳥羽上皇の勅宣によるものである（『笠置寺縁起』）。

また貞慶は後鳥羽上皇より承元二年（一二〇八年）九月、交野新御堂《かたのしんみどう》供養の導師を勤めた際に舎利二粒を拝領した。舎利信仰に篤い貞慶はこの仏舎利を海住山寺に安置した（海住山寺に舎利安置状が残されている）。

貞慶はなぜ興福寺を離れて笠置寺へ入ったか

入山の動機は既に述べた。当時の仏教界の世俗化と堕落に対する反省とその改革、法然の新仏教台頭への危機感が笠置入山の動機である。また天台、真言を主流とする京都仏教への対抗意識等もあったと思われる。貞慶は南都に身を置いては南都仏教の改革はできないと判断して奈良とほどよい距離を置く笠置寺に入山したのである。

鎌倉末期に書かれた『元亨釈書《げんこうしゃくしょ》』は貞慶の笠置入山の動機を次のように説明する。表面的、一面的ではあるが、当時の状況を表しているので次に紹介しよう。

貞慶は最勝講に招かれたが、貧しいために乗り物や従者を人に借りて宮に入ったところ、堂上には華美な衣装を纏った会衆が既に座を占めていた。彼等はぼろ衣で到着した貞慶を見て笑った。貞慶は僧侶が質素を旨とせず、実がなく浮ついていて大げさなことを競うのみ、自分はこの徒と共にすべきでないとして、宮講が五日にして終わるのを待ちかねて山城、笠置の窟に止住したと。

以上は世間受けのする説話の類である。貴族出身の貞慶は決して貧しくはなく、また何度も宮講に出ており、初めて最勝講に招かれてその実情に驚いた訳ではない。これは貞慶の潔癖さ、華美を嫌う精神を賛美するための説話である。

貞慶が招かれた最勝講とは、朝廷で毎年五月に東大寺や興福寺など大寺の僧を招き、宮中の清涼殿で「金光明最勝王経《こんこうみょうさいしょうおうきょう》」を朝夕二座一巻ずつ講説させ、国家の安泰を祈らせた法会で、勅命による権威を有し、この講師を勤めることは僧の最高の地位を表すものであり、最高の名誉であった。

九条兼実は貞慶が笠置山に籠居するとの噂を聞き真意を確かめるため、建久三年（一一九二年）二月八日、貞慶を自宅に招いた。その頃しばしば笠置寺に籠もり、隠棲の決意を固めつつあった貞慶は兼実の問いに対し、否定することはなかった。

兼実は貞慶の説明を聞き「仰せの趣旨は様々あるが、大略は春日明神の冥告によって思い立ったものであろうか。他ならぬ春日明神の冥告とあればその意趣は貴ばねばならない。今までになかったことだ。しかしこのように有用な人材が皆同じようにすれば、それは仏法の滅相につながる。悲しいことだ」という趣旨のことを述べている（『玉葉』建久三年二月八日の条。前出）。

この時より遡ること十年前の養和二年（一一八二年）正月一日、平家による焼き討ちからまだ一年、再建が緒についたばかりの興福寺に於いて、貞慶は臨終の際に諸仏賢聖の来迎に与かり兜率の内院に上生せんがため、大般若経一部六百巻の書写の大願を発し、同年十一月二十七日からその作業を開始した。この書写の間にあって笠置寺の住僧に対し法会の開始について助言を与えたり、弥勒像の前で書写を行ったりしていくうちに、徐々に笠置入山の意志が固まっていったと思われる。

またこの書写が終わる頃の百日の間に、春日大社の社頭に詣でて笠置入山の決意を確定的にし、丸十年の終わる建久三年（一一九二年）十一月二十七日に書写が完了し、諸々の準備を終えて、翌年の秋、笠置寺に入山した。貞慶はこのような一連の流れをもって笠置寺に入山したのは「法力を知る」ものであり、春日の「神徳」によるものであると述べ、春日明神に生々世々我が仏道を加護せんことを願っている（『笠置上人大般若理趣分奥日記』、『笠置寺般若台供養願文』）。

貞慶が笠置寺に入るについてのエピソードを一つ。これは『沙石集』巻第一に載っている。『春日権現験記絵』第十六巻詞書にも同様の話が記されている。

「解脱坊上人、笠置に般若台と名付て、閑居の地を卜《しめ》て、明神（春日大明神）を請じ奉給ひければ、童子の形にて、上人の頸に乗て渡らせ給けり。さて御詠有けり。

われゆかん行きて護ん般若台　釈迦の御法のあらん限は

ある時、般若台の道場の虚空に御声ばかりして

我をしれ釈迦無尼仏の世に出て　さやけき月の世を照すとは」

貞慶は笠置寺で何を行ったか

■その一、寺域の整備■

般若台六角堂の建設

貞慶は建久五年（一一九四年）八月、書写の完成した大般若経一部六百巻を納置する黒漆塗りの六角経台一基を作り、更にそれを収める板葺六角三間の般若台六角堂を上棟した。

この経台は釈迦如来を中央に、文殊・弥勒二菩薩の像各一体がそれぞれ両脇に安置され、扉の面に法涌菩薩《ほうゆうぼさつ》、常啼菩薩《じょうたいぼさつ》、阿難尊者《あなんそんじゃ》、玄奘三蔵《げんじょうさんぞう》、梵王帝釈《ぼんおうたいしゃく》、護世四王《ごせいしおう》、娑伽羅龍《しゃからりゅう》（王）、閻魔法王《えんまほうおう》像が画かれ、仏舎利十六粒が安置される立派なものであった。

常啼菩薩は求道のため仏の導くままに東行し、法涌菩薩の妙香城中七宝台で説法するを聞いて悟りを得た（『大般若波羅蜜多経』巻三九八、「初分常啼菩薩品七七」、玄奘三蔵漢訳）。この七宝台が般若台であり、貞慶は笠置山の高台に大般若経の世界を具現化しようとしたのである。

また釈迦如来は春日大明神の本地仏《ほんじぶつ》であり、釈迦如来を六角経台の中央に配したのは貞慶の篤い釈迦信仰と共に、春日信仰を物語るものであり、仏舎利が納置されたことは貞慶が自ら述べるようにその舎利信仰を示すものである。

貞慶は上棟供養の前日、伊勢大神宮を参詣、忝くも内宮の神前に於いて神のお姿を感得し、六角堂内陣にお厨子を奉納したとある（『笠置寺縁起』、『笠置寺般若台供養願文』）。

古来より仏法忌避の制のあった伊勢神宮ではあったが、一般に平安時代の末期には衆生を救済するため、仏が神の姿として現れたとする本地垂迹説《ほんちすいじゃくせつ》により、神仏習合《しんぶつしゅうごう》が提唱されて神宮寺や法楽寺が創建され、僧侶が仏法擁護のため積極的に神々に祈るようになった。貞慶は法然一派を弾劾する興福寺奏状にも「霊神に背く失」を指摘するなど神祇《じんぎ》信仰に篤く、前述のとおり興福寺の守護神である春日明神のほか、国つ神としての伊勢神宮への信仰も有しており、これが貞慶を伊勢神宮に向かわせたのである。貞慶の友、重源も伊勢神宮に参詣して大般若経を書写供養し、転読を行って平家によって焼き討ちされた大仏殿再興を祈願している。

六角堂の扉や六角堂内部が興福寺の配慮により絵蓋、幢幡、花瓶、香炉、その他、飾り物できらびやかに飾られる中、般若台の上棟供養の当日は無数の大衆が雲集し、貞慶の叔父であり師でもある興福寺別当の覚憲が導師となり、手に香炉を捧げ、つぶさに般若台建立の旨趣を述べ、十人の僧が声々に各題目を唱し、聞く者はそれぞれに合唱したという。皆々法悦に浸ったことであろう（『笠置寺般若台供養願文』を引用）。

更に貞慶は修行僧たちの便宜を図るため、以前からあった僧坊を改造して萱葺五間の僧坊の造立に着手し、翌六年に完成をみた。その傍らには小社を一宇造営し、春日大明神を勧請して般若台の鎮守とした。貞慶の春日信仰の現れである。

般若台は弥勒石像がある本堂から南に二百メートル程の高台にある。ここは四方に開けた景色の良い所で、北には松の巨木に囲まれた稲荷社の森、東には遠く鈴鹿、近くには貞慶が永遠の眠りに入っ

般若台最下段と六角堂のある中段へ上がる石段

ている東山、西には生駒の山並み、貞慶が晩年過ごすこととなる海住山寺を抱く三上山、奈良若草山の稜線、南には柳生に続く高原状の起伏が見渡される。目を下に向けると、北東の谷間遥か下には南北に連なる笠置山地を削って貫流する木津川が白布のように音もなく横たわっている。この地は静かに宗教生活を送るには格好の地であった。

般若台は三段に分かれた台地状の場所からなっており、下段から六角堂のある中段へと上がる階段は自然石に数段の切り込みを入れて作られている。この自然石に刻まれた飾り気のない石段は、南都仏教の世俗化と堕落に対する反発を感じて入山した貞慶の考えを表すもので、質素な僧坊がこの景勝の般若台に配置されていたことを窺わせる。般若台下の窪地には貞慶が掘ったと言い伝えられている井戸がある。その名も地元では「上人井戸」といっている。山頂近くにありながらどんな渇水期でも涸れることなく、山上での慎ましい修行僧たちに飲料水を供給していた。

　般若台周辺には現在も平坦な畑や竹藪が集中する。貞慶の時代にはこれら平坦地に幾つもの寺院や坊があり、弥勒仏を中心とする笠置寺の聖地から少し離れたこの辺りが僧侶たちの日常の生活の場となっていた。貞慶が入山する前には笠置寺の住侶は十二人にすぎなかったが、貞慶の入山によって住僧の数は次第に増加していったことだろう。

　平成十七年と十九年に行われた京都府埋蔵文化財調査研究センター調査による発掘の成果から貞慶の時代、時代を進めて元弘の役当時、更に山域が城塞となった室町時代から戦国時代の当時を先取りしてみよう。調査場所は笠置山の南、剣豪の里柳生から打滝川に架かる橋を渡り笠置山域に入って数百メートルほど緩やかに上った坂上が起点である。ここは般若台下へ続く場所で、二つに分かれる小さい尾根によって幅二十から三十メートル、長さ百四十メートルにわたる谷間の平地を形成していて昭和三十年代以前は畑であったが、今は雑木が繁茂している。

　まず峠の上は南からやってくる敵に対する笠置山守備の要の地であり、丘陵には発掘の結果、鎌倉時代と戦国時代の二つの堀が確認された。また柱の跡があり、これは砦に柵が築かれていた証左であろう。

　谷の北側では平安末期から鎌倉時代の建物の遺構があり、土師器皿や須恵器の鉢、仏具などが出土している。これにより貞慶時代の修行僧たちの住まいがあったことが判明する。般若台六角堂の下付近では焼けて歪んだ青銅製の仏具や火に炙られて表面が荒れた中国龍泉窯青磁香炉、瓦器火鉢、土師《はじ》器皿《きざら》など元弘の役による般若台焼失の生々しい証が発掘された。

　山道の右側にも人為的に造成された平坦地があり、ここにも食器など多数が出土し、生活拠点があったことが判明する。般若台から北は堂塔の立つ宗教舞台であり、般若台から南側が僧坊など居住区域となっていたものと思われる。発掘地点ではないが、上人井戸の近くにも平地が点在し、苔むした強固な石組みが竹藪に埋もれている。東アジアとの貿易でもたらされた青磁《せいじ》や白磁《はくじ》など大陸から到来の陶器が見つかったことは、笠置寺が瀬戸内海、兵庫関の関務を行っていたことと関係なしとはいえず、笠置寺が単なる山寺の域を超えていたと言っても過言ではない（後述一五一頁）。

これら三時期の遺構を見ると貞慶が発展させた笠置寺が元弘の役で灰燼に帰し、その後復興の道を歩むもまた戦国の混乱に巻き込まれる厳しい変遷を発掘が示している。

二〇〇八年の調査報告概報は、結論として、発掘は中世山岳寺院を考える上で貴重な資料となったと評価し、また発掘最南端では花崗岩の岩盤を削って堀とした部分があった。これは『太平記』に「岩ヲ切テ堀トシ」たと記されたとおりであり、文献資料を考古資料が検証した例となったと調査報告概報はいう。

元弘の役以降の殺伐とした情景はここまで。貞慶の時代に戻って般若台から周囲を見下ろせば、そこには草葺きや板葺きの僧房が屋根の傾きを見せ、貞慶を慕って入山してきた若い僧が日々の修行に励み、香華の煙がたなびくなか読経や説法の声が山上に満ちていたであろう。般若台に佇むと当時の光景が目に浮かぶようである。

般若台は昭和五十一～五十二年に国の補助を受けて保存整備事業が行われた。昭和二十年代まではクヌギや樫、椿など、炭の材料となる雑木が密生し、平地の存在すら判然としなかったが、これにより般若台の全容が確認され、史跡公園として整備された。

その結果、長年にわたり雑木林の中に埋もれていた般若台は、南側林道より比高約二十メートルの

六角堂跡

盛り上がりの地形が、鐘楼跡、住居跡、及び六角堂跡の三段からなっていることが判明し、東西南北に正しく配置された六角堂跡からは正六角形に置かれた約四十個の礎石が確認された。これから推定すると、六角堂は内陣の一辺が二三八・四cm、外陣の一辺が五二一・五cmとその外側に一辺七〇〇・三cmの縁をもつ正六角形の建物であり、基壇が亀腹状で、しかも法の立ち上がりが緩く、鎌倉時代初期の様式を留めていることが判明した。

　発掘された礎石の中には円柱状の輪郭を残して周囲が剥離しているものがあり、火災の痕跡かと思われる。『笠置寺縁起抄出』によれば六角堂は焼失しなかったとされるが、当時近くにあった鐘楼も焼き払われており（本堂ヲ始テ堂塔坊舎鐘楼経蔵悉ク被焼払畢《やきはらわれおわん》ヌ。僅ニ千手堂六角堂大湯屋ハカリ残リケル。『笠置寺縁起抄出』）、この礎石からすればあるいはこの六角堂も元弘の役で焼失していたのかもしれない。

木瓦葺十三重塔の建設

建久九年（一一九八年）十一月に「木瓦葺（木で本瓦葺きを模して葺いたもの）十三重塔」が建立され、落慶法要が行われた。

この塔は「般若報恩塔」と名付けられた。名の由来は、インドから帰国し、長安の慈恩寺《じおんじ》で持ち帰った教典の漢訳に専念した玄奘が国家の聖恩に報いるため、永徽《えいき》三年（六五二年）、慈恩寺西院の近くに高さ六十四メートルもある西域風五層の塔（現在の塔は明代に修復されたもので七層となっている）を建てた。貞慶はこの高祖の志に倣って国の広徳に報いるため、十三重の塔を般若報恩塔と命名したのである。

十三重塔の跡地にある石造十三重塔。後ろは薬師、文殊の巨石。

　十三重塔は中央に金色の一尺六寸の釈迦如来像一躰を安置し、四方に彩色の四天王像各一躰を配し、柱や扉面にも仏像や羅漢像等を画き、更に塔の中には仏舎利三粒、弥勒菩薩像壱千躰を奉納、唐本大般若経一部六百巻、妙法蓮華経一部八巻、無量義、観普賢等経（それぞれ法華三部経の一つ）各一巻、大乗本生心地観経一部八巻、宝篋印《ほうきょういん》陀羅尼《だらに》等の経巻を納置した。この塔の本尊を釈迦如来とした点に、ここにも貞慶の釈迦信仰、ひいては春日信仰の具象化がみられる。

建久九年（一一九八年）十一月七日の落慶法要には、八音（八種類の楽器）が奏でられ種々の香がたかれる中、讃《さん》が唄われ説教等が行われた。この塔は笠置寺には珍しく壮麗な塔で、建築に要した多額の費用は貞慶の徳を慕った各界の多数の寄進に仰いだ（『十三重塔造立供養願文』、『笠置寺十三重塔扉呪願文』）。

鎌倉時代の笠置寺を描いた「笠置曼荼羅」には弥勒像を取り巻く礼堂の左側に十三重塔が見られる。現在石造りの十三重塔のある位置に優雅に立っていた壮麗な塔は、巨大な弥勒像と合わせて弥勒の浄土をこの世に現したようであったことだろう。

礼堂の改築

十三重の般若報恩塔が完成して五年足らずの建仁三年（一二〇三年）二月には礼堂の改築が実行に移されていた。

礼堂は天仁年中（一一〇八〜一一一〇年）永眞の手で建てられたが、その後大治五年（一一三〇年）に焼失し、弥勒像の御足も焼けるという事件があった。焼失後にささやかな草堂が造られて礼堂として使用されていたが、この草堂にはいろいろ問題があった。

まず礼堂が石像に接近しすぎていて、深い谷に臨む狭い庭から尊像を仰いだ場合、尊像をほぼ真上に見上げる形となるため、その全体像が判然としない。ましてや堂内からはあまり近すぎてその全容を仰ぐことは不可能である。また石像は窮妙といえども堂は人の造るもので老朽化が進んでくる。更に庭が狭く、多数の参詣者が群集すれば多くの人が直接法会等に参列することができないという難点があり、雅楽の楽屋も狭く法会の時に人や諸道具の配置に儀を失することなどであった。

貞慶はこれらの問題を解決するため、基礎を一丈（約三メートル）ほど絶壁側に移して前庭を広くし、軒も五、六尺上げることにより目線を高くして、堂の内外で尊像が自由に仰げるようにした。また雅楽の舞台を規則通りに配置できるよう南側に軒廊を延長して楽所を作り、余裕のできた北側の母屋の一方を経蔵として舞曲の座と参拝客の座を分けた。

実際弥勒石の前に立てば理解できるが、石の前は東側に急傾斜で落ち込んでいるので、一丈絶壁側に移すことはその数倍、清水の舞台のように建物を支える基礎が高くなる。それは大作業となることを意味しているのである。

このように礼堂の改築は当寺の信仰の中心である弥勒像周辺の大がかりな整備につながるため、全山の衆知を集めて建設にかかる必要があった。まず約百年前の天仁年中、永眞が礼堂を建造するにつき宣旨を賜わり、それによってその大功を終えることができたという先例にあやかって位記を申請した。礼堂建築を官の事業とすることによって、俸禄を賜り、種々の特権を与えられることを期待したのである（「笠置寺住僧等礼堂等造営勧進状」）。

建築に要する莫大な費用は、般若報恩塔を建築して五年足らずの笠置寺一寺の能力を超えた負担であった。そこでこの費用の捻出には京や南都の諸寺、貴族にも寄進を依頼したほか、鎌倉幕府にも接近し、元久元年（一二〇四年）四月に貞慶の使者が鎌倉に至って将軍家の喜捨を願い出た。これに対し当時の将軍源実朝は砂金以下の重宝を与えた（『吾妻鏡《あづまかがみ》』）。

貞慶への信任は京都の貴族たちだけでなく、鎌倉幕府の実録である『吾妻鏡』に記載される程に拡がり、秋の法華八講を御願した頼朝に続き、その後の鎌倉幕府もこの平安貴族の末裔に有形、無形の援助を与えていたのである。これには鎌倉幕府とも近かった京の兼実の口添えが大きかったのであろう。

勧進状が出された建仁三年（一二〇三年）の一年九ヶ月後の元久元年（一二〇四年）十月十五日に礼堂完成供養が行われ、その翌月にはこの新築されたばかりの礼堂で龍華会が催された。幕府には礼を失せぬよう早速使者が鎌倉に赴き、十一月七日には将軍家に無事礼堂が完成した旨のお礼の言上がなされている。

本堂東側。崖に面しているので懸崖造りとなっている。貞慶時代のものはもっと規模が大きかった。

この礼堂は元弘の役で焼失したが、「笠置曼荼羅」にその華麗な姿を残していることは既に第一章に述べた。

笠置寺と南都の中間地点にある浄瑠璃寺《じょうるりじ》の記録『流記事《るきじ》』建仁三年二月一日の条に「同（建仁）三年癸亥二月一日楼門経蔵并阿伽井造レ之。上棟今年正月二十二日杣取事始レ之。今日当山経蔵楼門。東山十三重塔。笠置寺礼堂。三ケ寺。同日棟上也。不思議□□」とある。浄瑠璃寺は古くは西小田原浄瑠璃寺、東山とは東小田原瑞願寺《ずいがんじ》（今は廃寺となっていて礎石だけが残る）と称し、いずれも興福寺の別所であった。貞慶はその書、『地蔵講式』奥書で小田原の依頼によって著したと書いているが、小田原とは両寺のどちらかのことであろう。興福寺に出自を持つ貞慶は南都と往復する際、この寺院に立ち寄って休息をし、情報の交換も行っていたのであろうか。一時休息の微笑ましい情景が想像される。

■その二、法会の整備■

法華八講の勧進

貞慶が笠置寺に入山したのは建久四年（一一九三年）の秋であるが、この年に二季八講料舞装束の勧進が行われている。

笠置寺に於ける法華八講は日本第三伝の由緒を持ち、後白河法皇と鎌倉右大将家の御願にかかる法会であったが、この頃は衰退に向かっていて、法会としての地位が落ち、その実施すら困難になっていた。また実施しても参列の僧は四名に止まり、講説、論談すべてについてその規模は縮小され、大衆を法悦の境地に入れる舞楽などの儀式もなくなっていた。また舞装束も永い年月の間に損傷が目立ち、修復に耐えられなくなったため、新しく調整する必要が生じていたのである。

建久七年（一一九六年）に貞慶は法華八講の勧進を行った。貞慶はその勧進で延暦十三年（七九四年）から始まった法華八講を初回からちょうど四百年が過ぎた今、この弥勒の霊山に於いて広大の仏恩に報謝の誠を致し、その功徳をもって伊勢大神宮の真徳に報い、かつその威力を借りて衆生の仏道への発心を祈るために、新たに十六人の僧を撰んで七日間にわたって挙行したいと述べている。

なお笠置寺の法華八講では「万秋楽」が舞われることが多かったことは第二章で述べた。

霊山会《りょうぜんえ》

貞慶の手で建立された般若台で毎年二月に興福寺の碩学六人を招請し「霊山会」が行われた。この法会は三日間に及び、六座の講説問答を行うものであった。

これまで後白河法皇と鎌倉右大将家の御願にかかる二季の法華八講以外に問答が行われていなかったため、新たに経典を崇め、釈尊の恩徳に報じ、護法を祈念し春日大明神に奉るために行い、もって弥勒下生の値遇をも期するものであった（「後鳥羽院庁下文案」）。

霊山会に要する費用は平式重より寄進を受けた伊賀国阿閇《あへ》郡《ぐん》に所在する重次名田三町八反をもって充て、そのためこの土地は般若荘として院庁より施入され、諸税や国役を全て免除された（後述）。

龍華会

貞慶は養和二年（一一八二年）から続いている龍華会を更に発展させ、元久元年（一二〇四年）十一月十七日、本堂に於いて龍華会を盛大に挙行した。既に述べたが龍華会（龍華三会）は五十六億七千万年後に弥勒が人間世界に降りてきて、三度の説法ですべての人間を救済するという信仰に基づく説法の法座である。弥勒の石像を仰ぎ「香華伎楽《こうげぎがく》の供、啓白呪願《けいびゃくじゅがん》の詞、一々の法式、予め（弥勒）の当来を擬《ぎ》」して（「貞慶龍華会願文」）法会化したもので、この法会は衆生を救済せんがための弥勒下生を渇仰するものであった。

この龍華会の約一ヶ月前の十月十五日に完成したばかりの真新しい礼堂は五色の吹き流しで飾られ、この礼堂を見下ろしている彩色された弥勒像の左には、これもまた六年前に完成し、仏舎利三粒を納めた十三重塔がなおその華やかさを残していた。弥勒像の左手では新しく造られた舞台で万秋楽が舞われ、右手の礼堂のつながりに造られた経蔵には新しく入手した唐本の一切経が納められていた。この弥勒殿を中心とした境内の宗教的雰囲気は参詣者をして、その手に経巻を捧げ、仏舎利を押し載いて、ゆったりと厳かに宝殿に進んで弥勒の説法を聴きに行く三会の想いを充分に醸し出すものであった。願文よりすればこのような状況が想定されるであろう。

舎利講《しゃりこう》

貞慶は建久七年（一一九六年）四月、笠置寺千日舎利講のため仏供料の勧進を行った。

この法会は仏舎利を弥勒像の御前で回向し、その功徳を讃えるものであった。貞慶の舎利信仰は釈迦信仰にその基礎を持つ。釈迦は自ら穢土に入るも、衆生を生死の泥から救済してくれる慈父の如き存在であり、たとえ今は生身の釈迦に会えなくともその舎利を供養すれば釈迦を供養するが如くにその功徳は大であるとする。貞慶の解釈では「舎利はこれ仏」（「貞慶龍華会願文」）であり、今の衆生の発心成仏は釈迦の舎利の力によると説かれる。

この勧進は法会のための毎日十杯、合三升の一千日舎利講仏供料勧進で、たとえ少しの寄進でも必ずや見仏聞法、発心得道の善因となるであろう、と勧進を慫慂している。

■その三、財政基盤の充実■

笠置寺が貞慶のもとで隆盛を加えるには、宗教活動の他に、それの裏付けとなる経済的基盤の充実も必須のことであった。貞慶が礼堂や十三重塔の建築、龍華会などの法会の執行に要する財源について苦労している様子がそれぞれの勧進状にも見られるが、笠置寺の基礎的な収入基盤の拡充についても貞慶の人脈の広さが大きく貢献した。

境内地の争いの確定

前章で述べた寺領の南限である阿多恵谷に於ける安部近弘との境界争いについて、笠置寺大法師等が訴えているが（九三頁参照）、この時期には既に貞慶は笠置寺に入っているので、この訴訟にいう大法師は貞慶を指すものとみられる。

なお貞慶入山当時の笠置寺の境内地は次の通りである。後鳥羽院は寺領四至のうちで漁猟は一切停止さるべき旨の勅宣を下されたが、その四至《しいし》は、

東の限は野野目河《ののめかわ》（笠置山から谷を隔てた東山山塊の東を流れる川）

西の限は小倉河《おぐらがわ》中の仏石《ふっせき》（おそらく柳生方面から流れ下る打滝川にあったと思われる）

南の限は阿多恵谷（笠置から柳生に向かうと柳生の北端にあたやの地蔵がある）

北の限は膀示河原《ぼうじのかわら》（笠置山の北裾を流れる木津川の河原に岩に大日仏を刻んでこれを膀示仏といった。今この仏像は見あたらない）とされる（『笠置寺縁起』）。

大まかに言えば笠置山とその東山、そして柳生との境、北側は木津川に至るほぼ笠置山全域に及ぶ広大な地域が寺域である。この四至のうち、東、西、北の境界は川であったので紛争は生じる余地はなかったが、笠置寺の南境にある柳生の荘との境界付近は比較的平坦で田畑が散在しており、かつ柳生の荘は有力地主である春日社領であったため、その被官である春日神人との争いが絶えなかったのである。

後援者からの寄進

【舎利講料】

建久七年（一一九六年）八条院《はちじょういん》は貞慶の舎利講仏供の勧進に接し、随喜のあまり伊勢国蘇原御厨《そはらみくりや》（現三重県松坂市にあり）を当寺に寄進した（『笠置寺縁起』）。

八条院は鳥羽天皇の第五皇女で、二条天皇の即位に及んで准母となり、応保元年（一一六一年）院号八条院を賜った。仏心篤く蓮華心院を建立、安楽寿院領をはじめとした莫大な所領を背景に大きな勢力を持つ人物であった。

【霊山会料】

正治元年（一一九九年）六月、平式重が寄進した伊賀国阿閇郡の「重次名田」三町五段百二十歩等をもって後鳥羽上皇より般若台領として官物以下恒例、臨時の国役雑事などを免除する院庁下文が出された。

背景には、平家の地盤であった伊賀の地へ東国武士が勢力を伸ばしてきたことによる荘園名主と国衙との争いがあった。平式重はおそらく在京の不在地主であろう。この土地について在庁の役人が年貢徴収のために強引に土地調査を行い、三町歩を残してその他を取りあげるという手に出たので、平式重はこれを笠置寺に寄進し、笠置寺は院に重次名田の全体を般若台領として、その地から上がる収益を霊山会の費用に充てることの院宣を求めた。寄進を受けた笠置寺は院の力を利用して国への賦役等の免除、その他の圧力の排除を狙ったのである。

しかし院庁下文にもかかわらず、その後も寄進を受けた三町余に対して在庁役人がその面積を争い、笠置寺は再度申状を提出して全面積を認めることを訴えるなど（「笠置寺重申状」）在庁役人との軋轢は続いた。

なお法華八講の資金は貞慶が笠置寺に入る前に、嵯峨天皇の皇子である源弘から寄進された田畠十町余について、寿永元年（一一八二年）十月十八日に法華供養のための末代までの費用とする旨の院

貞慶の眠る東山から笠置山東面を見る。弥勒石が山頂近くに見える。明治の絵図面では樹木が少なく露出した岩が随所に散見される（152頁参照）。

庁下文を賜っており、既に手当済みであった。

不入《ふにゅう》の権の承認

『笠置寺縁起』は土御門院《つちみかどいん》（在位一一九八～一二一〇年）が勅宣で、笠置寺の荘園については寺の処置に任せ、守護が入らざるの権、不入の権を認めたと記す。おそらく前段「重次名田」に係る院庁下文その他の資料をもって、縁起編集者がこの条を記載したのであろう。

寄進を受けた庄の再寄進

建仁元年（一二〇一年）四月、貞慶は重次名田の「伊賀国阿閇郡印代、服部、猪田三郷内」の玄米五石と、八条院女房の堀川局より般若台に寄進された大和国山辺郡椙本庄内の水田一町を「春日御社御供料田」として寄進した（「僧貞慶寄進状案」）。

重次名田からの収穫物と、せっかく寄進を受けた田を更に春日大社に寄進したのは、貞慶の春日大社に対する篤い信仰の念によるものであろうが、それだけではなかったと思われる。

なぜなら先に述べたように、院庁下文によって寄進された土地に対し、当面、国司等による収公等は回避されたが、基本的には荘園として国司の支配下から除外するか否かは国司の裁量に委されていたため、今後も「慮外の事」が起きることが懸念された。かかる事態が生じた場合、国の権力の前には力のない山寺では対抗しがたい場合が多いので、紛争の種を含む荘園からの収穫物と、またその土地を勢力者に寄進することによって利害を絡ませ、その庇護を仰いだのである。

貞慶は寄進状で「若しくは国衙の濫妨、若しくは公役の譴責、或いは武士の狼藉、或いは住人の謀計、末代違例の事有らば、下遣の神人等、殊に禁制を加えらるべし。若し大事に及ばは、早く長者殿下に言上し、天奏を経るべし。若し、猶遅引有らば、衆徒相議し、寺家哀憐、公私内外に付け、火急の御沙汰有るべし」と述べる。しかし一方で、伊賀国の庄から寄進される玄米五石は、他の田の収穫物と「交分《きょうぶん》」してはならない旨を記し、収穫がない場合や国司に収奪される場合には、その分、寄進を減少できる仕組みがつくられている。また椙本庄についても笠置寺の霊山会の費用として十七石を優先充当する約束であり、春日社に入る残りは少ない。

また神領に寄進するといっても、当名田の名主とは「万の雑事、免除の事」を約束していて、「庄務知行」に及ばず、調度、文書はことごとく笠置寺の宝蔵に納めることとなっていた。これからみれば、実質的には春日社には負担のみ多く益するところの少ない寄進であった。近隣との争い、その他慮外の事が起きれば東大寺や興福寺のような大寺院とは異なり、朝廷のお墨付きだけでは、山中の寺院は安閑とはしていられなかった。寺域の整備にはこのような守りの手を考えることも必要としていたのである。

ここには将来発生するかもしれない土地争いに春日大社を紛争解決の後ろ盾として巻き込もうとする貞慶のしたたかな深謀が窺われ、貞慶の笠置寺経営者としての手腕が見られるところである。

貞慶、海住山寺へ移る

見事に笠置寺を弥勒信仰の中心地に仕上げた貞慶は、承元二年（一二〇八年）一説に承元元年、笠置寺から西五キロ、恭仁京《くにきょう》の北の山中にある海住山寺に移った。貞慶が晩年に至り観音信仰に傾斜していったことにその原因があることはその後の海住山寺での活動の中に見られる。またこの移住には貞慶と親しかった興福寺別当で、後鳥羽上皇ともつながりの深い雅縁の山房が近くの「瓶原」にあったことも関係していたようである。

海住山寺は天平七年（七三五年）、聖武天皇の勅願により良弁が開創し、藤尾山観音寺と称していたが、その後伽藍が焼失し衰退していた。この寺院を貞慶が再興して補陀落山海住山寺とした。これこそ中興の祖である。貞慶は海住山寺にあって依然として強い釈迦信仰を有しながらも、笠置山の東山にある笠置寺観音堂（大和小嶋山観覚寺の延鎮が木津川上流の滝で遭遇した修行者行叡の庵に相当する堂で、清水寺草創に繋がる堂であろう。第三章に記した）で深めた観音信仰を更に深化させ、弥勒上生を願うと共に観音の引摂を願って、建暦三年（建保元年（一二一三年））五十九歳で入滅した。

死の床にあって、既に筆をとることもままならぬ状態であった貞慶は、入滅に先立つこと二十日余り前に病床にありながら五ヶ条の起請文を代筆させ、山内に尼衆や遊興目的の僧、問題のある人物等の来住すること、材木等を切り出すこと、山中で争うことなどを禁じた。この起請文は戒律生活を守るよう遺訓し、獅子身中の虫が獅子を食らうように寺を害するのは寺僧であるとして、死の直前にあってもなお戒律に厳しく、静かな宗教生活の場を守ることに熱意を注いだ貞慶の遺言であった。

笠置上人とも解脱上人ともいわれた貞慶は般若台の東、谷を一つ隔てた東山に眠っている。地元では貞慶の墓を「上人墓《しょうにんばか》」という。東山の墓からは弥勒石や本堂など笠置寺の全景が椎や樫などの常緑樹の間に望見される。

貞慶はここから百二十年後、戦場となって炎上する笠置寺を、そしてその後も衰退と興隆を重ねる笠置寺を眺めてきた。これからも来るべき弥勒下生までの笠置寺の変遷を見据えていくことであろう。東山にある貞慶永眠の地は笠置寺を隆盛に導き、龍華会の願文で「冥衆永く我山を護らんことを」と祈念した解脱上人貞慶にふさわしい墓所である。

墓は切石で囲んだ高さ四十センチの大きな八角形の基壇の上に五輪の塔がのっていて鎌倉様式完成直前の様式を示している。五輪には四方にそれぞれ「キャ、カ、ラ、バ、ア」の五輪塔種子が薬研彫されて全体にどっしりした、見事な五輪塔である（『日本石造美術辞典』）。

貞慶が入寂した海住山寺にも貞慶の墓がある。遺骨が関係の深い両寺に分かち葬られたものと思われる。

海住山寺五重塔。建保2年（1214年）に解脱上人1 周忌に際して建立された。

海住山寺本堂

貞慶の後を受け継いだ宗性

貞慶亡き後の笠置寺はどうなったか。貞慶はその生存中に弥勒信仰の種子を後進たちに植え、貞慶の孫弟子ともいうべき東大寺の宗性にその精神が受け継がれた。宗性は貞慶亡き十七年後、笠置寺に参籠し、学僧として弥勒信仰を著作面で花開かせ、また十三重塔の修理を行うなど笠置寺の経営に力を注いだ。

■宗性とは■

貞慶のもとで一大隆盛をみた笠置寺は当時、既に草創以来五百年以上の法灯を維持してきたが、この法灯を貞慶亡き後に受け継ぎ、学問的に発展させたのは東大寺の僧、宗性であった。

宗性は建仁二年（一二〇二年）に宮内権大輔藤原隆兼《ふじわらのたかかね》を父として生まれ、建保二年（一二一四年）、十三歳で東大寺に入寺、華厳宗の専攻門跡院である尊勝院《そんしょういん》で修学した。ここで尊勝院主の道性《どうしょう》（九条兼良《くじょうかねよし》の息子）・光暁等に華厳を、聖禅・良忠等に倶舎《くしゃ》・因明《いんみょう》・唯識《ゆいしき》等をそれぞれ学び、延暦寺や園城寺《おんじょうじ》にも足を運んで研究を重ね、日夜先学、古賢の古写本、遺著等を抄録し、あるいは文章博士藤原良頼等について故事、作文等を修め、仏教、漢学に対する造詣を深めていた。

蛇足だが、宗性がその学識を深めた尊勝院は宗性他界の五十三年後、後醍醐天皇が東大寺を頼って南都へ行幸した際、帝に反対する立場を取り、帝をして笠置山に向かわしめた原因の一つともなった寺院である。その結果、宗性渇仰の弥勒仏が姿を消し、宗性労作の原動力となった経典類が焼失したというのもまた歴史の皮肉な回り合わせである。

宗性は東大寺尊勝院で道性の指導によって阿弥陀信仰を深めていったが、弥勒信仰は嘉禄《かろく》二年（一二二六年）十月に興福寺光明院に入山し、貞慶の弟子であった覚遍《かくへん》（後に興福寺の別当となる）に師事したことに始まる。

宋性が十三歳で東大寺に入った前年に貞慶は入寂しているので、当時若輩の宋性は直接貞慶の謦咳に触れることはなかったであろうが、ここで覚遍から貞慶の人徳、学徳を伝え聞き、今世に於いて貞慶に拝することの叶わないことを恨み、後世にて貞慶に値遇せんとの志たるや切なるものがあった。そして貞慶思慕のあまり、寛喜《かんき》二年（一二三〇年）六月、二十八歳の情熱を胸に笠置寺に入山した。宗性はここ笠置寺の霊的な雰囲気に身を置くことによって、ますます弥勒に篤く帰依し、日夜、貞慶の著作を研究してその信仰を深めていったのである。

■宗性の著作『弥勒如来感応抄《かんのうしょう》』■

宗性は笠置寺入山以来、精力的な活動を行った。しかし宗性の父、藤原隆兼は宮内権大輔で中下流貴族に過ぎない。父隆兼が若くして死んでからは権中納言藤原宗行《むねゆき》の養子となってはいるが、貞慶のような華麗な家系ではないため彼を取り巻く人脈も少なく、その活動の範囲も貞慶とは比較にならないほど狭かった。宗性は貞慶と同じく笠置寺の堂塔整備を行ったとはいえ、記録に残る成果は十三重塔の整備に留まっている。宗性の面目は強い弥勒信仰を原動力として数多くの著作を完成した学問的な業績の面に見られるのである。

宗性の著作で代表的なものは『弥勒如来感応抄』である。もともと宋性は師道性から阿弥陀信仰を受け継いでいたが、弥勒への強烈な帰依は「寛喜二年（一二三〇年）の秋、図らずもこの弥勒の霊地に参籠して以降、深く慈尊の引摂を願い、偏に兜率往生の間を楽し」み、「来世には必ず慈尊値遇の芳縁結ばんこと」を願い、「願わくば当山本尊の弥勒慈尊、その志を知見し、この願いを成就され」んことを祈り、弥勒を「信仰のあまり、落涙千行」するほど強烈な弥勒信仰に入っていった。これらの弥勒に帰依する言葉は宋性の著作の奥書の随所に見られる。

『弥勒如来感応抄』は五冊からなる大作である。第一冊は「弥勒講式」など貞慶の著作を中心とする資料を収め、第二〜五冊は「大唐西域記《だいとうさいいきき》」「法顕伝《ほっけんでん》」「法苑珠林《ほうおんじゅりん》」「大宋高僧伝《だいそうこうそうでん》」「大日本法華経験記《だいにほんほけきょうげんき》」「聖徳太子伝暦《しょうとくたいしでんりゃく》」「弘法大師伝《こうぼうだいしでん》」「入唐求法巡礼行記《にっとうぐほうじゅんれいこうき》」などから抄録した資料を収める（『国史大辞典』による）。

宗性はこの著作のため、弥勒の「絵像を懸かげ、弥勒を眼前に於いて清浄信力を運び、心底に於いて兜率往生を遂げんが為、三会の引摂に預からんが為、此の勤を致」した（「弥勒如来感応指示抄他奥書」）。

宗性は笠置寺で『弥勒如来感応抄』の他にも多くの著述を行ったが、資料は笠置寺護法所経蔵の本の中に求め、笠置寺東谷房や福城院、般若院などで著述を進めた。彼の熱烈な弥勒信仰と笠置寺の歴史、環境、宗教的雰囲気、そして貞慶以降伝えられた各種の経典等が相俟ってこれらの書を完成させたとみてよい。

『弥勒如来感応抄』第一には笠置寺関係、特に貞慶の願文や啓白文も収められていて、宗性入山以前の笠置寺を知る大事な一級史料となっている。この史料がなければ元弘の役で過去の資産がすべて焼失した笠置寺にとって、平安後期から鎌倉初期の状況の再現は不可能であったであろう。『笠置寺縁起』が草創以来の笠置寺を再現し得たのもこれら宗性の著作によるところが非常に大きい。これらの著作は笠置寺研究に関して宗性が我々に残してくれた貴重な遺産なのである。

■宗性時代の笠置寺の整備■

礼堂の修造

宗性が笠置寺で著作に励んでいた寛元《かんげん》元年（一二四三年）に礼堂修造の勧進がなされている。勧進の主は笠置寺住侶等となっているが、これには宗性が主導権をもって絡んでいたことは間違いなかろう（「笠置寺住侶等勧進状案」）。

勧進状案によれば、先師上人の草創の仏閣（建仁三年〔一二〇三年〕上棟）が年を経ずして荒蕪してきたので、ここに十余間の礼堂の修造を企てると述べる。

十三重塔の修理

三十年間にわたる精進の後、『弥勒如来感応抄』を書き上げた宗性は、六十年前に貞慶が建立した十三重塔に修理を加えた。

『弥勒如来感応抄』第五奥書によれば、「十三重塔の壇場に微力を励まして修復を加え、二十一日間、堂に入り社に参り老骨にむち打って誠を致した。仰いでは、大聖慈尊（弥勒）がこの深い志を知見されんことを願い、伏しては春日権現がこの慇誠を哀れみ、命尽きるとき必ず兜率（弥勒）の内院に引き入れ、五十六億七千万年後、弥勒下生の際には教義の奥義を開かれんこと」を重ねて希求している。

教典等の充実

宗性は笠置寺護法所等の教典を参考にして多数の著書を完成した。笠置寺所蔵の教典等により東大寺で著作した場合もある。当然各種の資料の収集も行ったと思われる。

笠置寺は弥勒の石像で有名であったが、それだけでなく弥勒研究に関して我が国に於ける一大拠点としての地位を有していた。貞慶とその弟子たちが収集した膨大な教典等をもとに、それを宗性が花開かせたのである。

残念ながらこれらの教典のすべては元弘の魔風によって灰燼に帰してしまったが、このことは現代の仏教研究にとっても誠に大きな損失となっている。

文暦元年（一二三四年）には春季八講、秋季八講が宗性参加のもとに行われている。忠実に貞慶の伝統を守っていたのである。

■宗性にまつわるその他のエピソード■

文暦二年（一二三五年）二月十四日朝、悪党数人が笠置山に乱入して房舎を壊し、僧侶を殺害した。宗性は眼前にその悪行を目撃し、解脱上人の著作を懐に東山に避難し（おそらく観音堂であろう）、柳生の里に潜み、その後奈良に赴いた（『弥勒如来感応抄』第一奥書）。寛喜《かんき》二年（一二三〇年）は六月に雪が降り、七月には霜が下り、逆に冬に桜が咲くような不順な天候で全国的に飢饉に見舞われ、同三年には西国で旱魃による飢饉が危機的な様相を示して餓死者が大幅に増加した。それ以後も世情は安定せず、山深い笠置寺にまで暴徒が押し寄せてきたものであろう。

学僧宗性にも人間臭いエピソードがあった。

宗性のもとにいた力命丸という幼童が興福寺の林小路で暴漢に襲われて疵を受け、それがもとで死亡するという事件が起きた。宗性七十四歳のときである。おそらく可愛がっていた稚児であったのだろう。宗性は恋慕悲嘆の涙で袖を濡らし、力命丸のいなくなった奈良を心憂く思い、四日後、亡骸を笠置山に葬って日々追福作善を修した。当時の著作の奥書には事件の一年後に及んでもこの幼童を偲ぶ心が連綿と書き綴られている。この老僧にしても恩愛の絆絶ち難く、現世の煩悩から脱し超俗の世界に遊べなかったのであろうか。

宗性は文応《ぶんおう》元年（一二六〇年）には東大寺別当に昇りつめ、後嵯峨天皇の帰依を受け、華厳学を大成し同寺教学の振興にも尽くし、弘安元年（一二七八年）七十七歳で入寂した。

宗性の名前はまだまだ一般に膾炙していないが、その強烈な弥勒信仰に裏打ちされた生涯は、貞慶と同じく新仏教に対抗して旧仏教の復興に対する教学興隆とその歴史的探求に尽くされた。宗性

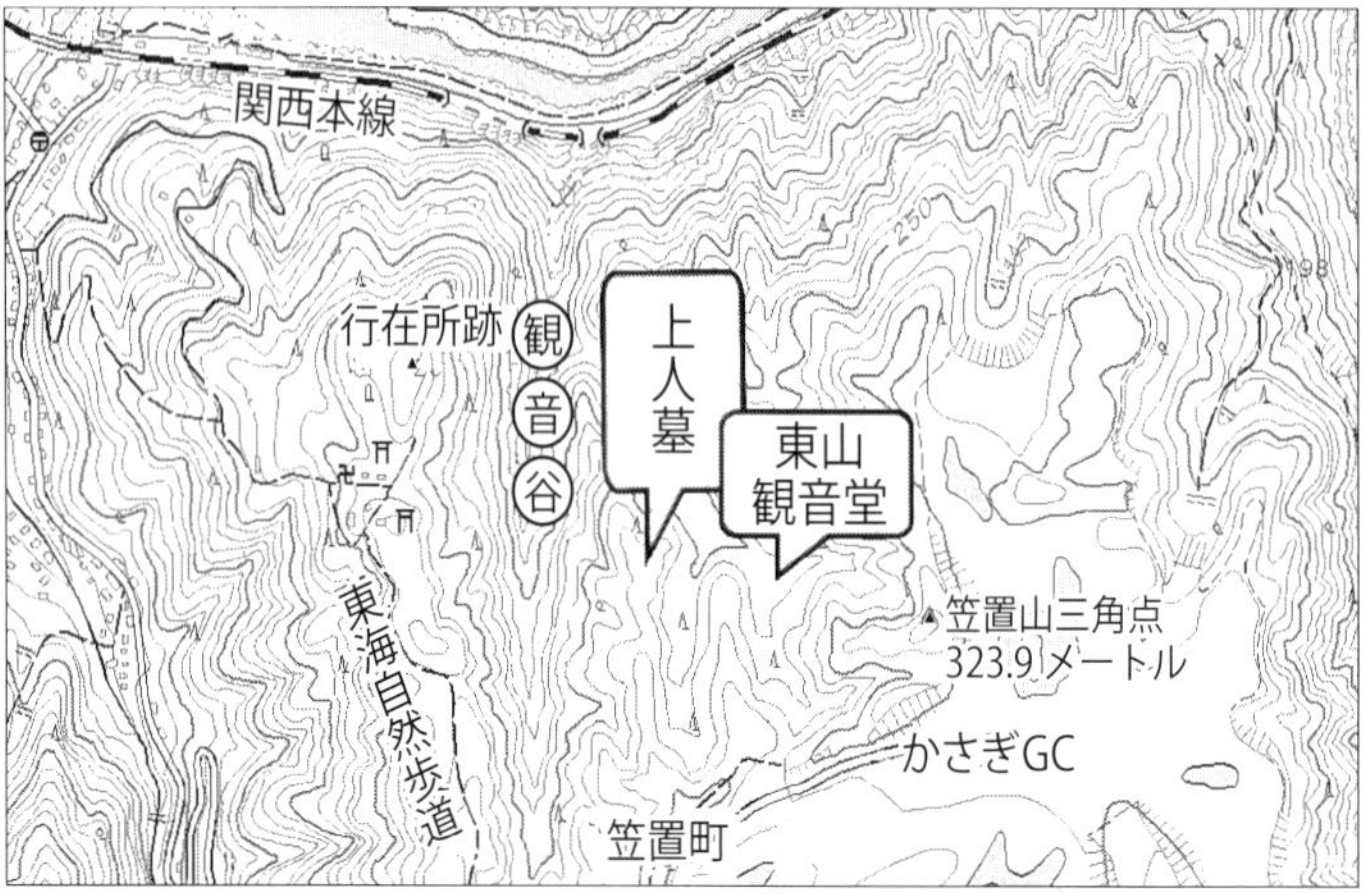

解脱上人墓と東山観音堂跡と推定される場所を示した。場所は図に示した通りだが、道は舎利殿右の荒れた小道を観音谷に下りる。小さな流れを渡り六体地蔵から急な道を上がると10分ほどで上人墓に至る。更に直進する。かつては下へ行く踏み跡があったが、今は藪で閉ざされている。しゃにむに下って行き、標高250メートルの標高線に沿って北側を回り込み、少し行った所のほぼ東南方向の空き地がそれと思われる。ここは戦後間もなくまで笠置寺所有の田があったところである。おそらくここが東山観音堂と思われる場所であろう。

の著作は『弥勒如来感応抄』を含め五百十四点を数え、我が国仏教史上に重要な足跡を残した。しかしその足跡は明治時代になってはじめて脚光を浴びたもので、今や鎌倉時代の仏教史の一頁を飾るものとなりつつあるが、まだ貞慶に比すればまだその研究は緒についたばかりといわざるを得ない。

兵庫関《ひょうごのせき》への入船から徴収する関税事務、東大寺からの一部受任について

笠置寺にとって運命の元弘の役まで後二十年足らずとなった正和《しょうわ》二年（一三一三年）、笠置寺は本寺である東大寺に一つの申し入れを行っている。内容は神戸兵庫関の徴収事務を東大寺から請け負っていた笠置寺が東大寺に対し、笠置寺本堂の修復のため、その対価を支払うよう依頼した文書である（『鎌倉遺文』二四七七九）。

延慶《えんきょう》元年（一三〇八年）より東大寺は兵庫関に入る船から徴収する関税を伏見《ふしみ》上皇から寄進されていた。笠置寺は東大寺末寺としてその事務の一部を任されていて（重源がこの徴税を始めた経緯から笠置寺が以前よりこれに関わったものと思われる）、その対価を本堂の修復に充てるべく、東大寺に申状を発した。無力でか弱い末寺に便宜を図って欲しいと本末の旧好の情に訴えている。宋性が礼堂の修復を企てて既に七十年、厳しい自然の中で礼堂の朽損が進んでいてもおかしくない。

平成十九年、般若台南方の発掘調査で青磁、白磁、高麗青磁など多様な陶磁器類が見つかったが、おそらく兵庫関の関務がこれらのものを笠置寺にもたらしたのであろう（なお兵庫関については、今上天皇が学習院大学院研究生当時、「室町前中期の兵庫関の二、三の問題」と題して論文発表をなされている）。

明治27年、住職丈英によって発行された笠置山南面図（実は東面図）の一部。山頂左鞍部に笠置寺。山頂付近に弥勒石、文殊石、薬師石。下って虚空蔵石と金剛界石、胎蔵界石。中腹にある巨石は平等石か。正確な絵図である。

今は樹木で判然としないが、この絵図では中腹や谷に数多くの巨石が描かれている。因みに明治、大正時代の絵葉書などを見ると、笠置山周辺の山々にはハゲ山が多かった。

右下の谷は後醍醐天皇が落ち延びた観音谷である。138頁の写真と同じ東山から描かれたものである。

第五章　元弘の役で笠置寺炎上、弥勒像その姿を隠す

笠置寺は弥勒信仰の中心道場として寺勢を拡大していったが、鎌倉末期の元弘元年（一三三一年）八月、後醍醐天皇が笠置寺に行在所を置いたため戦場となり、全山ことごとく焼亡し、それまで順調な発展を続けてきた笠置寺は、かつてない存亡の一大危機を迎えることとなる。

元弘の役の発端

■後醍醐天皇、笠置寺へ■

元弘の役については既に多く語られている感があるので、元弘の役の原因、背景、意義などについて詳述することを控え、ここでは笠置寺に関する記述に限定して『笠置寺縁起』や『太平記』を中心に概観するに留めたい。

大覚寺統《だいかくじとう》の出自で英明な天皇であった後醍醐帝は、文保《ぶんぽう》二年（一三一八年）に即位すると天皇親政の方針を打ち出した。しかし旧秩序を否定する天皇に対する幕府側の反発も強く、それに対抗するために後醍醐天皇は倒幕を試みたが、結局、六波羅探題《ろくはらたんだい》の武力による圧力にあって、京から逃れざるをえなくなった。

後醍醐天皇は、元弘元年（一三三一年）八月二十四日の夜、神器を奉じて、中納言万里小路藤房《ちゅうなごんまでのこうじふじふさ》、同舎弟季房《すえふさ》を従えて、南都の大寺に参詣する女性のものに見せかけた輿に乗って密かに内裏を出た。これが笠置寺を争乱の渦に巻き込むこととなる元弘の役の幕開けである。帝は二十五日早朝、木津川を越え、別当の聖尋《しょうじん》を頼り東大寺東南院に入った。聖尋は大納言藤原基忠の子であり、後醍醐天皇の推挙によって東大寺東南院に入り、元亨《げんこう》二年（一三二二年）東大寺別当となっていた人物である。

しかし東大寺には西室院に北条出自の顕実《けんじつ》（一二代執権義時の子より派生した「金沢流」の家系に属

し、十五代執権貞顕の弟であった。但しこのころには死亡していた）の権力が残っていて、帝はこの影響を無視することはできず（事実、顕実の甥であった顕宝《けんぽう》は笠置山を巡る攻防の中で九月六日にはその手の者をして幕府軍の案内役とし、攻め手と共に三の木戸まで破り、北条方としての旗幟を鮮明にした『笠置寺縁起』）、後醍醐帝は東大寺全寺を挙げての助力を得ることができなかった。帝が頼った東南院は公家勢力と親しかったが、東大寺一方の勢力であった尊勝院が武家の庇護を受けていて帝に対立する立場にあったことも不幸であった。

結局、帝はやむなく翌二十六日、東大寺を出て再び木津川を渡り鷲峰山《じゅぶざん》に入った。付き従う者、聖尋など東南院の僧三十人、公郷五人、警護の武者五十騎であった。しかし鷲峰山は南都から離れていて、木津川の支流を分け入った僻地に聳える標高六八六メートルの山岳修行の霊山であり、ここから天下に号令するのは不便であるため、翌二十七日に南都の衆徒を伴って帝は笠置山へ臨幸された。

帝が早々と南都を去ったのは他にも事情があった。源頼朝は全国にわたって支配組織としての守護職を置いたが、大和には置かなかった。それをうけて興福寺は徐々に大和守護としての既成事実を積み上げて、当時この地方に大きな俗勢力を有するに至っており、その結果南都では興福寺の対抗勢力である東大寺と張り合い、漸次、東大寺の勢力を浸食していた。帝はこの興福寺の動きを用心したのであろう。事実、二十六日には興福寺の衆徒が蜂起し、また笠置山を巡って戦端が開かれた直後、幕府側は興福寺大乗院に圧力をかけ、その圧力により興福寺大乗院は衆徒等が天皇側に加勢せず、逆に凶徒として治罰を加えるべき旨、執達している（『笠置寺縁起』）。もし東大寺が一山まとまって帝を受け入れていたならば、興福寺との間に一戦は避けられず、そこに数万の幕府軍がなだれ込んだとしたら、奈良はたちまち戦場と化して一帯は焼け野原となっていたであろう。

■天下の険たる笠置山■

笠置山は、標高三〜四百メートルほどの高原状を呈している柳生から北方に半島のように突き出た山である。その地形を見ると南は柳生に続く台地であるが、木津川に臨む北面は木津川の長年にわたる浸食によって巨岩が露出した断崖絶壁となっている。東側には深い観音谷が刻まれ、西側も岩石の露出は見られないものの、柳生から流れ下る打滝川《うつたきがわ》に向かって急斜面が連なり、山頂付近は地獄谷と称されている。そのため笠置山はこの南側の搦め手、柳生口さえ強固な守りで固めれば、あとは少人数でも充分敵を防ぐことができる天下の要害であった。

更に当時四十九ヶ寺を有したといわれる笠置寺（一般に元弘の役前には笠置寺の寺坊四十九ヶ寺といわれるが、このことを記す文献はない。おそらく実忠が天平勝宝三年十月、笠置寺千手窟より弥勒の都率天に至って、四十九院、摩尼宝殿を巡礼して十一面悔過の行を持ち帰ったという『笠置寺縁起』の記事から連想されたものであろう）の寺坊には聖尋の命令で数珠を刀に持ち替える多数の僧がいる。木津川に沿って延びる伊賀街道によって南都や京、遠くは関東と結ばれている。天下の兵も集めやすく、情報も取りやすい。東大寺の支援も柳生を経由すれば可能である。木津川を挟む谷は狭く、関東の多数の軍勢を収容するには限りがある。また狭い渓谷をうごめく北条軍の動きは山頂から手に取るように見てとれる。急な事態の展開の中で行在所と決められた笠置寺ではあったが、結果として守るには全く格好の地であった。

あるいは後醍醐天皇は既に以前から東大寺の末寺として聖尋の支配下にある笠置寺を幕府攻略の拠点の一つと考えていたのかもしれない。

笠置山東面。麓を木津川が洗う。樹木に覆われた山腹には無数の巨石が隠れている。手前の山との間に後醍醐天皇が落ち延びた観音谷がある。

帝を迎えた笠置の城は備えに大童になった。笠置寺の玄関口にあたる仁王門周辺をもって中腹に於ける拠点として堅固な砦を設け、櫓を構えて矢間を造り、更に木柵を設けて投石用の大石を集めるなど防備施設が整えられた。ここを「一の塁」とし、現在名切石のある台地を「二の塁」としたが、ここは斬込岩（著者注・正しくは斬込谷）を頂点として仁王門から頂上への中間の要所にあたる。また坂を上り詰めた所を「三の塁」としたうえ頂上の裏手に面する所などにもそれぞれ防備の陣を設けた。特に仮御殿や本陣の正月堂付近にも堅固な備えが造られた（『日本城郭大系』十一）。

　地形上、弱点となっていた笠置山の南方には柳生の集落があり、ここは柳生氏の支配地であった。笠置山と境界を接するこの地は既に述べたように春日大社の荘園で、その荘官職を勤めていたのが柳生氏の祖先である。後醍醐天皇が笠置寺に逃れてきた時の当主は永珍《ながよし》。弟の中坊源専《げんせん》は笠置寺の衆徒で、二人は後醍醐天皇のお召しによって帝側に加わり、永珍は柳生の東側の小高い丘（標高三百五メートル、比高六十五メートル）の古城山《ふるしろやま》に籠もって笠置山、南の押さえとした。ここは柳生から笠置山へと続く街道筋を見下ろすことができる要所の山であった。山の頂は平坦で周囲には現在も堅固な堀の跡が見られる。

また柳生のこの地点は軍事上、大きな意味を持っていた。それは水の確保である。笠置山は東、北、西側に切れ込み、独立峰の呈をなしているため、山上には解脱上人が掘ったといわれる上人井戸の他には小さな井戸が二つと、東山との間をささやかに流れる水があるだけである。山上の守備隊の需要に応ずるには柳生から木津川に向けて北流する打滝川に求めるほかない。打滝川は丁度柳生から笠置山へ続く道を横切って下流へ向かう。この地点は笠置山の生命線なのである。

柳生の里から笠置山南麓を流れ下る打滝川から右に逸れて、笠置山方面に向かう山道を入る。一キロほど南にいった通称コケコの森（ここには金の鶏が隠されているという伝承がある）附近には巾五メートル、深さ二メートルの堀が二〇〇八年の発掘で認められ、般若台附近にも土塁と空堀が遺存しているのが認められた。ここは山城の虎口と推定される（京都府埋蔵文化財調査研究センター「史跡及び名勝笠置山調査報告」）。これらの遺跡は戦国時代にも造り直されている事が確認され、戦国時代に笠置山が笠置城として要塞化されていたことが証明された。ここは笠置山唯一の弱点を押さえる南面最終の砦なのであった。

しかし後醍醐天皇臨幸後、日を置かず、わずか四～五日で幕府軍が攻め寄せてきたとすれば、これらは全て急拵らえの備えにすぎず、やはりその守備は笠置山自体の天険に頼らざるを得なかったであろう。

笠置山から西を見ると南笠置の集落の先に大きく尾根を広げる山が見える。経塚山《きょうづかやま》（標高三二四メートル）で、元弘戦の時、大塔宮が二千の兵を率いて立て籠もり、戦勝祈願のために経を埋めたといわれるが、水の少ない山でもあり多数の軍勢を配置するには無理がある。しかし山頂付近、経ヶ塚という地名の辺りに人工の切石が三個、半分露出しているのが見られる。守備陣の構えの一部が残されているのかもしれない。

■楠木正成招請さる■

帝が笠置寺に臨幸した一両日の間は北条方の武威に恐れて参上する者とてなかったが、叡山、東坂本の戦で六波羅勢が敗退したとの噂が広まり、北条畏れるに足りずと伊賀、伊勢、大和、河内など近国の兵士たちがここかしこより馳せ参じた。しかし手勢百騎、二百騎を引き連れてくる力のある武士は一人も参上しなかった。北条勢が攻め込んできて果たしてこの勢で持ちこたえることができるのか、この勢ばかりでは皇居の警護にも障りがあるのではないかと、帝の懊悩は尽きなかった。

秋も深くなりゆくままに、山の木の葉をはらはらと落とす時雨や、谷に嵐が吹くにつけても敵勢の乱入かと肝を消すような心細さの中にあって、帝が笠置の行在所でその心境を託された御製に、

憂《う》かりける身を秋風にさそはれて思はぬ山のもみじをぞ見る

がある（『増鏡《ますかがみ》』むら時雨の条）。

悩みを持ちながらまどろんでいた時に帝は夢を見る。夢の中で、常磐樹の茂る陰に後醍醐天皇の玉座が設けられている。『太平記』前半の山場の一つ、正成《まさしげ》登場に至るドラマチィックな場面である。この場面を頼山陽《らいさんよう》は名文で次のように述べる（以下『日本外史』巻之五）。

帝《てい》詔《みことのり》を四方に下し、難《なん》に赴《おもむ》かしむ。復《ま》た命《めい》に応ずる者なし。帝憂迫《ゆうはく》し、適々夢《たまたまゆめ》む。紫宸殿《ししんでん》の南に大樹《だいじゅ》あり。樹下《じゅか》に虚位《きょい》を設け、二童子《どうじ》来り、泣《なんだ》を垂《た》れて白《もう》して曰《いわ》く、「天下、地の陛下《へいか》を容《い》るゝなし。独《ひと》りこの座《ざ》あるのみ」と。既にして覚《さ》む。自ら念《おも》へらく、文に、木の南に従ふは楠《くすのき》なり。当《まさ》に姓《せい》楠なる人あり、出《い》でて朕《ちん》を扶《たす》けて、以て禍難《かなん》を定むべしと。因《よ》って山僧を召

し、これに訪《と》うて曰く、「地方の豪傑《ごうけつ》に、豈《あ》に姓楠なる者あるか」と。対《こた》へて曰く「金剛山《こんごうせん》の西に、楠 正成《くすのきまさしげ》なる者あり。正成の父、嘗《かつ》て子なきを憂へ、その妻と志貴山《しきせん》に祷《いの》って、生めり。小字《しょうじ》は多聞《たもん》、長じて材武《ざいぶ》を以て名あり。嘗て土寇《どこう》を平《たいら》げ、功を以て兵衛尉《ひょうえのじょう》となれり」と。帝曰く、「是なり」と。中納言藤原藤房をして、往《ゆ》いて正成を召《め》さしむ。

かくして詔勅によって楠木正成が笠置寺に召され、帝から「賊を討つの事、朕一に以て汝に託す」との言を戴き、感激して自策を述べる。

「東夷《とうい》は、勇《ゆう》あれども智《ち》なし。如《も》し、勇を較《くら》ぶれば、六十州の兵を挙《こぞ》るも、以て武蔵《むさし》、相模《さがみ》に当るに足らず。智を較べんか、則ち臣に策あり。然りと雖も、勝敗は常なり。少しく挫折するを以てその志を変ずべからず。陛下、苟も正成未だ死せずと聞かば、則ち復た宸慮《しんりょ》を労することなかれ」と。勇を競えば坂東武者《ばんどうむしゃ》にかなわないが、智を使うことにより勝機をつかむことができる。楠木正成を信用めされよと自説を展開し、帝の宸襟《しんきん》を安んじさせ、河内に戻った。その後、正成は九月三日にも笠置の行宮に参内して、北条対策を練っている。

第二次大戦の頃、国粋主義華やかなりし時代には、『太平記』などの記述する正成登場の場面は修身の教科書などによって日本人すべてが衆知のことで、国民誰しもこの場面には正成の天皇に対する篤き忠誠の念を忖度して感涙にむせんだものであった。しかし冷静に考えれば、討幕を計画していた賢明な帝であれば、霊夢とは関わりなく自分に与力してくれる武将の情報や、彼等との接触は事前に持っていたはずである。

霊夢を見て楠木正成を召す後醍醐天皇（『笠置寺縁起絵巻』より）

『増鏡』には「笠置殿には、大和・河内・伊賀・伊勢などより、つは物ども参りつどふ中に、事のはじめより頼み思されたりし楠の木兵衛正成といふ物あり。心猛くすくよかなる物にて、河内国に、をのが館のあたりをいかめしくした丶めて、このをはします所、もし危からん折は、行幸をもなしきこえんなど、用意しけり」とある。

ここまで楠木正成にかかる記録であるが、後醍醐天皇が笠置山に行宮を構えた事を知った笠置山の地元、南山城の郷士たち三十六人が木津吐師川原にいち早く集まり、その数日後笠置山の西麓、仏河原に四十九人が集結した。

郷士たちは笠置山での戦いはもちろん、その後も南朝方として活躍し、幕末には禁裏の警護を行い、明治新政府が樹立された時には御所の警備にあたるなど尊皇の志が篤かった。そのため、郷士の末裔によって明治五年から行われた士族編入の嘆願が叶えられ、明治十八年に内務

笠置山頂にある行在所。明治33年に石垣が造られた。

卿から旧南山郷士の士族編入が聞き届けられた。

以上は近隣の町史等に準拠して記したものである。この記事の出所は椿井文書《つばいもんじょ》というが、実は吐師川原並笠置仏河原着到状は十八世紀から十九世紀初頭にかけて椿井政隆（明和七年～天保《てんぽう》八年〔一七七〇～一八三七年〕）が大量に創作した偽文書の一つであるともいわれている。近隣の町史だけでなく、この文書が地元の地誌や寺社の由来を記す中に重要な位置を占めているのに驚く。

更にこの偽文書を根拠にして嘘から出た誠が歴史として幕末から明治にかけて積み上げられていったのには驚かざるを得ない。当時は新政府による天皇中心の国家体制を構築しつつあったときであり、永年にわたる忠君愛国の具現化として疑うものなく、逆に積極的に利用していったのであろう。偽文書といえどもそれを信じて営々と行われた子孫の活動が真実を作り上げたのもやはり当時の時代背景が待ち望んでいたものを時宜よく提供したためである。

笠置山の戦い

帝が官軍を募り、それに呼応して各地から武将が笠置山に馳せ参じる事態に対して、北条方も諸国から軍勢を夜昼引きも切らずに笠置山に向かわせた。武力だけではない。両者の宣伝合戦も熾烈を加えていたようで、北条方が「笠置寺・輪塚（和束、鷲峰山のこと）両所間に凶徒等盾籠もる」といって馳せ向かうよう御教書《みきょうしょ》を出し（「六波羅御教書」）、帝側も負けず「関東の逆徒武威を以て朝家を乱す」（「後醍醐天皇綸旨」）と笠置山から各地に兵を募り、寺院に朝敵退散の祈祷を行うよう発信した。

九月一日、笠置山を幕府軍が取り囲むなか、高名に駆られた武将、高橋又四郎が抜け駆けして一族の勢三百余で麓から攻め上がったが、天険を頼る帝側に木津川へ追い落とされ赤裸となって白昼京都に逃げ帰った。高橋に続いた小早川勢も押し返されて宇治まで逃げ、最初の矢合わせは帝側の勝利となった。

この時、宇治平等院に掲げられた狂歌二つ。

木津河の瀬々の岩浪はやけれはかけてほとなく落る高橋

懸もゑぬ高橋おちて行水にうき名をなかす小早川かな

北条勢が多勢に任せて攻めかける中、帝の方は花崗岩の露出する険しい天険を頼んで一歩も譲らず、戦局は膠着状態となった。この情勢にあって帝側が諸国の軍勢を味方に引き寄せることを懸念した北条軍は、畿内から七千六百余騎、東海道の諸国から二万五千余騎、山陰から一万二千余騎、山陽から三万二千余騎の軍勢を笠置山に集めた（『太平記』）。

この手の話にありがちな誇張はあろうが、危機感を抱いた北条方が大軍を四方から笠置山に向かわせたことは事実で、木津川沿いの狭い平地や笠置山を取り巻く山々は、幕府の大軍で立錐の余地もない状態になっていたことであろう。

しかし天下の険に拠る帝側の志気も高い。九月三日午前六時頃には笠置山頂を目指して東西南北から七万五千余騎の北条軍の大攻勢が始まった。その鬨《とき》の声は百千の雷が落ちたようで天地も揺らぐ程であった。しかし山上は静まり返っている。これに力を得て、北条軍は一の木戸口の辺りまで攻め寄せたが、ここより上を見上げれば城中から三千人の武者が弓を引いて待ち構えているのが見えた。寄せ手の大軍が立ちすくんだところへ三河の住人、足助次郎重範《しげのり》が三人張りの強弓を射かけた。弓は寄せ手の将、荒尾兄弟を射殺し、これをきっかけとして合戦が始まった。講談調ではあるが天険のこの地での攻防の雰囲気は表われている。

この日の合戦は大和般若寺の本性房《ほんしょうぼう》という大力の僧が大岩石を投げ落として幕府軍を悩ませるという活躍などもあり、幕府側の死人が谷を埋め、木津川が紅葉を散らしたように朱に染まった。笠置山の西北面の渓流には清冽な流れに代わって赤い血が流れたので「赤血谷《あかちだに》」、西面の急傾斜の谷には敵味方の死体を投げ込んだので今も「地獄谷」という地名が残り、二の丸下には寄せ手の上に転がそうと準備した大石が今も手で押せば揺るぐ状態で残っている。

『太平記』は「かの笠置の城と申は、山高（く）して一片の白雲峯を埋み、谷深（く）して万仞の青岩路を遮る」と記す。

雲霞のような北条の大軍も戦い慣れた平地とは勝手が違い、天険に頼る帝の軍を攻めあぐんで、その後、戦いは膠着状態となり小競り合いが続いた。

『笠置寺縁起』はいう。「東夷廿一万騎、近国の武士相副て、笠置山を打ち巻き合戦す。軍喚の声、上有頂に聞こえ、下は水輪際にも響くらんと覚たり。太山もこれがために崩れ、大地も忽に覆すばかりなり。しかりといへとも、彼笠置山は日本第一の城郭也。高山峨々と聳て、峯は雲に隠れ、深谷嶮々と沈て、麓は霧に籠れり。通路狭くして、巌の腹を伝たう。高く登る事、咸陽宮《かんようきゅう》の構を成す。たとえ防戦敵なしと云とも甲冑をよろい、兵具を帯してかりにも登るべき様ぞなき。いわんや、宮の官兵に笠置の衆徒等交りて、山の案内は知りぬかし。この山崎、こゝの岩鼻に、手さきをとりて、強弓、精兵、矢つきばやの手き、ども走り廻りて、差しとり引きとり、散々に射ければ、東国の武士案内は知らず、足立ちは悪し。射殺されぬる者、其数をしらず。適《かな》わす手負ぬる者也。一足も踏みたゝよへば、深谷に転び落る事、直に奈利《なり》（地獄のこと）に堕するが如し。爰において、樊噲《はんかい》か威もうせ、張良《ちょうりょう》か術も尽くるばかり也。かくては、此城、盡未来際《じんみらいさい》を経とも、責め落す事、有り難たしとて、種々の謀をそ巧ける」

由良哲次氏の詳細な『南北朝編年史』（昭和三十九年、氏は元日大教授）に『笠置寺縁起』の記述を追加してこの間の笠置山をめぐる攻防の様子を見ると次の通りである（なお、縁起以外の内容は由良氏記載のままとした）。

八月二十七日　後醍醐天皇、笠置寺に行幸（『大日本史』）。「縁起」では二十九日とする

八月二十八日　伊賀、伊勢、大和、河内の兵多く笠置の行在に至る。中納言藤原藤房を遣わして

九月一日 楠正成を召見し興復を委ねる（『大日本史』）

九月二日 東軍、平等院着到（『大乗院日記目録』）

高橋又四郎、抜け駆けして笠置山を攻めるも完敗（縁起、『太平記』）

九月三日 東軍、笠置城を攻め、般若寺本性房、官軍に従う（『大乗院日記目録』）

楠木正成、笠置行宮に伺候（『楠氏研究』）

卯の刻に東軍総攻撃（『太平記』）

般若寺僧本性坊、笠置に東軍を苦しめる（『大和人物誌』）

九月五日 東軍使者、真性家景、南都へ下向。興福寺大乗院に対し、笠置山は武家不案内のため、その指示をまたず封鎖せよ、帝が他所に落ちれば事態が悩ましくなる故、天皇勅願の寺と雖も遠慮なしとせよと指示、これに対し興福寺は凶徒に治罰を加えるべき旨、金堂詮議に及び、衆徒に下知を行った（縁起）

九月六日 六波羅の兵、又笠置を攻める（『東寺王代記』）

東大寺西堂顕宝徳業の手の者の案内で三の木戸まで破るも、勝手を知った笠置寺衆徒の不意打ちに遭い敗退。東軍は数百人を討ち取られ、木津辺まで退く（縁起）

九月七日 笠置守備兵、六波羅軍を夜襲する（『楠氏研究』）

九月八日 官軍、笠置寺南方の敵を大柳生方面に撃退する（『楠氏研究』）

笠置寺南口へ軍勢向かうも大柳生まで追い立てられる（縁起）

九月九日 興福寺の衆徒等忍辱山辺に下向（縁起）

院宣にて大乗院に対し、配下の武士等に東軍に同心の由の名前を書き連ねた書付

を提出するよう申入れ（縁起）
九月十日　大乗院より院宣の旨、国中の御坊人等に下知、凶徒に同心有るべからざるの由徹底（縁起）
九月十一日　紀泉の兵七百騎、笠置城南仁王堂を警護する（『太平記』）
官軍、笠置西口の敵を攻撃する（『楠氏研究』）
興福寺大乗院方の武者百余人笠置西口に討たれる（縁起）
楠木正成、河内赤坂山に挙兵（縁起）
九月十二日　笠置攻撃の六波羅軍北方に退却し、官軍これを瓶の原神童子に追撃する（『楠氏研究』）
九月十三日　東軍引いて大略帰洛し、少々は城辺に在陣（縁起）
官軍、東軍と大和柳生に戦う（『大塔宮の吉野城』）
九月十四日　東軍、千余騎、笠置南手へ向かう（縁起）
九月十六日　南口にて合戦（〜十八日）（縁起）
九月十七日　正成の使者、笠置行在に候し、赤坂城防備の状を奏し、四方募兵の綸旨を奏請する（『楠氏研究』）
九月十八日　安達高景、二階堂貞藤、京都に入る（『光明寺残篇』）
九月二十二日　安達高景、二階堂貞藤の使者西大寺僧某、大安寺の長老三人、笠置行宮に候し京への遷幸を奏する。翌日又至るも天皇聴許せず（『南山錦雲拾要』、縁起）
九月二十四日　出羽入道から再度、帝に京都へ戻られるよう申し入れ（縁起）

九月二十五日　東国の猛勢南部に参着（縁起）
九月二十六日　東国の武者、大柳生、坂原辺に陣取り、小柳生へ陣替え（縁起）
九月二十七日　大仏貞直、金沢貞冬、足利高氏、大軍を率いて笠置に迫る（『大日本史』）
結城宗広、関東の軍に従い笠置を攻める（『大日本史』）
小田治久、関東の軍に従い、笠置を攻め、転じて楠木正成を攻める（『大日本史』）
小山秀朝、北条氏の軍に従い笠置、ついで楠木正成を攻める（『大日本史』）伊達行朝、大仏貞直に従い笠置を攻める（『諸族譜』）
足利以下の武士の猛勢、笠置の南口より攻め寄せる。東軍、笠置山を取り巻き、この日最大の合戦を行う。地理を知った笠置寺衆徒活躍（縁起）
九月二十八日　六波羅の兵、笠置の行在を陥れる。判官代錦織俊政、飛騨守石川義純及びその子義右死ぬ（『大日本史』『太平記』は九月晦日のこととする）
笠置陥り足助重範捕わる（『忠臣足助次郎重範と其一族』）
鎌倉勢（杉原、栖山、小宮山党）窃かに笠置を襲いて之を焼く。帝遁れて大和路に行幸（『続史愚抄』）
椙原一族、栖山一族、小宮山一族等、長崎四郎左衛門尉の手に属し、笠置寺へ先陣をかけ合戦し、城郭に放火し先帝を追い落とし奉る（『光明寺残篇』）
九月二十九日　東兵、後醍醐天皇を有王山に要し、平等院に奉ずる（『皇代略記』）
以上、後醍醐天皇が立て籠もった笠置山に於ける一ヶ月の攻防のあらましである。

幕府決死隊が搦め手より侵入して守備隊の不意を襲い、笠置山全山炎上す

　時期から見て、おそらく遅めの大きな台風が来ていたのであろう。風雨の強い九月二十八日の夜中、木津川の対岸に陣を張っていた備中国の陶山義高《すやまよしたか》、小見山次郎《こみやまじろう》が「ここ数日の合戦に死ぬ者、幾千万をしらず。しかしこれらの者の死は犬死にであり、死者が骸骨となり、それが乾く前に名は消えている。もし日本国の武将が集まっても落とすことができないこの城を自分たちだけで攻め落としたならば、名は古今に並びなく、忠は万人の上に立つだろう。今夜の風雨に紛れて城内に忍び入り、一夜で城を落とし天下の人の目を覚まさせるべし」
と一族の者を説得した。

　これに賛同した五十余名は死装束となり、縄に結び目を作り熊手をつけて絶壁を登る準備とし、風雨激しく降る真っ暗闇な中、笠置山を望む木津川北岸の陣から笠置山を反時計回りに回り込み、飛鳥路集落に至り、笠置山北壁を登った。

　このルートは石川飛騨守義純の子孫による『越中石川家史』に記載されているがその根拠となる原典は不明である。しかしこの大回りのルートは極めて合理的で説得力がある

　木津川の激流を渡って対岸の笠置山麓に取り付くのが最も近道だが、激流を越えるリスクに加え、

山麓を警備する守備隊に見つかる危険もある。西の山麓は帝側の守りが堅く何度も激戦の後、敗退させられている。南側の柳生方面は笠置山の弱点のため最も警備が厳しい。東側は木津川から観音谷がはい上がってきている。ここは上れないことはないが、谷の上流は柳生側の守りの一角となっている。結局木津川が笠置山を洗う警備が手薄な崖を伝って木津川上流から忍び込み、北側の絶壁を上がる他奇襲の地点はないことになる。

もう一度ルートを見る。奇襲隊は木津川を幕府側の支配する下流の流れの緩い地点で渡渉する。笠置山西麓の打滝川を柳生に向かう道は守備隊の最前線でこれも危険である。そこで打滝川より更に西を流れる守備隊の勢力の及ばない白砂川《しらすながわ》を遡り、狭川《さがわ》から坂原《さかはら》へ大回りして柳生に出、柳生永珍の守る古城山を左手に見て布目川《ぬのめがわ》を下り、飛鳥路《あすかじ》集落を経由して木津川左岸に到達すると、自動的に守備の甘い笠置山北麓にたどり着く。地元の飛鳥路集落の住人でなければ考えつかない間道である。おそらく飛鳥路集落の住人が先導したのはここまでであろう。

これより決死隊は強風雨が渦巻くなか、太刀を背中に背負い、小刀を腰の後ろに差して、持参した縄、熊手に助けられて、かろうじて城の北側、石壁の鳥も越えられないような難所、屏風のような石壁を登っていった。苦心惨憺の末、約四時間かかって山頂近くの城壁の際まで到達して、激しい風雨に手薄になっていた塀を乗り越え城内に入り込んだ。

一党は城中の様子を秘かに探索して歩くうちに、守備の兵に見咎められたが、「自分たちは大和の勢なり。今夜はあまりに風雨激しくもの騒がしいので、夜討ちでも入るかと存じ、夜廻り仕って候」と巡視の振りをしてかわし、その後は「面々の御陣に御用心なさりませ」と大声で呼ばわりながら堂々と城内の様子を探り、ついには皇居とおぼしき本堂まで行き着いた。

本堂には蝋燭がたくさん灯され、振鈴がかすかに聞こえるなか、衣冠を正した人が三から四人大床に伺候していた。陶山は皇居の様子までも見すまして、仮の皇居の正面を固めている椿本神社に一礼し、「さて良し」と本堂上の人気のない宿坊に火を付け、鬨の声をあげた（以上『太平記』、『笠置寺縁起』等による）。

陶山一党が最初に火を付けたのは椿本神社から出発して本堂上の人気のない坊だという。この記述では現在、行在所として石垣が巡らされている山頂部分ともとれるが、ここは本堂から見て弥勒石上の更に一段上の山頂であり、その位置から見て一般的に奥の院が置かれる神聖な場所である。従ってここに人気のない坊があったとは思われない。建物が建てられていたとしても、せいぜい主従が寝泊まりのできる急拵えの仮御所程度のものであったであろう（『増鏡』）。

椿本神社の左側をたどって行くと五〜六十メートルほどで今は公園となっている宝蔵坊跡がある。一党はおそらくこの宝蔵坊《ほうぞうぼう》に放火したものと思われる。火は当然上に燃え上がる。山上よりも山腹に火をつけるほうが広がりやすい。攻め手は当然そのことも考慮に入れたのであろう。当夜の暴風雨が台風によるもので、中心が通り過ぎた頃だと推定すると笠置寺にとって最悪の事態となったはずである。この年の旧暦九月二十八日は現在の十月三十日であって（日本陰陽暦日対照表）遅い台風が襲来してもおかしくない季節である。

宝蔵坊には一条の沢が麓から上がっている。東西に流れる木津川に沿って勢いを付けてきた西寄りの強風は、この沢筋の狭い場所を更に勢いをつけて吹き上がり、その風力を相乗的に増す。その強風に煽られれば火はたちまちにして山上を包み、東の谷から巻き上がってくる風と一緒になって旋風と化し、本堂へと吹き下ろし弥勒の岩肌を焼き尽くすのは必定である。

さて、攻め手の北条軍は陶山一党の鬨の声を聞き、城内に寝返った者がいると思い、これに勇気づけられて声を合わせて四方より呼応した。勢いを得た陶山一党は既に調べ上げて様子のわかった城内をここかしこと火をつけ、叫びながら走り回った。この騒乱にあって守備側は城内に敵が多数侵入したと思い、鎧、兜を脱ぎ捨て崖をも堀をも構わず、つまづき、転げながら山上から落ちていった。

般若台六角堂近くの平坦地では、前述した平成十七年京都府の発掘調査で二、三十センチの分厚い焼土が確認されており、大火災のあったことが実地に裏付けられた。寄せ手の大軍が山上に攻めこむにはこの南口しかない。柳生の守りを突破した幕府軍はこのあたりにあった僧坊にすべて火を付けながら、帝側が造った強固な二つの空堀を越えて一斉に山上に攻めこんだのであろう。

寄せ手の軍勢の乱入により山上には各所に火が付けられて、強風に煽られた笠置山は全山炎につつまれた。貞慶以来整備されてきた本堂や十三重塔などの堂塔、坊舎、鐘楼、経蔵などが「悉く焼き払わ」れ、一夜明けて余塵くすぶる山上にはわずかに「千手堂、六角堂、大湯屋」を残すだけの悲惨な有様となった。

■帝側の勇将の活躍■

しかし、この状況下に於いても帝に対する忠義を貫き、その名を今に残した武将もいた。

その内の一人、石川飛騨守義純《いしかわひだのかみよしずみ》は清和源氏の流れをくみ、八幡太郎義家の五男、義時を祖とする。楠木と同じく河内を治める豪族で、鎌倉時代には宮廷の守護に任じていた。夙に勤王の志あり、後醍醐天皇が笠置に臨幸されるや、直ちに笠置へはせ参じた。九月二十八日夜、陶山一党が放った猛炎が行宮を襲う中を一族数十人と共に奮戦し、本堂と椿本神社の間で攻め込んでくる北条軍を必死にくい止めた。その活躍によって天皇は本堂裏の絶壁から東側の観音谷に下って寄せ手の重囲から脱出し、谷川沿いに無事、笠置山から落ち延びることに成功した。石川義純は帝脱出の約二時間後、帝が無事落ち延びたことを確認して行宮の門前に於いて戦死した。昭和四年に行在所下の宝蔵坊跡、今は紅葉公園となっている一角に公の忠孝を讃える碑が義純の子孫の手によって建立された。

観音谷には急斜面に巨石が積み重なっている。帝はどのように下ったのか。

　錦織《にしきおり》判官《はんがん》俊政《としまさ》は石川義純、楠木正成と同じく河内の領主であった。元弘の役に先立つ正中《しょうちゅう》の乱に連座して鎌倉幕府によって河内の領地の一部を取り上げられていた。幕府に反抗したのも当然で、いち早く笠置山に上がったのである。笠置落城の折り、錦織は石川義純と共に本堂裏から後醍醐天皇が脱出するのを助け、「十善の君に頼まれて武家を敵にする程の者が、敵大勢なればとて、戦いもしないで逃げる手はあろうか。いつの為に命を惜しむのか」との言葉を残して壮烈な戦死を遂げた。

　緒戦でも活躍し、荒尾兄弟を強弓で一矢のもとに射殺した足助次郎重範は三河の住人である。祖先は源為朝の外孫といわれる。三河足助地方には八条院領の荘園があり、代々足助氏はこの荘官として大覚寺統との関係を有していたため、元弘の役以前から後醍醐天皇に近かった。笠置山攻防戦では後醍醐方の総大将を務めていた。

山の中腹を守備する重範は陶山一党の放火に呼応して攻め上がってきた北条軍を山上に上げさせまいとし、この重範の身を捨ての大接戦によって北条軍の主力は後醍醐天皇が無事落ち延びるまで山の中腹に於いて釘付けになった。しかし、北条軍が南口を破り柳生方面から稜線づたいに進んで攻め下ってきたため挟み撃ちにされ、善戦空しく遂に北条軍に捕らわれて、翌年五月、六条河原で斬首された。しかし、足助一族は重範斬首後も南朝方に属し、一族の某（不詳）は、その後、吉野の帝より宸翰《しんかん》にて「足助重治一流（一族の意）の者たるの上、元弘笠置以来忠節他に異り、戦陣に於て殊に忠を致すべきの由、別して仰せ召さる他、其の旨を存じ致すべき乎」との感状をもらっている。今、笠置山中腹にあって、険しい地獄谷に面した茶店の前に「足助次郎奮戦の地」と書かれた大きな石碑があり、重範の活躍に心を躍らせる登山客の足を止めさせている。

■帝観音谷よりからくも脱出■

『太平記』によれば火が皇居に懸かってきた時、後醍醐天皇をはじめ「宮々・卿相・雲客・皆かちはだしなる体にて、いずくを指すともなく足に任かせて落ち行きたまう」とある。北条軍を入れじと僅か百メートルもない椿本神社から帝のおわす本堂間の隘路で石川義純が奮戦する間に、帝は本堂裏から観音谷に下ったのであろう。縁起には飛鳥路集落に至り、ここで田夫野人に姿を変えて和束方面に落ち延びたとだけ書かれている。山麓と柳生方面から攻めこまれては堅固な笠置山が逆に仇となる。陶山がよじ登った北面より少し緩やかな観音谷を落ち延びるより外に脱出路はないのである。

筆者は平成二十八年三月、実地に検証すべく山に入った。本堂下から北にある胎内くぐりまでの間で谷に向かって辛うじて下り口を認めたが、椎や樫の巨木が生い茂る急斜面には高さ五から十メートルにも及ぶ巨石が累々と隠れていて万全の用意をして入山しても下降はそう簡単なものではなかった。下部は薮となっていたので下降を断念して、今度は観音谷の源流地点である般若台南方にある石《いし》当《あて》地蔵から木津川まで下ることにした。

観音谷は笠置山と東山との間をほぼ直線状に南より北に下る谷で流域面積が小さく源流から木津川までの標高差は三百メートル弱、直線距離千五百メートルほどのスケールの谷である。そのため水量が少ないのと顕著な滝がないのが幸いである（一五〇頁地図参照）。

しかし道はなく両側から地震などで落ちてきた巨石や倒木が行く手を塞ぎ、竹や灌木が足下を隠す。七十年前、イナゴを捕りに入っていた田は土砂が完全に流失していた。田の傍らにあった巨石は底がえぐられて、以前は埋没していた下層の巨石が新しく現れている。南山城水害（第九章で詳述）をはじめ幾多の風水害が谷の様相を一変させていたのである。

崩れやすい急斜面を左に右にと渓流を下る。谷は深くなり、山頂は窺えない。最後に木津川に至る三十メートルほどは背丈を超える笹藪が密集していて全く先が見えず、もがきにもがいてやっとのことで川岸にたどり着く。前を流れる木津川は水面からの目線で見るとその幅は意外に広い。しかもその流れは岩を咬む急流で水量が少なくてもとても小舟では対岸には行けない。

後醍醐天皇がこの谷を下った時の様子を想像してみよう。北条軍の急襲に不意をつかれて深い眠りから起こされ、帝は何の準備もなく落ちのびた。真っ暗な嵐の夜、大きな松明を持てば追っ手に居所

観音谷上流部

を知られる。小さい灯りだけで巨石や倒木で前途を妨げられる谷筋を果たしてどのように下ったか。激しい風雨で谷は増水していただろう。衣服や履き物は現在のような機動性はない。不意をつかれてまともな衣服を着ける暇もなかったであろう。しかも帝や側近はほとんど日常的に歩いた事もない人間である。なんとか下山できたとしても風雨で水かさが増した木津川をどのようにして渡ったか。船は?、船頭は?。観音谷出合の木津川は両岸が最も狭くなっていて普段でも激流が渦巻いている。鈴鹿山地から大量の水が流れ下ってきていれば絶対に小舟では渡河できない。対岸は数十メートルの崖で上がれない。おそらく少し上流で渡河したと思われるが、そのためには増水したうえ巨石が重なる川辺を進まねばならない。灯りをつければ対岸の北条勢に見つかる。

このように考えると風雨が始まってまだそんなに時間が経っていなかったと考え、ある程度脱出の準備をしていたと考えなければ帝の脱出は不可能だったとせざるを得ない。そこで更に進んで大胆な推理を巡らせる。

帝は味方をも欺き（元弘の役発端の際にも実績がある）、奇襲の直前、正成の戦略に合わせて既に笠置山から脱出し、機を見て赤坂城に向かうべく木津川対岸の法明寺に滞在していたのではないか。

戦死した武将の葬列を装って棺に入った帝は僧形の万里小路藤房、季房を伴い、衆人環視の中、堂々と東山の墓域に入る。そこから間道（江戸時代には柳生藩の藩主が通ったことで殿様街道といわれる）を飛鳥路集落に向かい、ここで対岸に渡って法明寺に入り皇居とした。これはあくまでも客観的状況を踏まえた推理ではあるが、陶山一党は主のいない城を陥落させたことになる。

さて、話を『太平記』に戻すと、からくも落ち延びた帝の一行は、風雨と暗闇でいつしか離ればなれとなり、帝に従う者とては、万里小路藤房、季房兄弟二人だけになった。農民の姿に身をやつして、昼は道の陰に身を隠し、夜に人目を避けて細道を選び、頼みとする正成の赤坂城を目指して三日三晩歩き通して、やっと有王山（笠置山から北西、直線距離十キロの山）の麓まで落ちのびた。

食するものとてなく疲れ果てて朦朧となり、梢を払う松風を雨が降るかと聞こし召し、木の陰に立ち寄られれば、木の下露が御袖にかかったのをご覧ぜられて、帝は、

　　さして行く笠置の山を出でしよりあめが下には隠れ家もなし

と詠まれた。

これを受け万里小路藤房卿は涙を押さえて、

　　いかにせんたのむ陰とて立ち寄ればなお袖ぬらす松の下露

と返歌した。

■帝囚われの身となる■

この帝の笠置山脱出の有名な場面は『太平記』によったが、当時幕府側に属し在京していた者の手になる『光明寺残篇《こうみょうじざんぺん》』には、帝が捕らえられたのは三十日で、一緒に捕まった貴人は妙法院宮、源中納言具行《ともゆき》、万里小路藤房、六条少将忠顕、四条少将隆兼以下であると記す。『光明寺残篇』は当時の動静を知る基本史料で、その史料的価値も他書を凌駕しており、『太平記』には脚色ありといわざるを得ない。

「魔風頻りに吹いて、本堂の猛火本尊に覆い」、白鳳時代から人々の信仰を集めた雄大な弥勒仏は焼失した。しかし『笠置寺縁起』はいう。「この弥勒石は金輪際《こんりんざい》より生え出た大石なので、刻彫の像を元弘の秋の夜の煙にかくすといえども、尊石は聊か恙なくして、利益は益々加え、弥勒下生の春の暁を期し給う」と。天人の彫った石像は人の手によりて焼失しても、神聖なる巨石は依然として土中より屹立し、なお五十六億七千万年先を見据えている。この霊山は小さな人間の営みを遥かに超えた存在なのである。

残念ながら帝は頼りとする赤坂城にはたどり着けずに幕府軍に捕まり、粗末な輿に乗せられて奈良を経由して宇治平等院に幽閉された。建武の新政に向かっての緒戦となった笠置山の一戦は、ここに後醍醐天皇にとって悲劇的な終末を迎えた。

生け捕られた人々のうち主だった人は、帝の皇子である尊良《たかよし》親王、宗良《むねよし》親王、峰僧正春雅《みねのそうじょうしゅんが》、東南院の聖尋、万里小路宣房《までのこうじのぶふさ》（帝に最後まで付き添った藤房の父）等六十一名に及んだ。これらの人々は輿や籠や伝馬に乗せられて白昼京に入ったが、縁故のある人々が道々に囚人を迎え、人目も憚らず泣き悲しむ様は哀れを誘った。

加茂から木津川に沿って遡っていくと、笠置の山が遥か遠く東の方に見え出す所に「駒返《こまがえ》し」という地名がある。この辺りは木津川が下流に向かって大きく湾曲しているため、山肌が激流に浸食されて岩が露出し、その上曲がりくねった道が続く難所となっている。

笠置落城の時、正成は急を聞いて赤坂から急遽笠置へ向かったが、この地まで来て笠置山が全山炎上しているのを彼方に見て駒を返した所であるという。しかし『太平記』にもその他の史書にも正成がこのような行動を取ったという記述はない。幕府軍が充満している中、この地点まで近寄れたとも思えず、これは事実ではなかろう。正成の胸中を察するに、帝の身を案じ飛び立ってでも駆けつけたい思いであったことは間違いない。この思いを忖度して笠置山を遥かに見るこの地に、かかる言い伝えができたのであろう。笠置落城後、楠木正成は赤坂城に籠もり、いろいろの奇策を駆使して帝への進言通り知能戦で幕府軍を籠絡し、遂に鎌倉幕府崩壊の原動力となることは『太平記』に詳しい。

■元弘の役の処分■

元弘二年には鎌倉幕府の手によって後醍醐天皇側の処分が決定された。奮戦の後、生け捕りにされた足助重範は長男重政と共に六条河原で斬に処せられた。享年三十二歳であった。源具行は鎌倉へ護送される途中、近江柏原にて、平成輔は相模早川尻にてそれぞれ斬首された。

その他、後醍醐天皇の側近であった花山院師賢《かざんいんもろかた》は下総へ、藤原公敏は上総へ、先帝第四宮（静尊法親王）は但馬へ、帝に最後まで付き添った万里小路藤房は常陸、季房は常陸（あるいは下野、下総と

隠岐の島西ノ島町所在の黒木御所。隠岐の島町国分寺にも帝の行在所がある。それぞれが行在所を称しているがおそらく最初は内陸部にある国分寺に幽閉されていたが、倒幕の圧力が加わるにつれ、帝の動きを監視し脱出を困難にするため、監視に容易な西の島の岬に移らせたのであろう。帝の隠岐脱出はこの岬からではなく、代官の目をくらまして峠を越えた西側の入り江から行われた。

もいう）へとそれぞれ配流された。

そして主役の後醍醐天皇は三月七日、隠岐の島へ配流のため出立し、まずは元弘の戦乱の決着がついた。

後醍醐天皇、隠岐の島から脱出し京に戻り、建武の中興なる

このように元弘の挙兵は失敗に終わり、後醍醐帝は隠岐に流されたが、笠置落城後、からくも奈良から熊野に逃れた後醍醐帝の皇子大塔宮護良《おおとうのみやもりなが》親王や楠木正成の活躍によって、畿内や四国で幕府追討の火の手が上がった。元弘三年（一三三三年）二月二十四日、情勢を見ていた帝は小舟で隠岐を脱出して伯耆《ほうき》の名和長年《なわながとし》を頼り、船上山《せんじょうざん》にて挙兵し幕府軍と合戦して勝利を収めた。この勝利で各地の武士は後醍醐側に馳せ参じた。

流れは畿内にも及び、三月十二日、播磨の赤松が京都まで進出して幕府の拠点である六波羅を脅かすに至った。危機感を抱いた幕府は、四月に名越高家と足利高氏《あしかがたかうじ》を総大将に任じて京への進軍を命じた。しかし、三月二十七日に鎌倉を発った頼みの綱の高氏は京都に到着するや後醍醐帝側と通じて、五月七日には赤松軍と共に光厳《こうごん》天皇を擁する六波羅軍と市街戦を行ってこれを敗走させた。これにより後醍醐帝は再び京を取り戻した。

光厳天皇が敗走中、野武士群に追われ、傷ついて東に向かって逃げ延びる様子は後醍醐帝が笠置落城の後、有王山で囚われた時と同じ様な状況であった。光厳天皇が捕らわれて京に向かう様子を見た見物の衆は後醍醐天皇を隠岐に流して三年も経たない内にこの天皇もどのような配所に流されるかと

堅固な船上山の絶壁

因果応報の理を感じたのであった。
京が後醍醐天皇側の手中に入ったこの数ヶ月の情勢展開は笠置寺にも大きな影響を与えた。笠置寺は笠置落城後、東大寺尊勝院の支配下に置かれていた。尊勝院は後醍醐帝が東大寺を頼って南都へ行幸した際、帝に反対の立場をとった寺院であり、元弘の役にあって北条方に手を貸していた。尊勝院が笠置寺を支配したのは笠置寺が後醍醐帝に味方したことに対する北条側の報復だったのであろうか。

元弘の役で根拠地を焼かれたにもかかわらず、笠置寺の衆徒たちの意気は衰えることなく、なお大塔宮に協力して長谷寺や奈良など各地でゲリラ戦を行っていた。元弘三年三月十二日に赤松の軍勢が六波羅勢を破ったことを知って、いち早く五日後の十七日には、各地に散らばっていた衆徒たちは全員帰山して、日頃その横暴に恨みを抱いていた尊勝院時宝僧都の代官たちと戦い、これを追い払って笠置寺の支配権を取り戻した(『笠置寺縁起』)。

勢いに乗った衆徒たちは、翌日には木津川対岸の有市と隣村南大河原の地頭の館を焼き払い、二十日には南都との県境である神戸《かんべ》四ヶ郷と、柳生と奈良の中間にある忍辱山寺《にんにくせんじ》(円成寺《えんじょうじ》)を攻め伏せるなど、衆徒九名の犠牲を伴いながらも笠置周辺を帝側に帰服せしめた(『笠置寺縁起』)。

京で合戦が行われていた時、上野国新田庄では五月八日に新田義貞《にったよしさだ》が兵を挙げ、怒濤のように南下して入間川、久米川、分倍河原に北条軍を破り鎌倉を目指して攻め上った。その勢いは鋭く、早くも五月二十一日には稲村が崎から鎌倉に入り、遂に二十二日に北条高時以下一族二百八十人余は東勝寺にて自害し果てて、ここに約百五十年にわたる鎌倉幕府は滅んだ。

はるばる伯耆から立ち帰った後醍醐天皇は、元弘三年（一三三三年）六月二日、兵庫にて七千余騎を引き連れて参向してきた楠木正成を近くに召され、「大儀早速の功、偏に汝が忠戦にあり」（『太平記』）とその功を賞された。笠置の行在所に召されて以来、後醍醐天皇のため二年間にわたる苦難を乗り越えてきた正成の面目躍如たる感がある。これより正成が晴々しく先導を承り、京に向かう後醍醐天皇を守護した。

帝は六月四日に東寺へ、そして翌五日に二条の内裏へ還幸された。この先、正成と運命の対決を行う足利高氏をはじめ諸将も、まだ治安が落ち着かない都での不測の事態に備えるため厳重な警護を行う中、行列をひと目見んとする貴賤《きせん》は街路に満ち、帝徳を賛美する声が沸き上がった。

「流されし人々、程なくきほい上るさま、枯れにし草木の春にあへる心地」で、凱旋の行列は、先陣が二条の内裏に着いても後陣の兵はまだ東寺の門まで続く盛況であった（『増鏡』）。京に戻った後醍醐帝は光厳天皇を廃して再び天皇の座につき、正慶《しょうきょう》の年号を元弘に戻した。

幾度も死線を彷徨った皇子の大塔宮は後醍醐天皇より少し遅れて、元弘三年六月十三日、（『笠置寺縁起』による。『太平記』は二十三日とする）都へ凱旋した。宮が京都に凱旋される時の行列、装備は壮観を極め、官軍数万騎、目出度い京上りなので皆々装備に贅を凝らして出で立った。笠置の衆徒も召し具せられて共に晴れの上洛の列に加わった（『笠置寺縁起』）。笠置寺にとってはそれまでの苦労も報われ、同時に再興へ向けての期待にふくらんだ気分に充溢していたことだろう。

後醍醐天皇、再び京を出る。そして吉野にて失意の天皇

戦勝による高揚した気分の中で、帝の凱旋から一ヶ月経った七月九日から、笠置の合戦にかかる恩賞の沙汰が始まった。後醍醐天皇に協力し、その結果、全山烏有に帰した笠置寺には当然のことながら、早々と同年の八月十四日に笠置寺本堂造営が勅宣によって仰せ出された（『笠置寺縁起抄出』）。そのため勅宣を奉じて建武二年（一三三五年）、笠置寺造営が計画されたが、『細々要記《さいさいようき》』は「天下大乱ニツキ中途ニシテ造作ヲ止ム、其後乱逆不治ニヨッテ今ニ沙汰ナシ」云々と記している。

後醍醐天皇による建武の新政のほころびは、早くも帝が都に凱旋した翌年、足利尊氏と尊氏の勢力拡大を警戒する後醍醐天皇の皇子護良親王（大塔宮）との間の不和に始まった。建武の中興第一の功臣として優遇された尊氏（高氏は帝の懐柔策により帝の諱《いみな》である尊治の一字をもらって尊氏と改めていた）と後醍醐天皇の軋轢が広がり、遂に一三三五年、天皇が尊氏追討の命令を出すに至ってその亀裂は決定的となる。尊氏は一度は破れて九州に逃れるが、勢力を盛り返して湊川《みなとがわ》で楠木正成を破って都に攻め入り、光明天皇を立てた。そのため後醍醐天皇は延元《えんげん》元年（一三三六年）十二月、吉野に遷幸して、ここに皇統が並立する南北朝時代の争乱が始まった。

天皇があまりにも公家に対し恩賞を厚くしたことや、大内裏造営のための費用負担、新貨幣発行による経済不安が反政府的な気運を強めたのである。基本的には公家対武家の対立するなか、天皇が急速に親政を押し進めんとしたことが武家の反抗を呼んだものである。これは武力の背景を持たない天

皇の悲劇であった。

後醍醐天皇が吉野で不遇の生涯を送っていた時の御製に以下のものがある（『新葉和歌集』）。

今はよも枝にこもれる花もあらじ木のめ春雨時をしる比　（巻二春歌下）
こゝにても雲井の桜咲（き）にけりただかりそめの宿と思ふに　（巻二春歌下）
都だにさびしかりしを雲はれぬ吉野の奥の五月雨の比　（巻三夏歌）
臥詫（び）ぬ霜さむき夜の床はあれて袖にはげしき山颪の風　（巻六冬歌）
秋ごとのならひと思（ひ）し露時雨ことしは袖のうへにぞありける　（巻十六雑歌上）
この里は丹生の川上程ちかしいのらばはれよ五月雨のそら　（巻十六雑上）
あだにちる花を思（ひ）の種としてこの世にとめぬ心なりけり　（巻十九哀傷歌）
こととはむ人さへまれに成（り）にけり我が世のすえの程ぞしらるる　（巻十九哀傷歌）
露の身を草の枕におきながら風にはよもと頼（む）はかなさ　（巻十九哀傷歌）

何とも無念さと寂しさにあふれた御製ではないか。全幅の信頼をよせていた尊氏に叛かれ、忠義の正成、今は亡く、自分の理想が中途にて潰えて、山深い吉野にその身をかこたざるを得なかった帝の心情を察するに余りある。元弘の役が勃発する一年前、帝が天皇親政、北条討伐の理想に燃え、気力充実していた元徳《げんとく》二年（一三三〇年）春の御製、

時しらぬ花もときはの色にさけわがこゝのへはよろづ代の春（『増鏡』）

吉野後醍醐天皇塔尾陵

と比べてもみよ。

後醍醐天皇は笠置落城の八年後、延元四年（一三三九年）八月十六日、「骨をここに埋むと雖も魂魄《こんぱく》は常に北闕《ほっけつ》（京都の御所）を望む。後人《こうじん》、其れ朕《ちん》が志を体《たい》し、力を竭《つく》して賊《ぞく》を討て。不《しか》らざる者は吾が子孫に非ず」と無念の遺詔をなし（頼山陽『日本外史』）、失意のうちに吉野の山で波乱の生涯を終えた。前出の歌と詠み比べると、帝の死に際しての無念の遺詔もまた理解し得るものがある。

北向きに埋葬された帝の遺骸は、今塔尾陵《とうのうのみささぎ》として華やかな桜に彩られた吉野山の一画、大きな常緑樹が取り囲む暗い雰囲気の中にあって京都を睨んで鎮まっている。

寺再興の望みを持つ笠置寺にとっても、後醍醐天皇という後ろ盾を失ったのは誠に不幸なことであった。

後醍醐天皇の側近であった万里小路藤房は建武の中興なった後、一連の戦いの恩賞方の一端を担ったが、利害に絡む争いを目にして建武元年（一三三四年）出家を志し、北山の岩倉に隠遁した。その後元弘の役で亡くなった人たちの霊を慰めるため、各地に寺院を建立し（滋賀県妙感寺、茨城県光西寺〔現廃寺〕、兵庫県法恩寺、静岡興禅寺など）、いつの時か秋田の山間に分け入ったともいわれている。

後日談だが、筆者は近年たまたま秋田県の山間をドライブ中、「藤原藤房の墓」という案内板を偶然目に留め、近くにある菩提寺、補陀寺《ほだじ》を訪れて住職から藤房の話を聞くことができた。それによると寺伝では、開山月泉禅師（横浜の鶴見総持寺二代住職峩山禅師の弟子）にしたがって入山した藤房は無等良雄と号し補陀寺（創建貞和五年（一三四九年））の二代目住職となったとのことである。今も寺宝として藤房の笈が残されており、藤房の墓と称する五輪塔がある。長年後醍醐天皇と行動を共にして天皇親政の理想に邁進したが、その夢破れて、最後は雪深い東北の片隅に隠遁し完全に現世とのえにしを絶った藤房の心情はどのようなものであったろうか。

再建ならぬ笠置寺

後醍醐天皇が崩御し、三十六年たった永和《えいわ》二年（一三七六年）三月、笠置寺再建のため、南朝の具秀朝臣が南都から笠置山に登山した。この年、南朝方長慶天皇の御願によって笠置寺造営の沙汰があり、具秀が巡見のため差し向けられたのである。しかし紀州から木材を運び、北畠氏が人夫を差し向ける手だてまでできていた（『細々要記』七）が、南朝の勢力が先細りする中、造営は容易には実現しなかった。

時は流れ、室町幕府は足利義満の時代となっていたが、依然として後醍醐天皇の遺詔を体して帝の皇子が北朝と抗争を続けていた。南北朝の争いの中で、後醍醐天皇に肩入れしていた笠置寺に対しては北朝方の見る目も冷たく、本堂が再建されたのは永徳元年（一三八一年）、全山炎上して五十年目になってからであった（『笠置寺縁起抄出』、『笠置寺再興勧進状』）。

しかし災難は続くものである。この本堂も残念ながら、再建されてわずか十七年後の応永《おうえい》五年（一三九八年）に籠所から出火して焼失してしまった（『笠置寺再興勧進状』）。

■室町時代。笠置寺周辺に争乱は絶えず■

南北朝対立の余波が残り、畿内なお穏やかならざる至徳《しとく》二年（一三八五年）、山名氏清《やまなうじきよ》が山城国守護として山城国に入った。

もともと山城国は鎌倉時代初めから京都守護、次いで六波羅探題が直轄していて、山城国に守護が置かれることはなく、室町幕府もこの制を継承して、山城国には文和《ぶんわ》元年（一三五二年）まで守護は置かれていなかった。文和元年（一三五二年）から至徳元年（一三八四年）までは侍所兼務となり、侍所頭人となった細川、佐々木、土岐など、幕府の宿老が守護を兼ねていたが、京都市内の支配に手が一杯になってきたため、至徳二年（一三八五年）九月に山城八郡の行政事務を新設の山城守護に委ね、初代の守護には丹波、但馬、和泉など近隣の守護を勤めるこの山名氏清が補任された（『国別守護・戦国大名事典』『至徳二年記』）。山名氏清は北朝方の武将として南朝と矛を交え、その実績をもって足利幕府内に大きな勢力を振るった人物であり、当時、近畿、中国地方にわたる十一ヶ国の守護職を一族で領有し、世に六分一衆《ろくぶんのいちしゅう》といわれた（全国六十六ヶ国の六分の一の意）ほどの実力者であった。

氏清は山城地方が有力寺社の荘園が集中する特殊な地であるという認識に欠け、力を背景に守護として強引な統治を行ったため、それに対する国人の抵抗も烈しく、一揆を組んで神社、仏閣に籠城して守護方に抵抗した。氏清は対抗策として神社、仏閣、そして民家をも焼き尽くすという強権に出た（山名奥州守護職を給はり入部、山城国堂舎仏閣民屋等多く焼失破壊云々『興福寺略年代記』至徳二年九月の条）ため、山城地方は不安にかられて世情騒然としていた。

至徳二年（一三八五年）十二月、笠置寺周辺にもこの騒乱が波及してきた。十二月三日払暁、笠置の近辺に於いて山名氏清と国人との間で合戦が行われ、百余人が戦死した。更に十二月十五日までに山名氏清は国人等が最後の拠点として立て籠もった笠置寺に攻め寄せるとの情報が流れ、山城、大和の境周辺に恐怖感がもたらされた。

そのため笠置寺の南、大和国添上郡の春日社領神戸四ヶ郷（小柳生《しょうやぎゅう》、大柳生《おおやぎゅう》、邑地《おおじ》、坂原《さかはら》）は春日大社に対し、守護が国の境に制札を出して四ヶ郷の安泰を保証するよう守護に申し入れて欲しいという嘆願書を出している。もし木津川を越えて笠置に山名軍が攻め入れば、四ヶ郷は山城国に属するものではないにしても、直接蹂躙されることが予想されるため郷民は恐怖に駆られたのである。

本堂が再建されて日も浅い笠置寺にとって、これは大変な事態であった。氏清の軍勢が果たして笠置寺を攻めたのか、もし攻めたとしたならばそれによって笠置寺がどのような影響、被害を被ったかについて史料が残されていないので、その点については判然としない。しかしこの三ヶ月前には山名勢により山城国の寺院や民屋等が多数破壊されているため、笠置寺が同じ運命に見舞われたことも充分あり得ることであった。ただ確実なことは、五年前に再建された本堂が幸いにも無事だったことである。後述する笠置寺再興勧進状には、永徳元年（一三八一年）に再建された本堂は応永五年（一三九八年）に籠所より出火して焼失したと述べるので、この時は無事だったようである。なお応永五年の焼失原因が失火によるものか、何らかの抗争によるものかは不明である。

正長元年（一四二八年）には笠置の南、柳生でいわゆる正長《しょうちょう》の土一揆が蜂起している。有名な柳生の碑「正長元年ヨリサキ者、カンへ四カンカウニ、ヲヰメアルヘカラス」の文は貸借破棄の徳政碑として世に知られるが、この「四カンカウ」は前述の大柳生、坂原、小柳生、邑地をいい、いずれも笠置にとって南都への生命線にある。四ヶ郷は山名氏清の笠置攻めに文句を付けたが、今度は笠置寺周辺に騒乱の種を蒔いたのである。

山城地方にも土一揆が蜂起しており、木津、奈良を中心に長禄《ちょうろく》元年（一四五七年）には京都まで攻めこむ事態となった。この時は大和国中の街道は完全に麻痺した。いずれにしても、このようにこの頃笠置寺を取り巻く南山城には騒乱が絶えなかったのである。

元弘の戦いから既に百四十年近く経った応仁《おうにん》二年（一四六八年）、相続く戦乱の世にいやけをさして関白太政大臣の栄職を辞し、息子で『大乗院寺社雑事記《だいじょういんじしゃぞうじき》』を書いた興福寺大乗院の尋尊《じんそん》を頼って十年間奈良に隠遁した貴人がいた。一条兼良《いちじょうかねよし》（応永九年〜文明十三年（一四〇二〜一四八一年））である。

彼は文明五年（一四七三年）五月、美濃方面を旅行してその帰り道、伊賀上野で宿泊した後、早朝に出立し島ヶ原、大河原、笠置を経て、二十七日ぶりにその日の夕方奈良に帰着した（『ふぢ河の記』）。

彼は笠置山の麓を通りながら笠置山には登山しないで、急ぐからあらためて詣でようとそのまま素通りした。この旅行記によるとまだ信仰の対象としての笠置寺は存在してはいたものの、貴顕の人を魅了する状態にはなかったのであろう。

しかし、笠置を後にして兼良は「雲の上にその暁を待程や笠置の峰に有明の月」と詠んだ。早朝の風情に託して、遙か未来にその暁（弥勒出現の日）を待っている今、笠置の峰の上に有明の月を仰ぐことだ、との意か（中世日記紀行集『ふぢ河の記』注）。このように解すれば弥勒磨崖仏は焼失してはいるものの、笠置寺に於ける弥勒信仰の余韻は貴族階級にあってまだ廃れてはいなかったことになる。

■応仁の乱。その収束後も南山城に紛争やまず■

世の移り変わりは激しい。建武の新政が崩壊して足利の時代となり、更にこの足利幕府の基盤も各地の守護大名が勢力を拡大するにつれて揺るぎだして、世は応仁の大乱、そして戦国時代へと突入していった。

応仁の乱は管領畠山持国《はたけやまもちくに》（山城守護でもあった）の実子義就《よしなり》と持国の異母弟であり、かつ養子であった持富《もちとみ》の子政長《まさなが》との畠山家を巡る家督争いに、時の実権者であった山名宗全《やまなそうぜん》（義就を応援）と細《ほそ》川勝元《かわかつもと》（持富の子政長を応援）との幕政を巡る主導権争いが絡んで起こった。

応仁元年（一四六七年）正月、京都上御霊社《かみごりょうしゃ》の社頭で義就と政長とが衝突したことに端を発したこの戦乱は、京の街の大半を焦土と化し、公家の屋敷や洛中、洛外の寺社の大半を焼失させ、民を路頭に迷わせる悲惨な結果を引き起こした。

十一年に及ぶ京での戦いは文明九年（一四七七年）に義就が河内方面に兵を引き、政長側の大名である大内政弘《おおうちまさひろ》も戦旗を巻くことにより終わったが、この戦乱で幕府の権威は地に落ち、反対に守護大名の力が強くなっていった。そして戦乱は野火のように地方に波及していき、更に騒乱に疲弊した領民たちが武家に反旗を翻して土一揆を起こす事態も起こり、地方に於ける力関係は複雑な様相を呈していた。

南山城でもこの状況は変わらなかった。応仁の乱の直接の発端となった畠山政長と畠山義就との争いは、彼等の根拠地が河内、山城、大和にあったため、当地に於いては依然としてくすぶり続けていた。

特に長池《ながいけ》、山城青谷《やましろあおだに》（両地共、宇治の南にある）付近では、北に政長方の斉藤、筒井、十市《とおいち》、南に義就方の誉田《ほんだ》、古市、箸尾《はしお》等の部将が対峙し、上狛、椿井、木津など相楽郡の木津川沿いの各地で合戦が続けられた。

諸豪族の陣営分けは南北朝時代の争いに遡るもので、南朝方武士の中心勢力であった南大和の越智《おち》氏（その一団に古市氏）と、北朝方武士の中心勢力であった北大和の筒井氏との間に生じた大和地方での主導的争いが事態を複雑にしていた。なお古市氏祖先の古市胤晃は元弘の役の際、笠置山にはせ参じて戦死したという（古市氏子孫西坊家に伝わる系譜による。元弘戦役図には柳生からの攻め口である笠置山南口守備に古市播磨守、越智上野介の名がある）。

そのため笠置寺は西軍義就方に属する古市方などの拠点となっていて、東軍である政長方と争っていた。興福寺大乗院の記録に、笠置寺で箸尾氏が敵方の呪詛を行ったとして騒ぎになったり（文明十年〔一四七八年〕九月）、大乗院が笠置に向けて陣を張っていた筒井軍に陣中見舞いを送ったり（文明十一年〔一四七九年〕七月）、古市軍（澄胤）が奈良白豪寺《びゃくごうじ》に三百人ほどで陣取り筒井軍（順賢）と合戦になり、古市軍は敗退して笠置寺に逃げ込む（明応《めいおう》六年〔一四九七年〕十一月）などの記録が断片的に残されている（『大乗院寺社雑事記』）。この白毫寺攻めでは、白毫寺は本堂他すべて焼き払われている。もし筒井軍が笠置山に攻め込んでいたなら大きな被害が出るところであった。大和に勢力を有する筒井氏の力はまだ笠置方面には及んでいなかったのが幸いしたのであろう。

事態の状況によっては元弘の役の二の舞とも成りかねない危機をはらんでいたが、当時の騒乱は中央の勢力争いがここ山城の地侍たちに波及したものであって、笠置山のすぐ南の柳生方面まで戦火が迫ってはいたが、大半は木津、狛、大和など交通の便の良い平野部が主戦場となったため、笠置寺が決定的な戦場となることを免れたのである。

合戦は田畑を荒らし、兵糧米を徴発し、民の疲弊をもたらす。これら弱者に犠牲を強いる抗争に反抗した南山城の土豪、地侍ら国人は、文明十七年（一四八五年）に蜂起して、政長・義就両軍の撤退を要求するに至った。この時、両軍は食糧不足に悩んでおり、戦いの大義名分に欠けていたこととも相俟って、陣中に厭戦気分が蔓延していた。そのためこれを好機として、意外にも両軍はこれを受諾し、ここに三十六人衆による我が国では珍しい自治組織が出来上がった（山城国一揆と称される）。これ以降、この国人支配の自治組織によって現在の相楽、綴喜両郡の運営が行われていった。

しかしこの自治組織は明応二年（一四九三年）九月、山城守護の命を受けた古市澄胤《ふるいちすみたね》が南山城に攻め入り、猛攻の末、稲八妻城《いなやつまじょう》（現在の相楽郡精華町にあった）に立て籠もった国人衆多数を殺害して終止符を打った。そして古市軍はそのまま南山城の相楽、綴喜の二郡を支配することとなる。

貞盛、『笠置寺縁起』の編纂にかかる

以上見てきたように文明年間は南山城にとって物騒な世であった。おそらく笠置寺の住人にとってもゆっくりと宗教生活にいそしむ環境ではなかったはずである。ただありがたいことに、三十六人衆による自治組織は相楽《そうらく》、綴喜《つづき》、久世《くぜ》三郡にまたがっていたが、当時の資料を見る限り、相楽郡では木津あたりが中心で笠置の西、加茂や笠置までは及んでいなかったようであり、当地は比較的平穏に推移していたようである。これは笠置寺にとっては幸いな事であった。

この時期、笠置寺に一人の有徳の僧が出た。その名を順宗房貞盛という。元弘の役で寺の荒廃が進み、永徳元年に再築された本堂もわずか十七年で再び焼失してしまう事態に対し、貞盛は周辺のこの騒然とする中で本堂の再興を発願した。

天武天皇の勅願によって草創されたという由緒ある笠置寺ではあったが、本尊弥勒仏が焼失して既に百五十年、この騒乱の世にあっては、弥勒の聖地としてよりも、城塞としての機能がクローズアップされるに至っていた。そのため、笠置寺再興には貴顕の人々が競って詣でた、かつての栄光のよって来たるべきところを一般に理解してもらい、世間の喜捨を得るためには、今は零落しているが、当時に於いて既に七百年の歴史を有する勅願の寺であることを知らしめる必要があった。そのため貞盛は本堂再興の実現に向けての第一歩として、笠置寺の縁起をまとめ上げることに専念し、その成果をもって同時に再興のための勧進状を完成させた。

『笠置寺縁起』には貞盛の名は出てこないが、「殊《こと》に一寺《いちじ》の群議《ぐんぎ》を承《たまわ》り、建立《こんりゅう》の願念《がんねん》に励」んだ貞盛によって作成された『笠置寺再興勧進状』の作成の年は文明十四年であるが、この年は同時に『笠置寺縁起』の作成の年でもある。また勧進状の記事に縁起とその内容字句に同一のものがあり、『笠置寺再興勧進状』と同じく『笠置寺縁起』も貞盛作と思料される。

■『笠置寺再興勧進状』を編纂■

貞盛は笠置寺を取り巻く厳しい状況下、この縁起をもとにして同時並行的に一山で笠置寺再興の決議をまとめ、『笠置寺再興勧進状』を書き上げた。文明十四年（一四八二年）のことである。

勧進状は、「十方《じっぽう》の檀那《だんな》の助成《じょせい》を蒙《こうむ》り当寺焼失《とうじしょうしつ》の精舎《しょうじゃ》を再興《さいこう》し、等しく都鄙《とひ》の安全を祈誓《きせい》し、貴賤《きせん》の願望を成就《じょうじゅ》せんことを請《こ》うの状《じょう》」に始まり、笠置寺が仏教の聖地「耆闍崛山」の霊峰であり、本尊は観史多天の教主《きょうしゅ》、化人刻彫《けにんこくちょう》の石像である。その草創は古い歴史を持ち、天武天皇の叡願による寺であるとし、次に日蔵上人、実忠の龍穴入りを述べ、解脱上人の入山に言及する。代々の崇敬《すうけい》篤く、種々の奇特《きとく》に満ちた笠置寺ではあるが、元弘の役で災禍を受け、永徳元年に再建された本堂も応永五年に不慮の火災で焼失し、斧斤《ふきん》の計は久しく絶えていた。まさに今、貞盛が一寺の群議を承《う》け、建立の願念をおこした。「十方の檀那に勧め、寸鉄尺木《すんてつしゃくぼく》でも一《いっ》紙半銭《しはんせん》でもよい、再造《さいぞう》の資助《しじょ》を乞う」と述べる。

この勧進状には縁起の字句も引用して作成されているが、これは『笠置寺縁起』編纂の成果である。文章もなかなかの名文である（全文を史料編に掲載）。

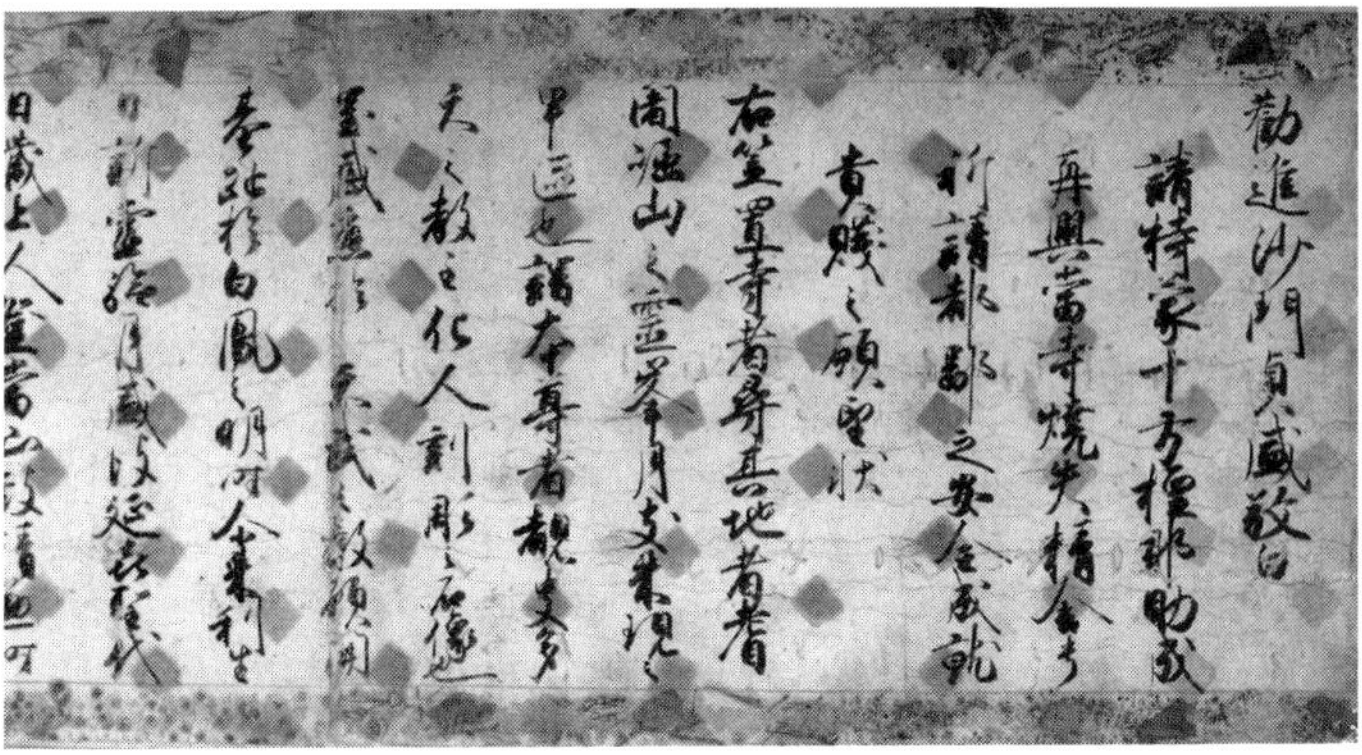

笠置寺再興勧進状（冒頭部分）

笠置寺所蔵になる勧進状は上下に金界線を引き、欄外には金銀切箔野毛を散らし、紙背にも銀切箔を散らした華麗な装飾料紙に当代の能筆が筆を執っている。室町時代の典型的な勧進状であるというばかりでなく、度重なる被災で史料を失った笠置寺の数少ない根本史料の一つとしてその価値は高いといわれている。この勧進状は平成三年（一九九一年）四月、京都府指定文化財となった。

しかし、貞盛の努力にもかかわらず、本堂再建の勧進は取り巻く環境が悪かったため必ずしもスムーズには進まなかった。

■『笠置寺縁起』について■

笠置寺に伝えられている『笠置寺縁起』はこの文明十四年に編纂され天文七年（一五三八年）に写本されたものである。

『笠置寺縁起』は大きく分けて三つの部分からなる。天智天皇皇子が笠置山で危難に遭って山神との誓約を果たすべく天人の助けを得て弥勒像を刻彫する部分、笠置寺に関する事項を天武天皇の草創から歴代天皇との関係や貞慶の記事を編年体で記した部分、縁起の相当の部分を占める元弘の役に関する記述の二つである。

弥勒像刻彫に関する部分は既に述べたように『今昔物語』、『伊呂波字類抄《いろはじるいしょう》』、『阿娑縛抄《あさばしょう》』に類似の記述がある。また仁治二年（一二四一年）書写の東大寺要録には「笠置寺　天智天皇十三皇子建立縁起あり」と記されている。おそらく鎌倉時代以前から既にこの話のもとになる原縁起が流布しており、貞盛はこの縁起にも依拠したはずである。

第二の部分は内容から見て再興勧進状と同時並行的に組み立てられ、戦いの始まる前に近在の寺々などに避難した文書や東大寺文書を引用し、また宗性が記した『弥勒如来感応抄』に残された貞慶や先達の住侶の願文なども参考にして編年体の縁起を完成させたものと思われる。

「第九十八代　後醍醐天皇　当寺臨幸之事」の見出しで始まり、同（元弘三年）「八月十四日笠置寺造営之事、注文可進之由、被仰出之者也」で終わる第三の部分は明らかに『太平記』に依っているが笠置寺に関する独自の記述も加えられている。

■『笠置寺縁起抄出』について■

ここに元弘の役による笠置寺炎上にかかる資料が残されている。この抄出には北条軍が、

「所々ニ火ヲ放ツ間、本堂ヲ始テ、堂塔、坊舎、鐘楼、経蔵、悉被焼払畢ヌ、僅ニ千手堂、六角堂、大湯屋ハカリソ残リケル、爰ニ魔風頻ニ吹テ、本堂ノ猛火、本尊ニ覆、石像焼隔テ、化人刻彫ノ尊容、已ニ埋没セリ、

其後吉野帝御代、元弘三年癸酉八月十四日、奉勅宣、本堂造立ノ企ニ及トイヘトモ、成ゼズシテ頗

年月ヲ経、于時永徳元年（一三八一年）辛酉三月十一日ニ造畢セシム、然ニ又応永第五暦（一三九八年）、籠所ノ局ヨリ火出テ重テ炎上畢ヌ云々」

と『笠置寺縁起』の抄出とはいいながら、『笠置寺縁起』には記載のない後の時代の記事も書かれている。元の縁起は今に残る文明十四年の縁起とは異なるものであったのかもしれないが現存していない。抄出は元弘の役後の本堂再建についての貴重な資料である。

現在この文書を我々が目にできるのは水戸光圀編纂の『参考太平記』のおかげである。この書は『太平記』の注釈本であるが、この書を編纂するために光圀の命によって佐々介三郎が西国巡遊の際、薩摩坊津《ぼうのつ》一乗院で、『笠置寺縁起抄出』を書写した。この抄出は文明十七年、笠置寺住侶貞盛が笠置寺再興勧進のために下向した際に写し取らせたものである。貞盛は勧進を行うについて縁起を中心として笠置寺の由来を説明していったが、勧進先で元弘の役以降の動静を説明する必要に迫られて用意した資料であろう。

次になぜ貞盛が勧進の為、日をかけて九州の端まで行ったのか。勧進なら南都、京都で事足りるのではないか。坊津が室町時代、倭寇や遣明船の寄港地として大いに栄えるようになったことが考えられるが、後醍醐天皇の皇子、懐良《かねなが》親王が興国《こうこく》二年（一三四一年）に征夷大将軍としてこの地に赴任して以来、南朝方の拠点となっていたことも関係しているように思われる。薩摩の一乗院は寺伝では敏達天皇の十二年（五八三年）、百済の僧・日羅《にちら》が創建したとされる。その実在がはっきりするのは南北朝時代からで、紀州根来寺の別院として栄えた。

残念ながらこの抄出は笠置寺には残されておらず、坊津一乗院も今は廃寺となって寺院跡には住職の墓や礎石などが残されているだけである。かつて寺院が所蔵していた書類の一部は坊津歴史資料センター輝津館《きしんかん》に保存されているが、笠置寺関連資料は残念ながら確認できなかった。

これからすると勧進状が完成してから三年を経てもまだ貞盛は勧進に奔走して、遙か薩摩の地まで足を延ばしていた事となる。やはり北朝の世では後醍醐天皇側の笠置寺再興は相当困難であったのである。

さてこの勧進によってどこまで堂の復興が行われたか、その記録が残されていないため不明である。しかし本堂など主要な堂はこのとき規模はともかく再建の道を歩んだことは確かであろう。

■『笠置寺縁起絵巻』について■

この絵巻は上巻が笠置寺草創から貞慶に関する記事まで、中巻と下巻は元弘の役に関する記述で、最後は詞が「元弘三年八月十四日笠置寺造営の事注文可進の由、被仰出るの者也」で終わり、それに続く最後の絵は大塔宮（護良親王）の行列が京へ還幸する場面で終わっている。記事の内容は省略も見られるが、『笠置寺縁起』とほぼ同じで、縁起が元弘の役の記事以外は全文が漢文であるのに対し、絵巻では途中から読み下しに変わっている点に相違がみられる。

『絵巻物総覧』（角川書店）には「絵の作風は伝統的なやまと絵様式を継ぐものでなく、墨を基調とした素朴な描写であるが、その中に一種の稚拙美が感じられる。こうした画風は応永二十六年（一四一九年）の杉谷神社本『北野天神縁起絵』にもみられるもので、本絵巻の制作もほぼそのころと推定される」（宮次男氏）と述べられている。しかし詞が『笠置寺縁起』に準拠しているため、縁起より後の作品と見るべきで、文明十四年（一四八二年）以降、それも数年の間に作成されたものであると考える。

理由はその作成動機にある。この絵巻物は笠置寺再興勧進のために作成したものであろう。勧進にあたっては当然『笠置寺縁起』を利用したであろうが、それだけでは足らず、視覚に訴える絵巻物をもって笠置寺再興の理解を得ようとしたのではなかろうか。それも勧進先からの要望によって、必要にせまられて作成したものであろう。貞盛は文明十七年に薩摩まで勧進のため下行しているので、既に絵巻はこの頃までに急いで完成に至ったとみるべきと考える。なぜなら絵は数人で分担したようであり、脱字も散見されることからこのように理解する。

中巻は元弘の役で衆徒たちの活躍にもかかわらず全山焼失に見舞われ、後醍醐天皇も捕らえられるという悲劇に終わる一方、下巻は北条幕府滅亡時に南都界隈で活躍する大塔の宮に協力する笠置寺の僧兵の姿を誇り高く描き出している。第三巻の後半は元弘の役で幕府方の大将であった長崎高貞や二階堂出羽入道など実力者たちが頭を丸めて降伏し、四散していた笠置寺衆徒たちが懐かしい笠置山に徒歩であるいは馬に乗って帰山する様子が詩情豊かに描かれ、巻末には京都に凱旋する大塔の宮一行の勇姿を長々と描くなど、天皇親政への時の流れを感じさせている。

現存する縁起絵巻の中巻は錯簡が見られる。縁起絵巻が大きく破損したので明和五年（一七六八年）に裏打ち表装を藤堂藩に願い出ているが、この時に生じたものと思われる。この縁起絵巻は江戸時代には藩主、幕閣やその他の要人が来山した際、本堂に於いて閲覧に供されていたので次第に破損がひどくなっていったものであろう。

『縁起絵巻』は中世の絵巻の中で『太平記』の世界を描いた数少ない例であるとして平成二十八年三月、京都府指定有形文化財となった。

なおこの時期に雪舟等楊《せっしゅうとうよう》門下の画僧が笠置寺にいた。「和玉《わぎょく》」と号し、その名を「楊月《ようげつ》」とも「笠置楊月」ともいう。文明十七、十八年頃の画が数枚各地に残されているが、その作品中「四季山水図屏風」（重要文化財。五山の文学僧希世霊彦《きせいれいげん》による文明十八年の賛が付されている）には縁起絵巻にこれと似通った構図が散見される。楊月が縁起絵巻の作成に直接関わったかどうかは作風の厳密な検証が必要だが、絵巻製作に当たってアドバイスを行ったり、あるいは制作者が「四季山水図屏風」を手本にして縁起絵巻の一部を描いた事は充分に考えられる。

また笠置寺には京都東福寺にいた明兆《みんちょう》（一三五二〜一四三一年）筆と伝えられる縦二二八・三センチ、横二二三・一センチ、絹本着色の大きな涅槃図《ねはんず》が所蔵されている。明兆は人物、山水、五百羅漢図などを描き、その代表作は重要文化財にも指定されている画家である。この涅槃図が笠置寺に伝わるのも揚月と何等かの関係があるやもしれない。笠置寺を舞台に推理の流れはどこまでも広がっていく。調べれば調べるほどに笠置寺は奥の深い寺院である。

笠置楊月四季山水図屏風（重要文化財・東京国立博物館蔵）

楊月（本朝画史　延宝6年〔1678年〕より）
僧楊月、和玉と号す。本薩摩州人。城南の笠置寺に居す。故に世に笠置の楊月と謂う。周文雪舟を師とす。墨画は牧渓を学ぶ。能く山水、人物、花鳥を画す。筆法大に粗なり。然れども略柔潤の体有り。印文に曰く、臣僧楊月と。又和玉の印文有り。

戦国の世、笠置寺は要塞となる

応仁の乱後は天下麻の如く乱れる下剋上の戦国の世となる。笠置山はこの頃要塞として使われていた。自然の要害をなす笠置山は元弘の役で北条方が数万の大軍をしても攻めあぐねた城塞としての実績を持つ。山上からは南方へと柳生街道が通じ、また山上から見下ろせば、木津川の対岸には伊賀街道が通じ、人馬の動きは手に取るように監視できるため、笠置山は元弘の役後も重要な戦略上の拠点となっていた。世が代わり人が代わっても、難攻不落を誇る笠置の山は変わらなかったのである。

山頂から一段下った二の丸跡近くに空堀らしき跡があるが、これもこの頃のものと判断してよい。弥勒石が信仰の対象としては影が薄くなった状況下、弥勒の尊像のあった巨石は城壁の一部を構成し、その頭上は笠置寺のかつての栄華をも知らぬ兵士の土足に踏みにじられた。神聖なる山上の寺坊焼け跡には侍の宿舎が建ち並んで、わずかに残った僧坊と同居する状態が続いていたと思われる。おそらく現在の行在所跡は本丸として城主の住む館となっていたことだろう。

この頃の笠置山は城郭としてはどのような様相を呈していたのであろうか。『図説中世城郭事典』（新人物往来社）は次のように記す。

「遺構は旧山道添い一五〇〜二〇〇メートル地点に五段の削平地があり、山道を登る敵に対するものであろう。また足助重範碑より笠置寺に至る南北尾根上には六段の削平地（筆者注、現在民家と畑

発掘現場は北に向けてなだらかに下る谷筋

となっている）が認められる。これら尾根上曲輪群を西面に配して、主郭は笠置山頂の南北に配されている。この主郭の北端が後醍醐天皇行在所跡である。

中央部（同注、稲荷神社のある頂であろう）は一段高く独立して物見台状の土壇となっている。

尾根続きである南方、柳生方面には最も防御の必要性があり、現在も明確な城郭遺構が残っている。かつて貞慶が整備した般若台で鐘楼跡が一段高くあり、尾根筋が最も狭い所に二重堀切を設け、尾根を完全に遮断している。このように、かなり高度な築城技術が施されており、現遺構が南北朝時代の山城遺構とは考えられない」

なお、平成十七年十二月に柳生から笠置山への町道改良ため、遺構、遺物の調査が行われた。城としては笠置山唯一の弱点である笠置山から柳生へと続く丘陵地帯の一部について、土塁や空堀の存在が確認され、ここで戦国期の古瀬戸平椀などが出土した。空堀には幅四メートル、深さ二・五メートルの大きなものもあり、一帯が守りの重要地点であったことが判明した。同時に般若台の近くでは厚さが二十から三十センチに及ぶ焼土層も発見されて元弘の役で皇居跡から離れたこの一帯も焼土と化していたことが考古学的に立証された（京都府埋蔵文化財調査研究センター、平成十七年十二月調査）。

平成十九年四月に行われた追加調査でも戦国時代の堀や土橋、建物の礎石、中国製の青磁、白磁、朝鮮半島の高麗青磁などが発掘されて、鎌倉時代から南北朝期の笠置寺が東アジアの貿易陶磁器を豊富に持ち得る財力を有していたことも判明した（同平成十九年四月から九月の調査）。

■『多聞院日記』の記録に見る笠置寺■

山城国一揆平定の約五十年後、畿内の中心である山城、大和では守護大名たちの勢力争いが依然として続いていた。ここに木沢長政《きざわながまさ》という笠置山に関係する次の役者が登場する。

木沢氏は代々河内守護畠山氏の譜代の被官で、ここに登場する長政は大変な野心家であり策士であった。戦国大名となることを夢み、初めは畠山義堯《よしたか》の守護代として河内の飯盛城を預けられていたが、享禄《きょうろく》三年（一五三〇年）には細川晴元《はるもと》（応仁の乱の立役者勝元の曾孫）の被官となって京都方面でも活動するようになり、天文五年（一五三六年）大和・朝護孫寺《ちょうごそんじ》の背後に信貴山《しぎさん》城を造り、更に山城・笠置城を修復して河内、大和、山城の三国に勢威を振るった。

しかし、当時の細川晴元政権内部で三好長慶《みよしながよし》が台頭すると長政はこれと競い、天文十年（一五四一年）八月以降、摂津国衆の紛争への介入を巡って晴元、長慶と対立するに至った。その頃、山城守護代ともなっていた長政は、同十月、遂に晴元政権に反旗を翻し、京都を攻略せんとして虎視眈々としていた。下克上真っ直中の時代である。この時に笠置城は長政側の陣営の拠点となっていた。
当時の笠置城の攻防を興福寺の末寺、多聞院の住職英俊《えいしゅん》が書き残した『多聞院日記』は次のように記す。

天文十年（一五四一年）には笠置城は木沢方の要塞となっていた。大将は「右近」といい、右近の甥は甲賀者であった。七～八十人の守備の者を擁していたが、笠置城の弱点は水で、笠置城の落城は時間の問題と判断している（『多聞院日記』）。

同年十一月二十六日の朝、伊賀者が笠置城へ忍び込み坊舎に放火した。同二十八日に笠置城を巡って戦いがあり、木沢勢は城中から二手に分けて討って出て、攻め手三十人余を討ち殺し、伊賀の者は皆退散した。笠置城を攻めたのは大和土着の豪族筒井順昭《つついじゅんしょう》（筒井順慶《じゅんけい》の父）である。これは細川晴元による長政への牽制策によるもので、城中に籠もっていた甲賀の者に対抗して筒井順昭は伊賀衆を使って城中に忍び込ませ、城に放火して戦を仕掛けたのである。

この戦には笠置山に隣接する柳生一族も絡んでいた。柳生氏はながらく春日社の荘官を務めていたが、元弘の役の際、当主永珍の弟、中坊源専（成就坊）が笠置山の僧侶であったため、笠置山の守備側についた。笠置落城により柳生氏は一時所領を失ったが、後醍醐天皇の復権により永珍はその所領を復活した。木沢長政がこの地に勢力を振るっていたときには柳生氏は大和国人衆の一人として木沢側にあった

木沢長政が自己の勢力拡大のため、将軍足利義晴《よしはる》を手中にせんと京都に迫ったことにより、その圧力で山城守護の細川晴元は岩倉に退き、将軍義晴も近江坂本に移った。しかし、晴元側はすぐ態勢を立て直し、翌天文十一年（一五四二年）、勢力に陰りが見えた長政を河内の太平寺の戦いで畠山、三

好の軍勢が討ち、長政は十年以上にわたる権謀術策の人生に終止符を打った。そのため木沢方にあった柳生家厳《いえよし》は筒井勢に本城を攻め立てられ、結局順昭に降伏し筒井の配下とし、家名の存続を図った。

柳生氏が歴史の舞台に上がるのは家厳の子宗厳《むねよし》（石舟斎）の代である。永珍より八代後の宗厳は筒井の人質となって順昭の支配下に入ることを強いられていたが、永禄六年（一五六三年）新陰流開祖上泉信綱に弟子入りし兵法を学んで新隠流を完成した。

天文5年に木沢長政が本格的な山城として造営したもの。信貴山長護孫寺の裏山標高433メートルにある。

宗厳は徳川家に取り入り五男の宗矩《むねのり》を推挙して三代将軍家光《いえみつ》の兵法指南役とした。これによって山間の地侍は小さな拠点から徳川家の信任厚い一万石の大名として日本史の表舞台に躍り出た。

木沢長政亡き後、笠置城の砦がどうなったのか、記録は見当たらない。しかし『多聞院日記』天文十九年（一五五〇年）二月の条に、「笠置八講青源房の代に出了」という記録があることから見れば、笠置寺が未だなお旧来からの法会を継続していたのは救いではある。

■織豊時代の笠置寺■

覇権が信長に移って、永禄《えいろく》十一年（一五六八年）九月に信長は足利義昭《よしあき》を奉じて入京、山城の国は信長の支配するところとなった。これにより笠置寺にも隠然たる力を及ぼしていた興福寺の大和支配も終わりを告げたと思われる。

時代が下った天正三年（一五七五年）五月には、奈良の僧たちが笠置山名物のツツジを見るために来山したが、まだ花は咲いていなかったとの記事がある（『多聞院日記』）。この頃は信長が全国統一に向けて戦いを繰り広げている時であったが、笠置寺には元弘の役以前と同様の平和な時が流れていたようである。

天正《てんしょう》九年（一五八一年）には隣国の伊賀盆地で戦いがあり（伊賀天正の乱）、四万以上の信長勢が四方向から盆地に攻め込み国中の伽藍がことごとく放火され、刃向かうものは全て切り捨てられた。木津川を遡れば笠置からそう遠くない島ヶ原にある観菩提寺《かんぼだいじ》は実忠によって建立され、修正会を承継し笠置寺とも縁の深い寺院であるが、この寺は伊賀天正の乱で堂塔伽藍すべて焼失している。笠置寺にとっては何とも気の休まらない日々であったに違いない。

権力者の興亡は激しい。本能寺の変で信長は歴史の舞台から去り、明智光秀も山城国の支配を確立する間もなく二週間足らずで秀吉に滅ぼされた。信長亡き後の後継者を決める清洲会議にて山城地方は秀吉の支配に移った。笠置寺を含む南笠置村一帯は文禄《ぶんろく》元年（一五九二年）に検地が行われたことが藤堂藩の記録に残されている（「藤堂藩大和山城奉行記録」所収、延宝三年四月九日藤堂藩より発状の「覚」）。

検地などで兵農分離が進み、相楽郡内の地侍や国人は大名の被官となって村を離れ、村に残った地侍も帰農していった。笠置を含む相楽郡は、禁裏御料をはじめ、公家領、旗本領、寺社領、各藩領などに分割され、各所領が犬牙錯綜し、典型的な入組支配の様相を呈するようになった（荊木美行「笠置町略史」、『笠置町と笠置山』に所収）。戦国の世が終わり、徳川の世になって藤堂藩の支配下に置かれるまで、笠置地方は京都所司代の直轄となっていた。そして笠置寺は以降、戦場としての忌まわしい記録を記することはなくなった。

第六章　江戸時代、衰亡に向かう笠置寺。だが法灯は連綿と続く

鎌倉時代のはじめ、貞慶が入山して笠置寺はその最盛期を迎えた。その後、後醍醐天皇の臨幸で全山焼失の不幸に見舞われ、室町時代そして戦国の世には笠置寺は城塞として機能していたが、なお細々と寺院としての活動も行っていたことは、既に述べた通りである。

では江戸時代の笠置寺はどのような状況で推移していったのであろうか。これについては、資料不足もあり、これまでほとんど解明されないままであったが、最近になり筆者による藤堂藩の記録や笠置寺から山城郷土資料館に寄託されていた文書の分析により、戦国の激動をくぐり抜けた後、江戸末期から明治にかけて断続的に無住となったものの、したたかに生き残って、麓の南笠置村有力者の下支えもあり、京、大坂、奈良にその名が知れ、登山客が集まる有名寺院として予想外に堅実な歩みを続けてきたことが判明した。

江戸時代後期の文書の解読により当時の様子が鮮明に

山城郷土資料館に寄託されている文書は、幕末に住職の無住が断続的に続いて混乱していた笠置寺の管理に当たった当時の南笠置村庄屋、大倉善右衛門が保管していたものを、明治になってから笠置寺に戻したもので、この文書綴りには「旧庄屋大倉善右衛門役中当山ニ付テ遺書、明治廿年度反古売払乃際同家留五郎之ヲ当寺ニ寄シ遺在セシ者也」と書かれている。

その数五四八点に及び、寺の財政、建物保守、要人登山、住持の移動、子院、小作関係、藩との折衝記録、あるいは笠置寺の檀家であることの証明、キリシタンでないことの証明、他所に住み替える際の身分証明を記した宗旨請状と、内容は多岐にわたり、江戸後期の笠置寺の様子を鮮やかに浮き彫りにしている。

これらの文書を精読していくと、あたかも上人墓の苔むした歴代住持たちの無機質な石塔から生身の住持たちが次々に立ち現れ、自分たちが厳しい環境に耐えながら、如何にしてこの歴史ある寺院を守ろうとしたかを、自身の反省も込めて後代の我々に語りかけてくるかのような錯覚に陥る（以後この文書を「寄託文書」と略称する。付された番号は山城郷土資料館で行われた整理の番号をそのまま使用させていただいた）。

藤堂藩《とうどうはん》支配の始まり

江戸時代に入ってからの笠置寺について最初に特筆しなければならないのは、笠置寺を支配し、同時に支援した藤堂藩（正式には津《つ》藩）の存在である。

戦国の世も終わりに近づいた頃、近江藤堂村の地侍藤堂虎高《とうどうとらたか》の次男として生まれた藤堂高虎《たかとら》は大望を抱いて家を飛び出して浅井長政《あざいながまさ》の足軽として仕え、姉川《あねがわ》の戦いに参戦して敵の首を取る武功を挙げた。浅井氏が小谷《おだに》の合戦で敗れてからは主君を求めて転々としていたが、天正四年（一五七六年）に羽柴秀長《はしばひでなが》に仕え、賤ヶ岳《しずがたけ》の合戦、島津征伐、朝鮮の役など幾多の合戦に参加して実戦経験を積むにつれ、歴戦の武将として名をあげていった。その功あり、秀吉に取り立てられて一万石の大名となり、更に宇和島《うわじま》領主として七万石を賜った。慶長《けいちょう》五年の関ヶ原の戦いでは東軍に属し、その大功によって今度は家康《いえやす》の篤い信任を受け、伊予今治《いよいまばり》城主を経て慶長十三年（一六〇八年）伊勢に転封された。徳川と豊臣の亀裂が決定的となったとき、大坂方に備えて伊賀上野《いがうえの》、津の両城を改修し、大坂冬の陣、夏の陣では大きな功績を挙げ、三十二万石の押しも押されぬ大大名となっていった。

元和《げんな》五年（一六一九年）、徳川頼宣《とくがわよりのぶ》が紀州へ入部する際、高虎が永年の功によって加封されていた田丸《たまる》領五万石を山城国相楽郡・大和国添上《そえがみ》・山辺《やまべ》・十市三郡の五万石と交換したため、山城、相楽郡に属する笠置寺もその支配下に入ることとなった。これ以後の笠置寺は藤堂藩との関係を抜きにしては語れない。

東山解脱上人墓の近くにある歴代住職の墓。散在していた墓のうち江戸時代後期の墓が集められたもののようである。

これまで藤堂藩記録の『宗国史《そうこくし》』、『藤堂藩大和山城奉行記録』、『永保記事略《えいほきじりやく》』、『庁事類編《ちょうじるいへん》』に藩と笠置寺との関係記事が散見されていたが、これに加えて、五百点を超える江戸時代の古文書によって、江戸時代の笠置寺が詳細に再現できることになった。

藤堂藩に編入された山城、大和の一部は両者の名をとって城和領《じょうわりょう》といわれ、その支配拠点として伊賀上野に城和奉行所が設置され、出先の拠点として奈良に古市《ふるいち》事務所が置かれた。城和奉行所は領内の寺社管理に絶大な権力を有しており、住職の交代、境内地の整備、保有財産の移動、催し物の開催その他あらゆる事項に関して許認可の権をもっていた。もし藩の意向に反した行動や無許可、無届けの行動でもあれば、住職の追放、入牢、寺領地の召し上げなどの厳しい処置が待っていた。

笠置寺が藤堂藩の支配下に入った当初は、

藤堂藩との関係は必ずしもうまくいっていなかったようである。その昔は天皇をはじめ貴顕の尊崇を受けた寺であるという矜持が強く、天武天皇勅願の寺で、後醍醐天皇が行在所を置き、皇室とも深い関係にある由緒ある寺が、「領下」の「寺並」みの扱いとなって、一大名の風下に立たされることを良しとしなかったのである。

一例を挙げれば、天和二年（一六八二年）笠置寺を構成する多聞院《たもんいん》、知足院《ちそくいん》の先住住持が追放の仕置を受けている。住持たちが我まゝに境内の大木を伐採したり、寺の財産を勝手に売却したことがその理由であった。

また同じく笠置寺を構成する不動院《ふどういん》の住職が死去した時、笠置寺は先例にも藩の法にも違反して、役人に断りなく他所より新しい僧侶を迎えた。藩は穏便な扱いを考えたが笠置寺はそれを聞かず、京都奉行所へ五百年以前に受けた後鳥羽院庁による千石の寄進に言及し、境内の旧記並びに板倉伊賀守の慶長九年の「山林竹木寄付の書附」（二二九頁）などを根拠として訴状を提出し、また伊賀城代家老にも訴え、その上、城代家老の頭越しに本城の津へもその訴状をもって直訴したため藩の逆鱗に触れ、関係する住持たちは領下から追放された（天和二年〔一六八二年〕九月　口上之覚）。藤堂藩が大和山城の内五万石を領地として以来、藤堂藩の目には笠置寺はこれまで領民としての勤めを一向に果たしてこなかったように見え、今後同様の事を防止するためお灸をすえたのであろう。

笠置寺にとっていちいち住職の交代にまで口を挟まれるのは、自尊心が許さないところであることは充分理解できる。しかし笠置寺の栄光は既に遠い過去のことであり、この時代には通じなかった。皇室すら名目上の栄光、権威しか持たない時代にあっては武力を誇る武家の権力には抗しようもなく、笠置寺の要求は押しつぶされてしまった。これ以後は財政的な援助を得る必要もあり、笠置寺は藤堂藩に全面降伏する姿勢を貫いていった。

しかし藩内随一の寺格を有する笠置寺については、一般の寺院が直接藩に願い事などできないのに対し、すべて何事によらず、庄屋、大庄屋を通さず、直接代官所へ願い出ることが許されていた。藩としても笠置寺の格式や歴史を無視することはできなかったのである。

藩による支配の方式として、藩主の参拝やその他重要事項については直接城和奉行所が窓口となることもあったが、城和奉行所の下部組織である古市事務所が日常の窓口として堂や坊などの修理、立木の処理などについて一切を取り仕切っていた。

笠置寺はその由緒から当時に於いても江戸幕府の要人や歴代藩主も登山する有名寺院であった。体面上もあったであろうが、藩は時を追うにつれ財政が逼迫していった笠置寺に支援の手をさしのべ、堂宇や境内の整備に対して積極的な援助を行った。

江戸時代の笠置寺の様子

ではこれまでほとんど判明していなかった江戸時代の笠置寺の様子について寄託文書を中心に見てみよう。

■坊の推移■

貞慶の時代に甍を並べた山岳寺院も、元弘の役でわずかに千手堂、六角堂、大湯屋、経蔵を残して全山焼失の惨状を呈した。しかし、元弘の役が終わり僧兵も戻ってきて、少しずつではあるが笠置寺は復興への歩みを見せていたことは既に述べた。笠置寺を再建した貞盛の時代を経て、その後どれだけの寺院が再建されたかは不明であるが、藤堂藩大和山城奉行記録、延宝三年（一六七五年）の記事に笠置寺として不動院、文殊院《もんじゅいん》、多聞院、知足院、福寿院《ふくじゅいん》の五院が名を連ねて記載されている。

その二十一年後の貝原益軒著『和州巡覧記《わしゅうじゅんらんき》』（元禄九年（一六九六年））には二寺空寺ありと記載され、翌元禄十年（一六九七年）の寺社宗門帳には、不動院と知足院は無住と記されている（「浅田家文書」）。

その結果、江戸時代中期以降、笠置寺は福寿院、文殊院、多聞院の三院で運営されていて、「年預《としあずかり》」と称する取りまとめの院が毎年持ち回りで三坊を調整し、対外的に笠置寺を代表していた。

各坊の所在地は福寿院が現在の笠置寺本坊、稲荷社南側から般若台北側の平地にかけて北より知足院、文殊院、多聞院の順に並び、不動院は旅館松本亭の下にあった（延宝三年［一六七五年］絵地図）。なお多聞院のある般若台北側は冬など北西の風が吹き抜ける強風地帯にあり、寛政九年（一七九七年）に火災に遭ったのを機に現在ある毘沙門天堂の位置に移った。今は福寿院、多聞院を除いて三院ともその跡地は畑となっていて、過去の姿は窺えない。

■子　院■

笠置寺は江戸時代を通してかなりの子院を有していた。記録に残る子院は南笠置村、大和の狭川、柳生に所在して、いずれも笠置寺より徒歩一時間圏内にある。子院の数は宝永《ほうえい》四年（一七〇七年）の資料では栗栖寺《くるすじ》、西福寺《さいふくじ》、西方寺《さいほうじ》、安楽寺《あんらくじ》、東福寺《とうふくじ》、長福寺《ちょうふくじ》、長徳寺《ちょうとくじ》、吉水寺《よしみずでら》、勝福寺《しょうふくじ》、辰巳寺《たつみじ》、福田寺《ふくでんじ》の十一ヶ寺を数える。江戸時代を通しては、この他に神宮寺《じんぐうじ》、念仏寺《ねんぶつじ》、薬師寺《やくしじ》、中宮寺《ちゅうぐうじ》などが記録に残されていて延べ十五ヶ寺が笠置寺の子院となっていた。

それぞれの寺院が笠置寺の子院になった背景や時期も不明であるが、経済基盤に劣る小寺院が、その庇護を地縁的な繋がりのある笠置寺に求めて支配下に入ったものと推測される。地域の有力寺院であった笠置寺が子院を増やしていったのは、本末寺制度を利用して全国の寺院を統制しようとする幕府の政策にも合致するものであった。

笠置寺はこれらの子院に対し藩に代わり、住職交代の承認、寺内の規範、規律の統制、紛争の調停などを行ってきた。子院も本寺の統制下に入ることに抵抗なく、また進んで各種の相談事を本寺の笠置寺に持ちかけるなどお互いに補完的な関係にあった。

例をあげると、住持交代の許可多数、子院住持の宗旨改状の発行多数、子院統合の許裁可、色袈裟着用等の許可（宝暦六年）、子院間の争いの仲裁（宝暦十年）、子院に対する寺内遵守事項の確認を行わせる（宝暦十年）、子院住持の不行届を本寺に報告しなかったことを宮座総代から詫びさせる（明和元年）など多数ある。

しかし江戸末期に至り、笠置寺が経済的にその立場が弱まってくると、子院に対する本寺としての力も弱まり、従来とは逆に子院との調整を藩に依頼するなど、独自の紛争解決能力が減少して、栗栖寺など比較的力の強かった子院が公然と本寺の笠置寺に反抗することが多くなった。

子院の記録は明治四年を最後になくなる。おそらく廃仏毀釈《はいぶつきしゃく》の波がこれらの小寺院を飲み込んだのだろう。現在まで寺院としてその形を残しているのは福田寺と辰巳寺、勝福寺（明治初期に中墓寺として存続）だけであり、後は地域の公民館などとして建て替えられたり（中宮寺、吉水寺）、空き地となったり（西方寺）して寺院の形態を残していない。

和同開珎の鋳造所として有名な笠置の隣町、木津川市加茂町銭司《ぜず》の小高い場所にある福田寺は他の子院とは別格で、明治時代に春見寛全が福田寺の兼務住持であった記録が明治二十一年の什器帳に載っているが、寛全は明治二十六年十一月に亡くなり（福田寺にある墓碑銘）、その後無住となった福田寺は笠置寺の管理に移った。現在も笠置寺唯一の子院として笠置寺が銭司地区に出向いて法要や檀家回りを執り行っている。

■宗派、真言宗への転換■

笠置寺は東大寺が創建されてからは東大寺末寺として発展し、貞慶入寺以降は般若台六角堂の上棟供養の際に興福寺別当の覚憲（貞慶の叔父）が導師を勤めるなど、興福寺との関係が深くなった。その後、宗性が貞慶を慕い弥勒信仰に渇仰を凝らして入寺したが、宗性は東大寺出身であったためこれによりまた東大寺との関係が深くなった。

光明山寺が地元での境界争いに関し東大寺への説明を笠置寺に仲介要請（建暦三年〔一二一三年〕）、大仏殿長日最勝講を勤める僧十二名のうち末寺として光明山寺・笠置寺・崇敬寺から一人ずつ参加（正安元年〔一二九九年〕）、東大寺八幡宮の上棟出席に全山異議無く進んで参加する意向を表明（嘉元四年〔一三〇六年〕）、そして第四章に述べた（一五一頁）兵庫嶋関の徴収事務再開に関する申状では東大寺に本寺、末寺の情を訴える（正和二年〔一三一三年〕）など、東大寺と笠置寺との関係は本末の密接なものとなっていて、これらの流れの行き着くところに元弘の役への展開が待っていた。

元弘の役で後醍醐天皇は東大寺を頼って東大寺東南院に入ったが全山の協力が得られず笠置山に向かった。当時東南院の僧正であった聖尋は笠置寺別当であったため笠置寺に潜幸されたのも自然の流れである。

元弘の役直後、笠置寺が東大寺尊勝院の支配下におかれていたことは既に述べたが、後醍醐天皇側が京都を掌握するや、笠置寺は尊勝院の代官を追放したので、その後は再び興福寺と関係が深くなったことが推測される。

長禄元年（一四五七年）以降、しばしば笠置寺から興福寺大乗院へ巻数（教典を読誦した回数を記録した紙片で、それ自体が護符の性格をもつ）等が献上されている。しかし笠置寺が興福寺の末寺になっていたためか、あるいは大乗院が当時行政機関でもあったことに起因する貢ぎ物なのかは判然としない。

なお寛永《かんえい》十年（一六三三年）に興福寺が幕府に提出した興福寺末寺帳には笠置寺が末寺として記載され、天和《てんな》四年（一六八四年）二月、興福寺が奉行所へ提出した書面にも興福寺の末寺とする記録が残っている（「興福寺書上」天和四年二月）。しかし延享三年（一七四六年）に大乗院別当に提出した「官務興福寺末寺帳」には既に記載から離れている。

それ以前の寛永九年（一六三二年）、幕府が各宗の本山にその末寺の状況を提出させているが、この記録では笠置寺は無本寺で古義真言宗とも報告されている。これらの記録や笠置寺に保存されている江戸時代の記録を総合的に見る限り、東大寺や興福寺との実質的な交渉記録は認められず、笠置寺は江戸時代を通し一貫して真言宗であったことは間違いない。江戸末期まで幕府の寺院宛通達などは高野山から伝えられていた。しかしいつ、どのような事情で真言宗に変わったかは不明である。

現在、笠置寺は新義《しんぎ》真言宗智積院《ちしゃくいん》を本山としている。平成二十一年十二月に発行された智山年表によれば、明治六年十月三十日に福寿院が智積院の末寺になったとされる（後述）。

■法要、檀家とのつながり■

この時代、笠置寺で行われていた法要には次のようなものがある。

正月の法要。一～三日は護摩堂にて護摩法要。五日は本堂で修正会。二月十五日涅槃会。涅槃会には明兆描くところの大涅槃図が参詣人に開帳されていた。七月七日施餓鬼法要、八月三日大般若転読供養、これらが毎年行われる主要な法要であった。これを見る限り、貞慶時代に整備された法会の多くは、元弘の役の戦禍を受けて既に廃れていたことが判明する。

なお藤堂藩には格別の恩顧を受けていたため、解脱上人墓の奥にある初代藩主高虎、二代藩主高次の石碑には七月八日と年末二十五日に笠置寺衆徒が残らず墓参するのを習わしとした。不定期ではあるが毘沙門堂再建入仏供養に際して本尊や霊宝を開帳（享和四年）し、解脱上人六百年忌（文化九年）法事を行うなど、江戸時代の笠置寺は以前に考えられていたより、寺としての体裁を充分に維持していたとみて良い。

嘉永四年に大般若法要の祈祷札を配布している記録が残っているが、配布先を檀家とみなせば南北笠置村、有市、切山、広岡など笠置全域と府県境を越えて奈良県にまで及び、その数四百軒を数えていた。なお現在笠置寺の檀家は南笠置に限定されている。

ただ直接に笠置寺が檀家を擁していたのではなく、麓の子院が檀家の法要などを取り仕切っていた（子院の吉水寺住持が病気のため、本寺として笠置寺が直接檀家の祈祷を行ったことに子院が反発し、笠置寺は強硬派の栗栖寺や西福寺住持を退寺させたことがある。文化十四年〔一八一七年〕）。

江戸時代、幕府は寺院を通して人民支配を行っていたが、笠置寺もその一端を担い、檀徒の旅行に際して身元保証を行い、村外に移り住む檀徒のために宗門送り状を転出先の寺院に出すなど、役所の業務を行っていた。

藤堂藩による寺領の寄進、財政面への支援、要人の来山

■諸堂の整備　藩主の参詣■

藩祖高虎が笠置山を訪問した記録はない。大坂冬の陣が今まさに始まらんとする慶長十九年（一六一四年）十月十三日、高虎は津の本城を発し、十四日に伊賀上野城着、十五日昼には笠置に向けて出立した。笠置本陣の宿泊を予定していたが、脇坂淡路守が着陣していたので下有市にて宿泊し、翌十六日木津に着いている（『高山公実録』他）。天下を徳川に確定させる緊迫した際（大坂冬の陣）であり、笠置山には当然立ち寄らなかった。しかし宿から木津川越しに見る笠置山の姿を目の当たりにしていつの日か登山しようと思ったに違いない。

藤堂藩は「領下の寺並」に厳しい支配を行う反面、没落に向かう笠置寺に対し継続的に財政支援を行ってきた。二代藩主高次以降、歴代の藩主の多くが来山している。なかでも江戸時代を通して笠置寺の財政的基盤を創ったのは、二代目藩主藤堂高次である。

寛永十一年（一六三四年）笠置山に登山した高次は古往の旧記、霊地の景色を高覧し、当寺の歴代にわたる仏法相続を願い、寺領十五石を寄進した。この寄進は「誠に継絶興廃の御政道」であり、「一山の僧徒を歓喜せし」めるもので（『正保版笠置寺縁起』）、笠置寺の財政の安定に大いに役立った。

更に藩はこの十五石のほかにも、修理料、掃除料、鐘撞料として田畑を附置き、境内竹木の維

持費、年に一貫二〜三百目、坊持ちの田地などを公認した（住僧追放の藤堂藩の口上　天和二年〔一六八二年〕）。

一六四〇年代は伊賀大飢饉や日光・家光廟の石垣工事などで藩財政が悪化し、家臣団の窮乏も顕著となっていた頃であったが慶安元年（一六四八年）に再度登山した高次は当寺の零落を嘆き、本尊弥勒石仏の前にある弥勒殿を再興し、香華の施として若干石を寄進した（『笠置山記』一六八九年）。堂内の棟札も「慶安元年戊子八月二日、太守高次様御建立也」と慶安元年に藤堂高次による修理があったことを記している。

なお『正保版笠置寺縁起』（一六四五年）は慶長十五年（一六一〇年）に文殊院住持の真弘が片流れの屋根を持つ礼堂を上棟したとも記す。高次はこの簡素な礼堂を本格的な堂宇に建て直したのであろうか。

藤堂高次再興の弥勒殿は十一面観世音菩薩を本尊とする本堂で、法要は弥勒石を左手横に見て本尊を納める厨子の方に向かって行われる構造となっていた。弥勒石に対面する所は観音開きの扉が特別にしつらえられていて、一応、弥勒像に対する礼堂の形はとってはいたが、全体として堂の体裁は十一面観世音の厨子に向いていたため、礼堂として使われることはなかったようである。戦いで焼失し光背しか残さない弥勒磨崖仏に対しては回向や法会もなく、既に信仰の対象とはなっていなかった。

また鎮守社本殿（椿本殿）も形式手法から見て桃山時代の建築と思われるが、軒まわりなどはやはり藤堂氏の修理の手が入っているものと推定されている（『京都の社寺建築』、京都府文化財保護基金、昭和五十四年）。

藤堂藩は境内の樹木一本たりとも寺の自由にさせなかった反面、継続的に諸堂の維持管理に力をいれた。笠置寺は山上にあって殊の外気象条件が厳しく、梅雨時期の湿気、冬の雪、秋の霧などが建物を傷める。なかでも毎年台風が来襲して堂や坊に大きな被害を与えてきた。その維持管理には大きな資金が必要であるが、寺では到底捻出しきれるものではなかった。そのため笠置寺は建物損傷の都度、城和奉行所に被害状況を提出し、役人の検分を受けて修繕を願うのが常態となっていた。

高次に続いて三代藩主高久《たかひさ》も部屋住みの明暦《めいれき》四年（一六五八年）六月、伊賀滞在中に参拝のため登山している（『永保記事略』）。後年高久は石灯籠代として黄金三枚を寄進した。

宝永元年（一七〇四年）八月、鶴亀の蒔絵を配した黒漆塗りの美麗な箱に収められた解脱上人直筆の『地蔵講式』一軸と上人所持の鈴が四代高睦《たかちか》によって寄進された（『永保記事略』。寄付状原本笠置寺保管）。この『地蔵講式』は現在国の重要文化財に指定されている。

七代藩主高朗《たかほら》は元文《げんぶん》四年（一七三九年）九月、伊賀へ越国（藩主が津の本城から伊賀の出城に行くことを越国と称し、通例二年に一回、九月に行われていた）した際に参詣（『永保記事略』）。

九代高嶷《たかさと》（高敦《たかあつ》改め）は安永《あんえい》六年（一七七七年）九月に参詣した（『庁事類編』）。高嶷は笠置登山を機にその年の十二月に石灯籠一基を寄付した。この立派な一対の石灯籠は今も苔むしたまま椿本神社の社前に据えられている。

文化《ぶんか》十年（一八一三年）九月、十代藩主高兌《たかさわ》が妾腹の子である雅七郎を伴って登山した（『庁事類編』）。参詣の前月に修理料として銀が差越されている。

十一代高猷《たかゆき》は文政《ぶんせい》十年（一八二七年）に数百人の従者を引き連れて笠置山を訪れた。高猷は藤堂藩最後の藩主であり、その時弱冠十一歳。明治二十八年まで生存していた。儒者の斎藤拙堂《さいとうせつどう》はこの登山に随行して『陪游《ばいゆう》笠置山記』を著わした。高猷は嘉永《かえい》二年（一八四九年）に大般若経六百巻を寄進し、安政二年（一八五五年）四月にも城和領下巡見の際、再び笠置を訪れている。

斉藤拙堂の『陪游笠置山記』によると、藩主一行は九月十五日夜、伊賀上野の城を出て翌十六日笠置に到着した。一休みした後、藩主は狩りの服装に着替え、木津川南岸に渡り十丁ばかり登って福寿院に入って休んだ。ここで拙堂は藩主に『太平記』のうち、足助次郎の活躍や奈良般若寺の僧が巨石をもって賊軍を粉砕する一節を読み聞かせている。一行は福寿院を出て解脱鐘、椿本神社から薬師石、文殊石、弥勒石を見学し、虚空蔵石、胎内くぐり、太鼓石、平等石、ゆるぎ石、貝吹岩などの名所を巡り、山頂の行在所に至って楠木正成を偲んだ。貝吹岩では用意されていたテントで休憩をとったがこれは歴代の藩主等と同じであった。その後、山を下り木津川で鯉を取らせ酒宴をはった。拙堂は元弘の戦では伊賀伊勢の兵が後醍醐天皇側に多数ついたので、現在の従者の中にもその末裔がいることだろうと感慨にふけっている。

拙堂の紀行文は藩側の記録であるが、反対に笠置寺側の接待の様子を見る史料もある。以下は文化十年（一八一三年）秋、藤堂高兌の笠置山登山に際し、事前に、安永六年（一七七七年）の九代高嶷登山の先例などを参考にして、加判奉行所に接待方法を問い合わせたもので、これにより当時の藩の要人への対応方法などが判明する。その案は以下の通りである。

まず住持たちは福寿院から五分ほど麓に下った上の辻堂まで要人を出迎えに上がり、それより先導して福寿院で少憩を願う。住持たちが玄関前で下座するところ、殿様は駕籠よりお出になり、住持は殿様を毛氈敷の福寿院座敷上段の間へご案内する。殿様は先詰衆が待つ中を着座される。取次を経由してあらためて福寿院、多聞院は御機嫌伺いをし、住持はその後、お茶、お菓子を差出す。なお、文殊院は文化八年に住持に不祥事があり、この時、無住となっていた。

山内を巡る際は先に立って案内をし、本堂で藩主寄付にかかる品々を御覧に入れ、その他の宝物を並べて置いてご覧いただく。それより本堂から千手窟、両部石、虚空蔵石、胎内くゞりまで案内し、蟻の戸渡りに進む。なお平等石の辺りは現在と異なり一般の人の立入が困難な難所であったため、殿様には遠望していただくに留め、蟻の戸渡りから引き返して椿本神社の後手より笠置石に至り、その後背後にある皇居跡で後醍醐天皇を偲んだ後、貝吹石へ向かう。ここは景色が良く、当時休憩場所となっていた。この貝吹岩横の広場に幕を張って、トイレの設備も整え、お茶、お菓子でもてなす。

山を一巡してお帰りの節、福寿院へ再び立ち寄ってもらってお茶、お菓子の接待をする。下山の際は上の辻堂までお送りし、直ちに北笠置に設けられた本陣へ出仕して来山のお礼を申し上げる。以上が接待の案である。

次は境内整備、村方への指示など。文政十年九月十六日の十一代藩主高猷来山については村方の準備対応に関し詳細な記録が残されている。一端を紹介しよう。

先代高兌の参詣から十四年しか経っていないが、建物などについてかなり大がかりな修理が検討された。要人が来ると便乗しての修理がなされるのは今に限ったことではない。麓からの歴史ある八丁坂の整備、上人墓の奥まったところにある藤堂高虎、高次両藩主慰霊碑の整備、本堂の畳替え、護摩堂瓦屋根の一部葺き替え、藩主が通る一の木戸、二の木戸にある堂の修理、当時茅葺きであった福寿院屋根の葺き替え、畳替え、襖、障子張り替え、壁の一部塗り替え、竹垣修理などが計画された。八月十九日、見分に来た藩出先の奈良古市の役人は福寿院のトイレの下に蜂の巣があるのを見つけ取り除くよう指示するなど細かいところまで気を配っている。

御座所となる福寿院には麓の有力者から拝借した金屏風一双が床の間に置かれ、借り物の毛氈が敷かれた。茶道具や掛け軸も古市役所からの借り物である。荒れが目立ってきた庫裡には藩主を迎えるに足る設えも体面も自力ではできなかった。

境内整備の作業を行ったのは麓の住民である。本陣となる木津川対岸の役所と山上との連絡、物資の荷揚げや荷下ろし、木津川の船遊びの御座船の整備、普請見分の役人の世話、借り物の夜通しの見張り、すべてを村民が行った。若干の手当は出たであろうが、秋であり田や山仕事が忙しい村民には相当の負担となったことであろう。

参詣の当日、無足人（在郷の士族）は羽織脚絆脇差で道中の警備に目を光らせ、庄屋、年寄なども羽織袴にてそれぞれの持ち場で藩主の参詣を陰で支えた。食事の給仕人には十四・五歳くらいの見苦しくない者（男四人、女二人）を選び、藩主が舟に乗る際に手助けするものにも同様の配慮をするなど相当神経を使った対応を行った。

藩主の来山直前には奉行所から麓の村々へも詳細な触れが出されている。当日公儀などの御用船以外は笠置浜に置くことは禁止、食事の支度は朝の内に済ましておくこと、煙を立てないこと、頭に被り物をつけないこと、殿様がお通りになる際は戸障子を明けておくこと、お通りの際は土間へおりて待つこと、かりそめにも外を覗き見しないこと、本陣の置かれる笠置浜近くの家は障子を立てておき、外へは出ないこと、鉄砲を撃たないこと、見知らぬ者がいたら、被り物を取らせその場所に座らせておくことなどで、不測の事態の生じないように村々へ周知徹底を期している。

天保十二年（一八四一年）九月、藩主藤堂高猷が城和巡見するについての関係記事「城和御巡見ニ付諸事手配帳」が春日若宮文書に残されている（『加茂町史』）。藩主がこの時再び笠置山に登山したかどうかは不明である。

■藩主以外の人々の来山■

慶長九年（一六〇四年）九月、まだ笠置寺が藤堂藩の支配下に入る以前ではあるが、板倉伊賀守（慶長六年〔一六〇一年〕、京都奉行。同八年伊賀守に任ぜられ、京都所司代に就任）が笠置寺に参詣し、山林竹木を寄付した（『正保版笠置寺縁起』）。

笠置山には老中や京都町奉行など幕府の要人も数多く来山しているが、いずれも平安、鎌倉時代のように、弥勒信仰から登山したものではなく、元弘の役の旧跡を訪ね、珍しい巨石を見物するためであった。記録に残る要人のリストをあげると、以下の通りである。

慶長九年九月	京都所司代板倉重勝	『正保版笠置寺縁起』
寛永二十一年二月	前近衛殿桜の御所	〃
享和三年三月	京都町奉行森川俊尹	寄託文書一三三
享和三年三月	伏見奉行加納久周	寄託文書一三四
文化二年四月	京都町奉行曲淵景露	寄託文書一四一
文化十二年八月	老中酒井忠進	寄託文書三一〇
天保二年八月	作事奉行梶野良材	笠置紀行
安政二年二月	目付大久保忠寛	寄託文書二六二
安政四年十二月	老中脇坂中務大輔	寄託文書二八二

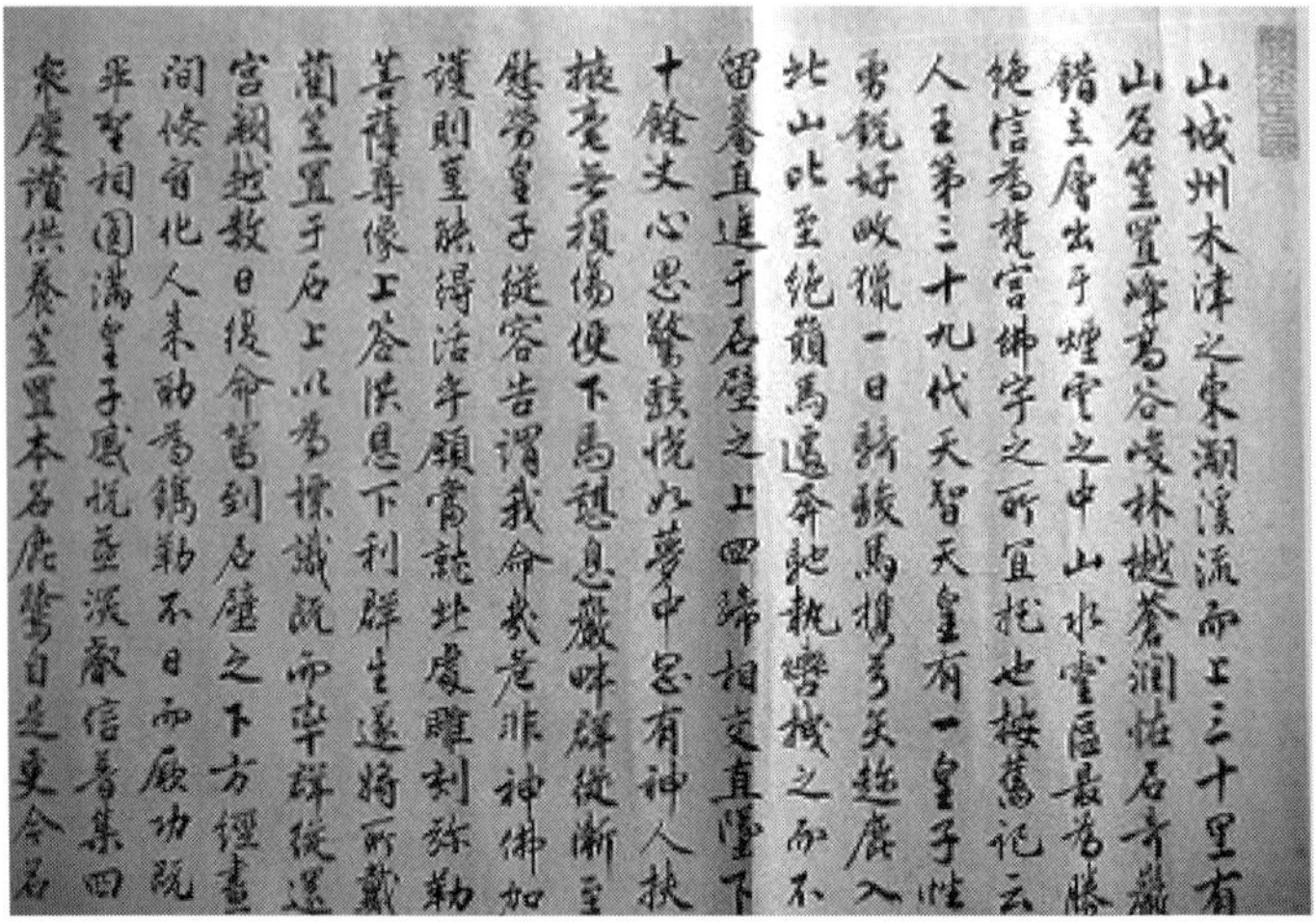
山城州木津之東溯溪流而上三十里有
山名笠置峰高谷峻林樾蒼潤怪石奇巖
錯立層出乎煙雲之中山水靈區最為勝
絶信為梵宮佛宇之所宜托也按舊記云
人王第三十九代天智天皇有一皇子性
勇鋭好畋獵一日騎駿馬携弓矢逐鹿入
此山比至絶嶺馬遂奔馳執轡械之而不
留暮直進乎石壁之上四蹄相交直墜下
十餘丈心思驚駭恍如夢中忽有神人扶
掖處無損傷便下馬憩息巖畔群從漸至
護則皇駭得活乎願當就此處雕刻弥勒
慈尊皇子從容告謂我命數者非神佛加
菩薩尊像以答洪恩下利群生遂將所戴
笠置乎石上以為標識既而率群從還
宮翻越數日復命鴛劍石壁之下方經畫
間倏有化人來助為鐫勒不日而厥功既
畢聖相圓滿皇子感悦益深敬信為集四
衆慶讚供養笠置本名鹿鷲自是更今名

月潭道澄による『笠置山記』(笠置寺所蔵)

月潭道澄《げったんどうちょう》

黄檗宗《おうばくしゅう》の僧、月潭道澄は貞享《じょうきょう》四年（一六八七年）春、笠置山を訪問して笠置寺の歴史に思いを馳せた。弥勒像は戦禍に遭って既にその尊容は隠されたが、弥勒石はなお厳かで気高く、法身も常在し、風霜を経ても滅びず今後も不変である。もし高僧出現すれば弥勒の慈顔が現れて、笠置寺は再興され人々を救済するであろうと述べる。

笠置寺の旧記が虫害により破損してくるのを憂へた文殊院住僧の依頼によって道澄は旧記を重製し、笠置寺の変遷と将来を端正な楷書体で記して、これを『笠置山記』と題した。なお道澄は『笠置山十題』と題した七言絶句の格調高い漢詩をも残している。これらはいずれも笠置寺の収蔵庫に見られる。

津坂東陽

津坂東陽（孝綽）は藤堂藩の儒者。格調高い名文で笠置山を紹介する。享和元年（一八〇一年）夏、笠置山に遊んだ。津坂は友人の機宗禅師と相語らって登山。午後に上野を発ち、夕方に笠置に至る。翌早朝、地元の案内人を先頭に登山を開始。名所巡りをして山上からの景色を楽しんだ。下山後、木津川に舟を浮かべ、鹿ヶ淵の上流まで遡り、川岸の巨岩や急流の有様に喝采し、今を盛りのツツジを愛でたのち、午後四時頃、舟を返して降り出した雨の中を伊賀上野へと帰途をとった。途中豪雨となり、午後九時頃になってやっとの事で上野の城門に入ったとある。これだけの行程を一日でこなしたのだから昔の人は健脚である。

笠置の景勝は大峰山にはかなわないという者があるが、大峰は健脚でなければ入山できない。その点、笠置山は里に近く登ることもたやすい。登ればわずかで、その景勝は人の目を奪わせる。他にこのような山があろうかと孝綽は絶賛する（全文を史料編に掲載）。

頼山陽

頼山陽は文政十二年（一八二九年）四月、笠置に居住する山陽の弟子、大倉笠山宅に泊まり、笠山の案内で笠置山に登山した。その帰途、「笠置山　元弘の行在所を観て作れる歌」を作っている（岩波文庫『頼山陽詩抄』に収録）。

芭　蕉

芭蕉は衆知の通り笠置からそう遠くない伊賀上野の出身である。元禄七年（一六九四年）九月八日、支考《しこう》、素牛《そぎゅう》、実家の又右衛門と江戸から戻った二郎兵衛も加え伊賀より難波津への旅に出た。伊賀上野より笠置まで歩き、笠置から加茂まで河舟に乗って下った。この時、笠置から少し下流の銭司

を通り、その際、山の腰がすべて蜜柑畑であったので、

山はみな蜜柑の色の黄になりて

の句を作った。同行した支考の『笈日記』によれば、芭蕉はまた「かさぎの峰は誠におしむべき秋の名残なり」といったそうである。芭蕉がこの時、笠置山に立ち寄っていたならば後世の人に膾炙するような名句を残していたであろうに。

惜しむらくは、芭蕉はこの難波津への旅で病に倒れ、元禄七年十月十二日「旅に病で夢は枯野をかけ廻る」の句を残してこの世を去ってしまった。伊賀上野から一日行程にある景勝の地、笠置をなぜ芭蕉は訪れなかったのか。奥の細道まで踏み分けた芭蕉にしては至極残念なことである。

高山彦九郎

延享《えんきょう》四年（一七四七年）生まれの高山彦九郎は新田義貞配下の武将の血を引く。幼少の頃から『太平記』に親しみ夙に勤王の志を有して幕末の尊皇思想に大きな影響を与えた人物である。彼は安永三年（一七七四年）に伊勢から奈良へ抜ける途中で笠置山に立ち寄っている（『甲午春旅』）。

吉田松陰

吉田松陰は嘉永六年（一八五三年）伊賀街道を東に向かったが、この頃海外に目が向いていた寅次郎には、南北朝の遺跡は興味がなかったようで、「笠置、後醍醐天皇の行在、山勢頗る険」と記すのみで、登山したか否かも判然としない（『嘉永癸丑吉田松陰遊歴日録』）。

伴林光平

一八六四年、天誅組の変に荷担して京都で斬首処刑された国学者、伴林光平は安政六年（一八五九年）、梅の名勝、月ヶ瀬で観梅の帰途、笠置を通過して『月瀬紀行』を著した。柳生から山伝いに笠置山へ向かおうとして道を誤り笠置山の南面の谷に下った。光平は途上行場である「打滝」に生育する桂の大木に出会って、この大木が太陽の方にではなく笠置山の皇居になびくという言い伝えに興味をもつ。

頼山陽も含め勤王の志を持つ人士にとって江戸時代から第二次大戦終了まで、笠置山はその思想を具象化するシンボルであったのである。

オールコック

面白い人物が笠置を通っている。イギリスの初代駐日公使オールコックである。彼は安政六年（一八五九年）から文久二年（一八六二年）にかけて日本に滞在、その間、文久元年（一八六一年）に船で下関、大坂を訪問した。帰途は陸路をとることとなったが、摩擦を避けるためか、天皇のいる京都を避けて奈良で一泊し、伊賀街道を東にとって江戸に向かった。

当然、距離からいっても、宿泊の設備からいっても奈良の次は上野に泊まる処であるが、一行は予定を急遽変更して笠置の先の島ヶ原本陣に宿泊した。城主高猷がお膝元に外国人が宿泊することを心良く思わなかったのであろう（オールコック『大君の都』）。

島ヶ原本陣には文久元年（一八六一年）五月十四日に英国人二人と中国人の料理人一人、ロシア人三人が止宿した記録が残されている（「島ヶ原本陣御茶屋文書」）。

元弘の役戦跡としての笠置山

平安時代、弥勒信仰を支えていた末法思想は、鎌倉幕府の権力が確立し社会が安定した頃には既にもう遥か過去のものとなっていた。平安貴族にとって弥陀の浄土と並んで渇仰の対象であった弥勒の浄土は、「ミロクの世」を待ち望む一部民衆の土俗に類する信仰としてその残滓を留めているに過ぎなかった。

江戸時代は武家の世である。笠置山は弥勒信仰の地としてよりも、『太平記』に描かれている楠木正成や山上での戦いなどを通して、元弘の役の戦跡として人々に知られていた。笠置山を訪れる人々は弥勒信仰に引き寄せられて登山してくるのでなく、後醍醐天皇の遺跡を訪ねる観光客として登山する方向に変わっていたのである。

江戸時代に笠置山を詠んだ川柳、和歌、俳句を挙げる。やはり元弘の役に関するものばかりである。

笠が破れて後醍醐も袖の雨　江山
笠置落チ諸卿も袖に一と時雨　烏水
御不運さ笠置で雨を凌ぎかね
御たまりハないとかさぎのみことのり

にげ足に笠置の城を一首よみ
よむたびにいつも袂をぬらすかなかさぎの山の雨の夜あらし　太平記を読みて　経平
笠置山あすのしぐれをさきだててみだるる雲にあらし吹くなり　晩秋過古戦場　加納諸平

弥勒信仰が人々の心から離れていった背景には尊皇思想の台頭による影響もある。本居宣長（一七三〇～一八〇一年）は『古事記』の研究に打ち込み復古主義を唱えた。これは平田篤胤（一七七六～一八四三年）の復古神道に受け継がれ、尊皇思想と国粋主義を発展させることとなった。また水戸学の尊王論、頼山陽の『日本外史』等が尊皇思想を説き、天皇の権威を高める環境を醸成していった。これらが天皇親政となった建武の中興を理想の統治形態とし、後醍醐天皇と敵対していった足利尊氏の対極に楠木正成や名和長年を置き、彼らを忠君愛国のシンボルに祭り上げ、武家の鑑とした。幕末が近づき、天皇の存在が大きなウエイトを持つに至り、後醍醐天皇を取り巻く武将が活躍した舞台となった笠置に人々の関心が集まるのは当然であった。時代の変遷は、人々の注目を弥勒仏の笠置寺を元弘の役戦跡の笠置山へと変えたのである。

江戸後期、衰亡へと向かう笠置寺

藤堂藩から十五石の財政的援助を受けた笠置寺が、なぜ幕末には無住がちの寺院となってしまったのか。これまで総論的に笠置寺を見てきたので、ここでは寄託文書を中心に笠置寺を取り巻く具体的な事例を通して時系列的にそれらを浮き彫りにしてみよう。

・天和二年（一六八二年）九月　多聞院、知足院住僧が追放さる（『宗国史』）

笠置寺が藤堂藩の傘下に入って六十三年目、笠置寺は藤堂藩の譴責に遭い、藩支配の厳しさを痛感したことは既に述べた。

・宝暦十年（一七六〇年）二月　狭川村九頭大明神《くずだいみょうじん》遷宮に関して子院間に生じた軋轢の仲裁

狭川村（現在奈良市）に所在する九頭大明神は宮座を組成して数年に一度遷宮を行ってきたが、遷宮に際して、宮寺である子院間に争いが起きた。明治時代以前は神仏習合の時代であり、笠置寺も子院を通じて集落の神社とも繋がりを有していて、神事も笠置寺僧侶として取り仕切っていた。

この争いを仲裁して「本社、末社とも順番に遷宮に務めるよう強く申し渡す。大切な氏神を争論にかまけて修理を数年も行わないのは神慮の恐れを顧みない我が儘の働き、甚だ以て不届きの至りである。早々に村々打ち寄って遷宮を行い、氏神の修復に急ぎ取りかかること。以上一山評議の上申し渡す」と、関係する子院や神社氏子に厳しく申し渡し、山上に呼びつけられた庄屋をはじめとする関係者はそれを受け入れ、各自示達の文書に連印している。

・宝暦十年（一七六〇年）三月　笠置寺子院に対して、本寺笠置寺から子院の遵守事項等についての定めを発行

内容は華美な衣などの禁止、勤行、道場の荘厳、年忌法要の内容、僧侶の作法など細かく多岐にわたっている。この後も時々子院に触れを出し、子院住持のサインをとって遵守事項を確認させていた。まだこの頃は本寺としての威厳や格式を保っていたのである。

・明和元年（一七六四年）九月　年貢延納願い

笠置寺三坊はそれまで遅滞なく年貢を上納していたが、米のほかに貴重な収入源であった竹が享保以降自然に枯れたり、あるいは大雪のため商品とならず、年貢の支払いに事欠くようになったため所有田畑からの収入明細を付した上、上納不足分について七年間の宥免を願い出ている。この時以後、笠置寺の窮状を示して年貢の延納や免除を願い出ることが頻繁に行われるようになった。

田地からの収入が減少していった原因は、その多くが山間に位置し地味が劣り、自然災害に弱かったこと、猪や猿の害が大きかったこと、住僧に管理能力が不足していたことなどが挙げられている。

・安永七年（一七七八年）十二月　多聞院破損のため修復助成願い

多聞院が甚だしく破損が進んでいた上に住持が病になり、更に十年間にわたり放置されたため屋根瓦は落ち重なり、極めて危険な状態になったので修復の助成を願っている。

自然条件が厳しい山中の寺院であるため、この後、何度も堂の修復願いが提出されている。特に台風による被害が多かった。意外にも火災による修復は少なく、寛政九年（一七九七年）に多聞院持仏堂の焼失が記録されているだけである。

・文化九年（一八一二年）三月　解脱上人六百年忌法事が執行さる

解脱上人の遷化は建暦三年（一二一三年）二月で、笠置寺では当初六百年忌を文化八年（一八一一年）に行う予定で準備を進め、文化七年十一月に奉行所へ願い出て法要の執行と通知の建札の許可を受けていた（『庁事類編』）。

ところが文化八年一月に文殊院住持耕道に不祥事あり（内容不明）として追及されたため、文化八年に予定した六百年忌を取り止めた。しかし同年一月二十日に耕道が入牢処分となって事件が決着したので、その直後の一月二十四日に法要許可が出され、年忌を一年遅らせて文化九年三月に執行することとした。

そして法事と毘沙門天開帳の建札願いを京都、大坂、奈良の各奉行所へ出す手筈となったが、事態は簡単には展開しなかった。京都町奉行所に建札の許可願いをだしたところ、法要の許可願いが先だとして交渉が難航し、折衝にあたった福寿院の対応を加判奉行所の問題とするところとなり、謹慎処分に処せられたのである。

更に年忌法要が終わってホッとしたのも束の間、建札願いでいろいろ確執のあった京都町奉行所に法要終了の挨拶と建札引取りが遅れてしまったため、役所の叱責にあうという問題が生じた。一件の綴じ込み書類の最後の書類は惣代として役所の折衝窓口となった福寿院に代わり多聞院が作成したが、最後の文面には役所との折衝が「殊外六ヶ敷相見申候」と記されている。実感であろう。

当時文殊院住持は不祥事で無住であったので、交通や通信手段が不便なこの時代に二院で奈良、京都、大坂とまわりながら、伊賀上野の加判奉行所へ逐一報告を続けていた住持たちは大変な労力を強いられたと思われる。これ以後もなにかと藩から住持たちの言動が問題視され、その都度住持の権限は縮小される一方で、その分村方の意向が寺院運営に大きな影響力を与えることとなる。

・文化十二年（一八一五年）辻堂無断売却の世話人たちについて役所に吟味方願い出

子院の留守居役が村の辻堂を無断売却し、それに世話人たちが同心するのは本寺をないがしろにするものであるとして世話人たちを召し出し、吟味のうえ売却を取り止めさせて欲しいと役所へ願い出ている。力があった頃は末寺僧の身の処し方、衣の色まで統制したり、子院住持の不行届を本寺に報告しなかったことについて総代に詫びを入れさせていた。しかし時代が進むと、本寺が寺の一部を無断で売却される事態に陥って藩の権威に頼らざるを得なくなったのである。

これは文化年間頃から住持の交代が激しく、坊が無住になることもあったため、子院などに対する権威が届かなくなってきたためであると考えられる。

・天保二年（一八三一年）七月　山林藪等の支配を笠置寺から取り上げ、庄屋、年寄に与える

福寿院住持円成が、天保二年二月に許可を得ないで寺の樫の木を売却してその代金一両にて杉桧の苗を買った事を糾問された。その結果七月には山林藪等の処分権限が取り上げられて庄屋年寄の手に渡った。この時より枯木等はすべて村の庄屋や年寄の手によって入札、売却され、その結果を役所へ報告するのが通例となった。これにより笠置寺の力はその分後退したのである。

・天保三年（一八三二年）十月　文殊院秀栄退院願の一件

文殊院秀栄は老齢、病身のため多聞院へ住持辞任の意向を伝え、柳生にあった子院、中宮寺へ移り住んだ。しかし笠置寺住持は入退寺とも役所へ願い出ることが必要でありかつ子院住持との兼務も認められていないため役所の叱責にあった。

これに対し、多聞院住持光厳が秀栄の心得違いを責めて、文殊院を退院させ城和領内で住職はさせないと、藩の処分を待たないできつい処分を申し出た。一方、南笠置村の庄屋と年寄がこの厳しい処置をなだめて、秀栄は多聞院に退院を申し出たことで一件落着と考えていたことは心得違い、他寺との兼住も不埒の至りではあるが、これまで通り文殊院住持としておきたいと役所へ取りなす形を取った。藩の処分が下る前に三者筋書き通りに動いたのである。

処分の文書は残っていないが、この事件後も文殊院秀栄の名が文書に出てくるので、おそらく謹慎の上、引き続き文殊院住持として残ったのであろう。

それにしても、村方に不祥事の幕引きのシナリオを依頼するのは笠置寺住持の権威を失墜させるものといわざるを得ない。住持の信用がなくなり、村方管理が強化されてきたのはこの頃からのようである。

・天保三年（一八三二年）十一月頃に本堂、護摩堂、多聞院、文殊院について什物帳《じゅうぶつちょう》が作成さる。

この頃は笠置寺三坊共、住持の入れ替わりが激しい時で、什物帳が作成された目的は笠置寺管理のための組合に什物を引き渡すことにあった。笠置寺住持たちに信用がなく、相当の小物に至るまで確認の上、作製されている。なお福寿院についても作成されたか否か書類が残っていないので不明である。

当時の笠置寺三坊は、文殊院秀栄が勝手に住持を辞して柳生の子院に移って心得違いの廉で叱責を受け、福寿院住持円成は立木無断売却で罪を問われて当時表だった活動はできず、多聞院光厳はこの什物帳が出来上がると共に、住持職を辞任（翌々月の十二月から「多聞院無住中過米積立勘定帳」が始まっている）するなど天保二年から四年にかけては三院の住持とも問題を起こし、村方支配が一層進んだ時期であった。什物帳に文殊院が代表して印を押し、本来統治される側の子院西福寺が笠置寺末寺総代として名を連ねていることにも注目すべきである。

以上、天保年間を通して見ると、文殊院は問題含みではあったものの秀栄が長期間にわたって住持を勤めてきたが（秀栄は天保三年から十年まで住持）、福寿院は天保三年八月から四年、七年から十三年にかけて無住、多聞院は天保三年から六年に無住であった。住持補充のため不適正な人物を住持が推薦することもあり、住持候補に対し村方が否定的な意見を出して住持就任が実現しないケースも生じた。

・天保三年（一八三二年）十二月　多聞院無住中の資産積立

天保三年から六年までの余剰米を銀に替え、その資金を庄屋その他南笠置村の有力者が預かって年六〜七分の利息を付して加算していった年毎の計算書が残されている。この記録は天保三年（一八三二年）から明治四年（一八七一年）まで継続しているが、この期間すべてにわたり多聞院が無住であったわけではない。天保五年の笠置寺所有田畑山林が村方へ預けられた事と併せて、寺の財産管理が定住しない笠置寺住持から村方に移った証である。

福寿院についても天保八年から同様勘定が作られている。収支報告は厳密に管理され、藩（古市事務所、大庄屋）の目も通され、明治二年の藩籍奉還後、明治の世の四年末まで続いた。

多聞院の天保六年の運用銀、三百五十一匁四分四厘は村方有力者によって運用され、その利息は元本に組み入れられて、三十四年後の明治元年には二貫百七十六匁と六倍にのぼっていた。笠置寺の財政が全く破綻していたわけではなかった。逆にこの積立金は明治九年に入山した丈英の手によって笠置寺が再興されるにあたっての資金として使用され、村方へ預けた田畑山林の買い戻しの一部に使われたのではないかと推測する。

・天保五年（一八三四年）二月　寺所有の田畑等村方へ譲渡

窮状に陥った笠置寺がこのままでは寺の存続も覚束ないため、苦肉の策として所有する田畑山林藪すべてを三十年間村方へ預け、年貢の負担を免れようとした。この件が実行に移されたことは、嘉永元年（一八四八年）七月に一度村方へ譲渡した土地の一部、田九畝十五歩を稲荷社再建のため、銀二貫目で笠置寺に戻した証文で裏付けられる。

田畑だけではなく、天保十二年（一八四一年）の記録では多聞院毘沙門天堂までも村の有力者たちによる講中が管理し、その修復の資金を軍書語りの興行により捻出することを企画している。この頃、多聞院には住持がいなかったのか、あるいは住持に堂の管理が任されていなかったのだろう。

・嘉永四年（一八五一年）八月　三坊住持が村方に大般若祈願の修行を恙なく遂行する旨の一札を入れる。

嘉永二年（一八四九年）、藩主高猷から大般若経並びに本尊十六善神一軸の寄進を受け、二年後には村方からも永久大般若転読料として田地を寄進されて、笠置寺は村方に大般若祈願の修行を恙なく遂行する旨の一札を入れた。この一札は「永久大般若転読掟」という表題で、万一勝手気儘に行動して、掟の通りの転読修行を怠ることがあれば供料の田地からの上がりは渡さないというもので、そこには相次いで寺を離れていく笠置寺住持に対する村方の不信感情が表れている。この「掟」には福寿院南海、文殊院法全、多聞院智観の三住持がサインをしている。

・嘉永五年（一八五二年）四月　藩に銀三十貫目借用を願い出る

経済的窮状にすべての資産をなくした笠置寺は、最後の策として藩に三十貫の銀借用を願い出た。この借用願いには困窮する江戸時代末期の笠置寺の様子が浮き彫りにされているので、その要旨を記しておく。

笠置寺は元和五年（一六一九年）藤堂藩の傘下に入り、藩主の帰依を受けて寛永年中に堂社の建立、寺領高十五石と山林境内の寄付を受けたが、寺領は奥山の谷田で地所も悪く不作となることが多い上、僧侶には田畑山林の経営が不得手で年々収入が減り、天明年中には年貢上納米が六石余も不足するようになった。加えて文政年間には、住持が一年か二年で退院したり逐電したりすることが多くて山内は甚だ取締が行き届かぬ状況となった。そのため天保六年（一八三五年）に寺中持高の田畑、一山所有の山林、藪も一緒に八十年間に期間を限定して、村方預りとし、年貢も村方より上納するこ

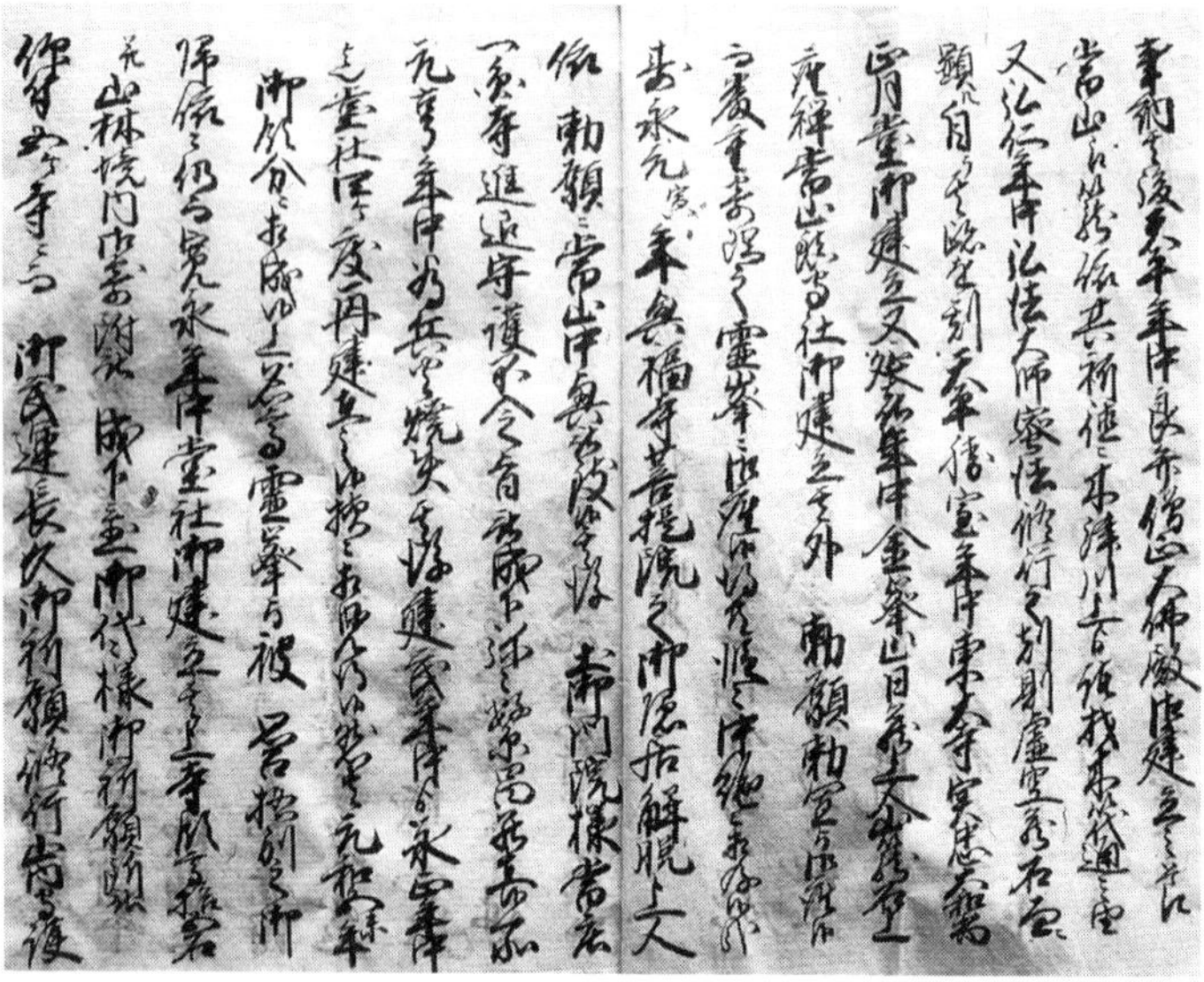

藩に銀三十貫目の借用を願い出る文書（山城郷土資料館寄託文書）

ととなった。

「藩主の手厚い支援にもかかわらず、世に名高い霊峰が段々零落していくのは恐れ入るが、只今の笠置寺は下男一人も抱えられず、僧侶も何分独身の年寄りで寺の相続は困難であることは慚愧にたえない。住持も当座の事ばかり考え、自分一身の勝手のみで行動し、山内は申すに及ばず、寺坊に至るまで等閑の致りにして自然と破損の所等多く山内は見苦しくなり、その度に苦しい事情を述べ願いあげるばかりである。

　何とぞこの笠置寺が名高い霊山にふさわしく続いていくよう、時節柄も顧りみず銀子三十貫目、嘉永五年（一八五二年）より十年間、無利息にて借り入れたい。その資金は、南北両笠置村村役人たちが引請け、両村有力者が一定割合で運用して十年後借入銀子三十貫目を返済することとしたい」

と願い出た。

この願い書は歴代住持をも厳しく批判し、名高い霊峰を預かりながら零落に陥れた責任を述べており、当代を含めて歴代にわたる笠置寺住持の自己批判の書でもあった。村役人が提出した引受書も、寺を支える住持が自分一身のことのみ考え、山内はもちろん、寺詣に至る迄、等閑にして衰微に追い打ちをかけ、目先のことしか考えていないと厳しい批判を行っている。

元本の運用益で諸経費を賄おうとしたこの試みは却下されたのかこの一件に関する文書はその後全く現れない。しかしこの願い書は既に全ての資産を村方に譲渡して残る財産もない笠置寺が、村方有力者の信用を当てにして立ち直ろうとする最後の努力であったのは間違いない。

安政元年（一八五四年）六月、安政の大地震

笠置寺がこのように苦境に陥っている最中のこと、更に追い打ちが来た。鎖国の中で太平を謳歌した徳川の世も列強各国の開国強要により騒然となっていた安政元年（一八五四年）六月十三日、突如襲ってきた前震は、人の世の混乱に合わせるかのように、十五日深夜一時から二時にかけてと早朝六時から七時に、前震とも本震ともつかない大きな地震を引き起こした。長時間にわたって大地を揺らした原因は木津川断層（上野盆地北側の多羅尾方面の山々が断層崖）、桑名四日市断層、花の木断層という三つの断層が同時に活動したことに起因する。震源地は伊賀上野、笠置町の隣村である南山城村と推定されている。

世に安政の大地震といえば安政二年十月に発生し、江戸城にも大きな被害を与えた安政江戸大地震を指すことが多いが、安政年間には日本列島全体で大きな地震が多発していた。笠置山を揺るがした大地震は一連の大地震の先駆けとして江戸大地震の前年に発生した。安政への改元は七月である。地震の発生は嘉永六年六月のため、本来は「嘉永の大地震」であるが、その後全国で発生した地震と併せて「安政大地震」と称されている。

この広域地震で山城、大和、河内、和泉、摂津、伊賀、丹波、近江、越前、紀伊、尾張の諸国で大きな揺れが感じられ、特に震源に近い伊賀上野、四日市、奈良、大和郡山付近は大きな被害を受けた。そのエネルギーはマグニチュード七・三と推定されている。因みに平成七年の阪神・淡路大地震

はマグニチュード七・三、平成二十三年の東日本大地震は九・〇であった。伊賀上野の藤堂家本丸も崩れ、城内で二一〜三百人が死亡、伊賀町内でも死者多数といわれた。

震源に近い笠置から上野、島ヶ原、大河原の辺りはとりわけ被害が大きく、山々から大石が転がり出て人家を押し潰し、所々より泥水が一メートル近く湧き出して家や田畑共泥に浸り、または地中へめり込む家も生じた。木津川も山から転げ落ちた巨岩によって川の流れがせき止められて所々淵のようになり、往来は六月二十三日頃まで通じなかった。

ほぼ地震から一年後、伊賀上野を通りかかった幕末の志士、清河八郎は「昨年六月の地震にて大破損、市中見るものなし。城楼は不残崩れ、家中のもの処々に材木などあつめ出るにあふ。此中少しひらけたるところにして、城のうらより壱里ばかりへだてたる山々、地震にて突きいだし、山下にあらたに池をいだせり。誠に天地変動の事どもにて、死人も多くありしとぞ」という。

笠置寺も震源地に近かったため被害は大きく、この地震は衰微に向かっていた笠置寺に大きな打撃を与えた。

倒壊した建物は三ヶ院の坊、宝蔵、護摩堂。倒壊には至らないまでも大破した建物は本堂、鎮守社、鐘楼と、無事だった建物はほとんどなかった。住僧も山上に住む場所がなく一時期、麓の末寺に仮住いを余儀なくされた。

建物以外では石造の十三重塔も崩れおち、笠置山名物の巨石も数多く崩落した。胎内くぐりの天井の巨石も谷底に転がり落ちた。旧道七丁目上にある元弘の役戦死者名を刻んだ名切石の巨石も九十度回転してかろうじてとまったが、名を刻んだ面は土中に埋没して読みとることができなくなってしまった。高台にある多聞院を囲んでいた石垣も崩落した。

■地震により被害を受けた坊の再建■

このように大地震の被害を受けて笠置寺は藩に再建の願いを行ったが、震源に近い伊賀上野の本城も城下町も大きな被害を受け、城内片付けまで半月、城内主要部分の建替え完了が十一月、一年経ってもまだ城内外の普請が続いていて、他所からの諸職人の入りこみが禁止されたのは安政三年八月になってからであった。このように上野の城下町ですら、震災後二年経ってやっと混乱が収拾される方向に向うという厳しい情勢で笠置寺再建まで手が回らなかった。

笠置寺は被害状況を調査して六月二十五日に古市事務所に報告し、早速検分の役人が二人来山した。しかし初動は早かったが復興への行動は遅々として進まなかった。まず住持たちの住まいの確保が先決で、これが済んで震災の翌月に、倒壊した宝蔵から歴代の宝物の掘り出しが行われた。雨から宝物の毀損を防ぐためには早期に作業する必要があったのだろう。

翌安政二年七月に普請の願い書が提出され、その秋から古市の役人の来山が激しくなった。同三年にやっと緊急の普請が始まり、数年後には藩の手によって住居部分の普請が終了した。地震後の混乱も収まって追々参拝客も増えてきたが、なお坊の普請や大破した本堂、椿本神社の修復は手がつかず、福寿院や多聞院の石垣は崩れ落ちたまま、名所の巨石も転覆して名所巡りもままならぬ様子であった。

このような厳しい現状にあって、すべての再建を藩に期待することもできないため、笠置寺や村方は独自の再建も志した。

行場道（名所廻り）の改修は一寺の手に負えないため、笠置寺は南北笠置村、広岡村、上下有市村などの檀家に人足などの寄進を願った。長い間、行場道を不通にしておいては諸国より参詣のためせっかく登山に来られの人々に相済まず、甚だ心外の事であるので行場道の修理を行いたく、隣村のお力を以って、老童男女でも良い、お手伝、人足のご寄付を願いたい、と寄進を募った。

安政四年には、麓の大倉一族をはじめ村方七十二名のそれぞれの身分、職業、収入に応じた寄進を受けて毘沙門堂を取り囲んでいる石垣と笠置寺本坊横手の石垣全てが修復された。

災害復興が最盛期を迎える大切な時期であったにもかかわらず、安政四年には福寿院住持南海は宗用で国元へ戻る願いを出し、文殊院住持法全も翌年に同様に短期間文殊院を離れる願いを出した。更に多聞院住持義祥は安政二年目付大久保左近を南海、法全と共に門前に迎えて以来、その消息は記録から消えるなど、三坊とも住持が寺を離れ、弟子に後事を託する異常な事態に陥っていた。住持に代わって笠置寺復興の大事業を進めたのは南笠置村大倉一族であり、その中心になっていたのは庄屋の大倉善右衛門であった。

自力復興のための次の策として資金捻出のために先年三院付きとされたいわゆる七ヶ所の「修理山」の木柴を大々的に売り払う事となった。木柴の値段が高値を呼んでいたこともあり、十年間も伐採していないこの山の木柴は大きな財源で、元治《げんじ》元年（一八六四年）十二月に藩に対し文殊院名で木柴伐採の願いを出した。本堂、椿本神社、坊の普請が行われたのは元治元年頃からで、実際に木柴の伐採が行われて資金化されたのは二年後の慶応《けいおう》二年である。

この時に伐採されたのは、木が一四二八束、雑木が一五九〇束、柴二五一〇束で、その売却総額は九貫一五四匁六厘に及んだ。一貫目を二〇〇万円として現在価値で一八三〇万円になる。売却収入から諸経費を差し引いた三貫四百匁の三分の二を椿本神社の修復に充てて、残額は本堂や鐘楼、下の堂、坊（福寿院、後述）の修復、普請に充てられた。

倒壊した坊の普請は準備作業が文久三年（一八六三年）に始まり、翌元治元年（一八六四年）には建築が本格化し、九月には襖や畳が持ち込まれ、翌慶応元年（一八六五年）九月十六日には酒一斗二升持ち込まれていることからこの時期に文殊院普請はほぼ完成したものと思われる。

この時再建された坊は当時の資料には「文殊院寺御普請」「笠置山寺御普請」などとなっているが、残された図面を見る限り、平成の初めに改築される前の笠置寺（福寿院）の庫裡の原型である。また図面にある庫裡前の長屋門が平成時代まで存在したものと全く同じであることからも判明する。

ではなぜ福寿院の再建を文殊院の普請といったのか。文殊院は三坊中最も持高が多く、有力な坊であったがためだろう。当時三坊中、有人だったのは南海が後を託した弟子の丈雅と卓山がいた福寿院だけで（後述）、再建された福寿院をもって文殊院と称するつもりであったのだろう。登山道、本堂から離れたところにある文殊院と異なり、福寿院は藩主はじめ要人も立ち寄る便利な位置を占めており、安政の大地震で壊滅状態になった文殊院の再建を諦めて、笠置寺の復興を福寿院の普請で代表させ、これを文殊院の名で行ったと思われる。再建された福寿院はその後一部増築され、笠置寺庫裡として阪神淡路の震災後改築される迄生き延びた。

文殊院は再建ならないまま畑に、護摩堂は本堂横の深い木々の中に埋没してその所在すら判然としない様子になっている。宝蔵は収蔵品を地震の年の七月になってから掘り出した後、そのまま放置された。明治時代になってその宝蔵跡には楓が植えられ、今は紅葉のきれいな公園に変わった。なお宝蔵は昭和の終わりになってやっと現在の笠置寺庫裡前広場に再建された。

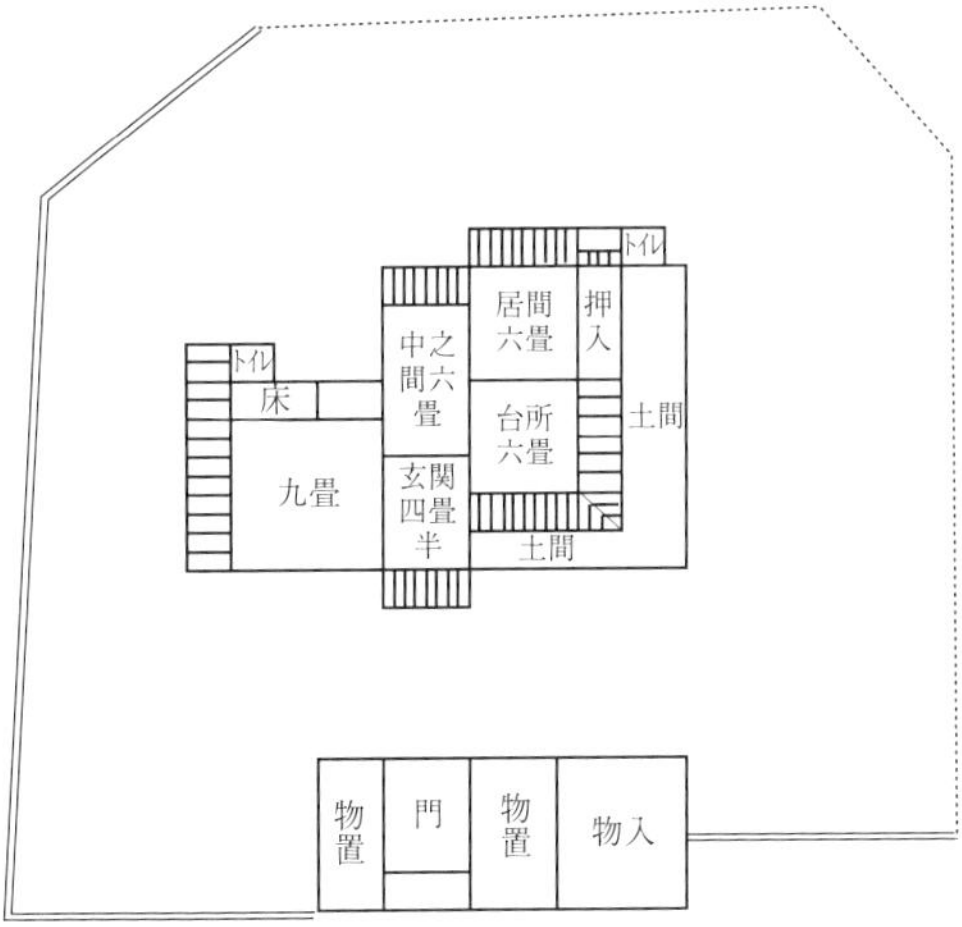

文殊院普請図（寄託文書503号）

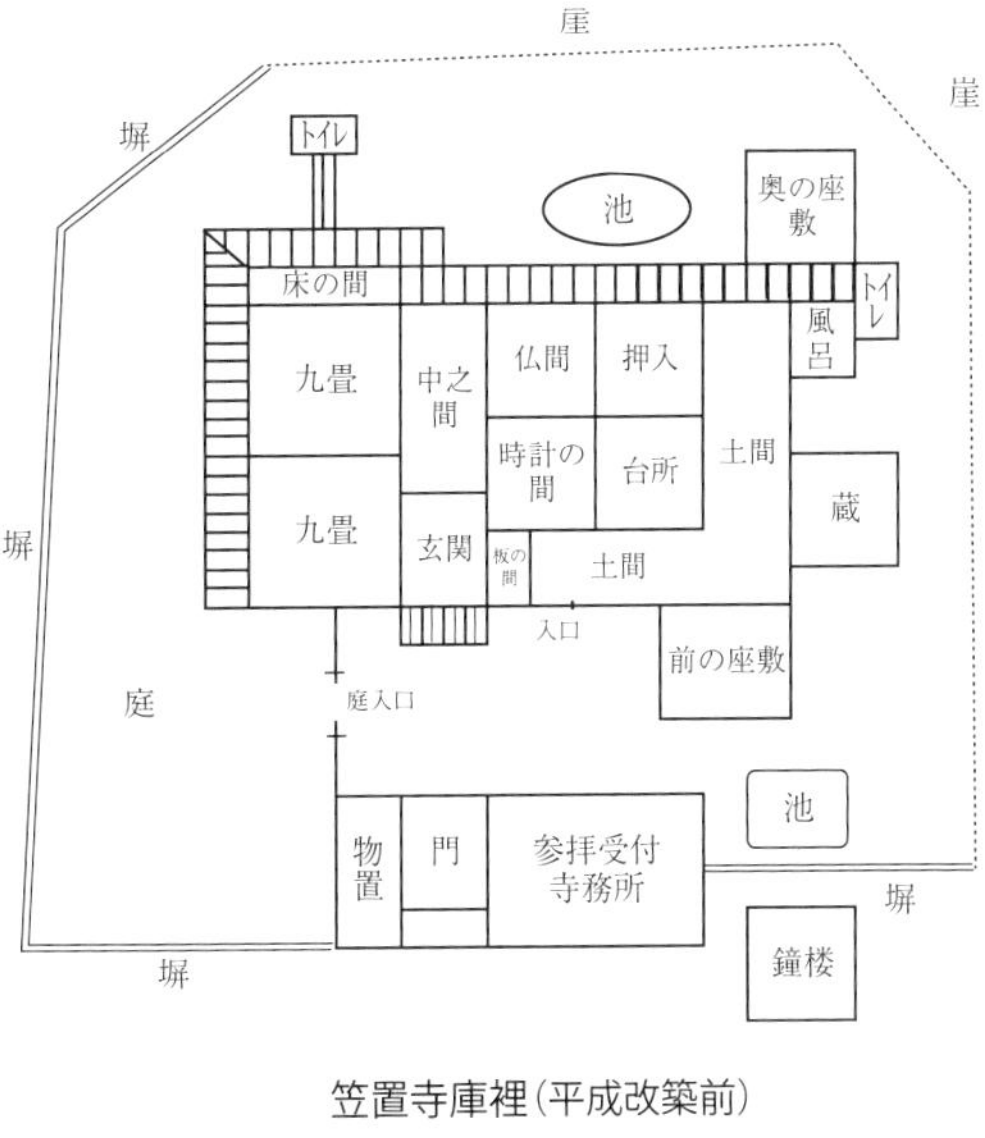

笠置寺庫裡（平成改築前）

明治直前に於ける住持交代の様子

嘉永七年（安政元年〔一八五四年〕）、豊滝稲荷大明神を勧請して稲荷社が建立されたが、この時の記録に笠置寺三院の住持として文殊院法全、福寿院南海、多聞院義祥の名が残されている。これらの住持たちは安政大地震の頃の当事者であり、明治まであと十四年、明治の世に丈英《じょうえい》（後述）が入山する以前の記録に残された最後の住持たちであるので、これら住持たちの消息をもう一度詳しくたどり、江戸末期から明治に至る住持の動きを探ってみる。

■福寿院南海《なんかい》■

嘉永五年（一八五二年）十二月に南海は弟子を留守居役として宗用で七ヶ月国元へ帰りたいとの願い書を藩に出した。南海の国元は南海の碑銘にかすかに秋田雄勝郡□田と読める。

安政大地震後の安政四年六月（一八五七年）にも南海は大地震による諸堂の修理、復旧という大きな課題を抱えた状況下ではあったが、今回は五年の期限付きで弟子の丈雅《じょうが》と卓山《たくざん》に後事を託して宗用で寺を離れる願い書を出している。しかし秋田に赴いた時期は不明で、安政五年三月の文書に南海の筆跡が認められることから、少なくともこの頃まではまだ笠置寺にいて秋田へ下向していなかったのは確かである。

福寿院南海逆修墓（死後の冥福のために生前に造る墓）

南海は住持期間中大般若転読掟や藩への銀三十貫文借用願いなど、笠置寺にとって大きな決断にかかわり、江戸末期の住持の中で現在までその名を残している唯一の人物である。

■多聞院義祥《ぎしょう》■

天保六年、無住であった多聞院の住持となった智観は嘉永四年頃まで十七年にわたり住持を務めたようであるが、その後住持となった真光は安政大地震の直前、武州世尊院に移り、後任の住持、真剛もすぐ病で寺を離れた。

このことに危機感を抱いた村方が、直接藩に願書を出して、安政元年四月に秋田より義祥を多聞院住持に招いた。

しかし義祥の名は安政元年の稲荷社再建の記録と安政二年の目付大久保左近来山時に文殊院法全、福寿院南海と並んでその名があるほかは残されていない。笠置寺の日常の諸行事を記録した年預諸取替覚帳の安政三年の項にも多聞院の行動は残されていない。

安政四年六月に「多聞院先住御調之筋有之」とあるので、義祥は何か問題を起こして住持を下りたのであろう。三年ほどの短い住持職であった。

■文殊院法全《ほうぜん》■

法全は老衰で住持を勤められなくなった秀栄の跡を継いで、弘化《こうか》三年（一八四六年）十二月に文殊院住持に推挙された。法全は住持になる一年前の弘化二年暮れに古市事務所へ札納めにいっているので、既に秀栄の弟子として秀栄に代わって文殊院を代表していたものと思われる。

彼は文殊院住持として無住勝ちであった福寿院、多聞院を支えてきたが、安政四年六月、福寿院南海が離寺するについて南海の弟子を後見したものの、それからまだ半年しか経たないその年の十二月に法儀修業と称して安政五年一月から八月までの予定で文殊院を離れ、その後戻ってきたという記録はない（寄託文書二八五の安政五年三月には文殊院の名と印があるが、その院名は福寿院南海の手になるもので法全が当時在住した証にはならない）。

このように安政四年から五年にかけて三院の住持が相次いで笠置寺を離れたことについては何か異常な事態が生じていたのだろう。

三院住持が全て寺を離れたことによって、安政五年（一八五八年）には南海の弟子である丈雅と卓山が住まいする外、三院共藩に認められた住持は存在しなかった。

万延《まんえん》元年（一八六〇年）古市事務所が本堂、椿本神社、釣鐘堂の修復を指示しているが、その指示書の宛先は「御留守居僧様」となっている。指示の宛先が院でなく、「御留守居僧様」となっているのは、三院とも住持がいなかったことの証で、もはや院宛にする事に意味がなく、住持の資格を持たない丈雅と卓山、あるいはそのどちらかを指して留守居僧宛としたものであろう。その後の資料には丈雅の名が度々出てくるので、おそらく無住の笠置寺を代表して笠置寺を支えた人物は丈雅であろう。その後、笠置寺の普請が文殊院普請の名のもとに行われたので、再び文殊院宛の書類が増えているが、その受領者は丈雅であったと思われる（明治元年、寄託文書一九二に先文殊院丈雅なる記事がある）。

慶応四年七月（九月から明治に改元）の触書帳の断片に「慶応四年辰八月十九日、庄屋大倉善右衛門より御出之由来候ニ付まへり候所、願之通リ此度福寿院住職被仰付候ニ付」と福寿院住職を仰せつけられ、古市へ挨拶に行く旨の記事が残されている。この主人公の名は記されていないのでその人物が誰かは特定できないが、私は南海亡き後、住持不在の笠置寺を守ってきた丈雅ではないかと思料する。

明治元年十二月の寄託文書（一九二）に「先文殊院丈雅」なる記事がある。もともと丈雅は福寿院南海の弟子であったが、文殊院普請の窓口として折衝にあたっている内に文殊院丈雅なる肩書きが一般化したものであろう。そして「先」文殊院丈雅とされたのは、福寿院住持に就任したからか、あるいは何らかの事情で福寿院からも文殊院からも姿を消したためなのであろうか。丈雅の名は以後の笠置寺の記録にも伝承にも全く現れてこない。

明治元年に丈雅が両坊から姿を消したとすれば、ここにこれまで言い伝えられてきた無住の笠置寺が完全な形（?）で実現することになる。しかし次なる明治の主役である丈英がいつ笠置寺に入ったかがこの場合のポイントになる。まだ住持資格のない丈英ではあったが、もし丈雅から笠置寺を引き継いだとすれば、法灯は連綿と続いていた可能性も残されるからである。

■丈英■

明治三十四年、丈英の弟子である慶尊が編述した『笠置山記』は「明治廃藩に及び寺録跡を絶ち浄地は荊棘蔓生し堂坊は破壊に至り殆ど廃滅に及ばんとす。茲に丈英和尚大に之れを慨し、明治九年錫を此山に留め荊棘荒地を開き堂宇修営に力を尽く」したとある。

これからすれば丈英は明治九年に初めて笠置寺に入山したととれるが、丈英の弟子であった尊亮は丈英が十二歳から南海の弟子であったといっていたという(前笠置寺住職慶範談)。天保十四年(一八四三年)六月二十三日の誕生(除籍謄本から)である丈英が十二歳の時は安政二年(一八五五年)である。この時には南海はまだ福寿院住持として健在で、丈英が南海のもとに弟子入りをして、南海より丈雅の弟弟子として同じく「丈」の一字をもらい、丈英の僧名で修行していたとするのは説得性がある。

なお丈雅と共に後事を託されたもう一人の弟子である卓山は、その後の資料に名を残していない。あるいは卓山が丈英と名前を変えたことも考えられるが、南海が福寿院を二度目に離寺した安政四年(一八五七年)には丈英はまだ十四歳、藩に提出する書類に後事を託する人物として記載するには幼なすぎ、また僧名を途中で変えたとするのも、慣例上無理があるのでその可能性はないと判断する。

南海離寺のあと笠置寺の留守居僧として笠置寺を代表していた丈雅が明治元年に笠置寺を離れたと

して、その時丈英は既に二十五歳、丈雅が丈英に笠置寺の後事を託するに十分な年齢に達していたと考えられる。

丈英は慶応三年に「秋田組丈英」と記していて（法蓮華経観世音菩薩普門品識語）南海との関係を資料に残し、明治二年の同識語に「観音寺住丈英求之」と記している。同じく慶範は尊亮より丈英が笠置寺に入山する前に上有市に所在する法明寺に住んでいたと聞いている。この法明寺は近くの田山村（現南山城村）観音寺の末寺であったので、尊亮の発言はこの資料から信憑性が増す。

結論として、丈英は明治九年に入山したのではなくてそれ以前から小僧として南海のもとで丈雅と共に修業しており、笠置山頂から見下ろせる上有市の法明寺に入寺していたが、丈雅離寺のあと丈雅に代わって大倉一族のバックアップによって笠置寺を守り、京都智積院の出であった南海（逆修墓に住京智山とある）の縁から智積院の弘現僧正（二六九頁参照）のもとで修業を積んで、明治九年、三十三歳で正式に笠置寺の住職になったと判断する。

そうだとすると笠置寺は江戸末期の一時期、住職が当事者能力をなくして実質的に無住期間があったことは否定しがたいが、完全に無住であったとするのは正しくない。当時で千二百年にわたり続いていた法灯は細々とではあるが、地下水脈で繋がり、連綿と現在まで絶えることはなかったことになる。

ところが本書改訂版初版刊行後、これまでの記録になかった笠置寺を代表する僧侶の名前が突如目の前に現れた。

笠置寺の本山である智積院に智積院日鑑《にっかん》という文書がある。この文書は江戸から明治時代まで智積院山内、関係寺院の動向を記した文書であるが、明治六年の記事に、笠置寺が福寿院渡辺俊丈の申請によって智積院末寺となったことが記録されている。しかしこの人物は笠置寺側の記録には全くその名を残していない。俊丈が丈雅と同一人物であれば筋が通るが、一度受けた僧名を変更することは通例考えられない。これは卓山を俊丈と想定しても同じである。慶応の触書帳の人物が俊丈として、慶応四年に福寿院住持となった俊丈によって明治六年に智積院末寺として公認されたとすれば理屈がとおるが、それならば慶応から明治六年まで住持職にいて、笠置寺復興に尽力した人物が当の笠置寺の記録にその名が全くないというのは理解し得ない。無住とされている笠置寺に入寺した丈英が俊丈からどのように住職を引き継がれたか。それも記録にはない。

俊丈は何らかのつてで一時的に笠置寺を代表した人物なのであろうか。あるいは村方が無住の笠置寺復興のために近隣の住持に依頼して名を借りたものか。いずれにしても俊丈が明治六年に智積院の配下に入って立て直しを図ったことは智積院に文献がある以上、間違いない。

それにしても丈雅、丈英と並んで俊丈と「丈」の一字が共通である点は偶然とは思えない。ここにヒントがあり、これらの人物を一貫して操った有力者がいたのかもしれない。しかしこの間の事情についいは新資料の発掘に待たざるを得ない。

幕末から明治初期にかけての笠置寺のまとめ

最後に江戸初期に藤堂藩から十五石の寄進を受けて財政的にも安定したはずの笠置寺がなぜ江戸末期に無住に近いところまで没落したかを総括する。

一、三坊所有の田畑はほとんど山地にあり地味が劣っているため、適切な管理がなければ収穫は年々減少していく運命にあった。また、これらの田畑は猪、猿などの獣害、毎年繰り返される風水害などに見舞われる過酷な条件下にあり、世俗を離れた僧侶にとってその運営は手に余るものであった。

二、貴重な副次収入である山林、竹木などの現金収入も数十年に一度の竹枯れや風害、雪害で減少をたどった。

三、藩への上納米はこれらの悪条件が続いたため滞りがちになり、免除や繰り延べが繰り返されたが、経営の才のない住持に対する藩の締め付けも厳しくなり、枯木の処分について住持が藩に無断で切り取った廉を口実に村方に移され、遂には寺所有の田畑が寺から村方に移され、その後諸堂の管理すら村に移行されて笠置寺三坊の住持は完全に笠置寺の経営権を失った。このよ

大正から昭和初めの笠置寺本坊。正面奥の土蔵を除いてほぼ江戸末期の普請のままである。

うな情勢に嫌気をさしたのか住持も短期間で交代を繰り返し、当事者能力の欠如と村の有力者に依存する悪循環に陥り、マイナスのスパイラルに入ってしまった。

四、麓の南笠置村は木津川の水運で潤っており、大倉一族、森嶋一族をはじめ富裕な商人が多く、地元の霊峰笠置山に対する信仰の念が篤かったことは土壇場での笠置寺の存続に大きく寄与した。

天保二年に笠置寺を訪れた梶野良材（天保二年奈良奉行、同七年京都町奉行）は次のように南笠置村を描写する。

「南笠置の里は北よりもいきほひ増りて、大なる家もちひさきも、多くは瓦葺にて高との造なるもあり、蔵なとも家ことに建並へたり。中にも川原おもてなる酒屋の家ときくは石垣高く積て築墻めくらし、家蔵棟数多く構へたる、北の岸よりいとよくみへたり。左右の家々に商ふめる物品も此山陰には誰の人か用ふらんとおとろかしきさまそ覚るもあり。男も女も髪ゆへるさまより、着たるもの、色目迄、京難波の時々の風流におくれしとの心構の思やられて、此里富たりとは推はかられたり」

特に幕末時に南笠置村の庄屋を代々続けた大倉一族は実質的に笠置寺の財産を管理する立場にあって笠置寺と深く関わり、腰掛け的な住持は飾り物に過ぎない状況にあった。

五、実質的な差配権を奪われた笠置寺住持は厳しい現実に直面して離反離寺するものが多くなり、永年にわたって住持職に没頭するものが少なく、数年で交代を繰り返すため、局面毎の事態の対処に追われ交代時に無住の期間を生じることが多かった。そのためますます村方との力関係が逆転して、権威のなくなった笠置寺三坊は村方に対しても、また末寺への統制も行き届かなくなった。

六、これまで安政の大地震が笠置寺無住の大きな要因といわれてきたが、この地震は諸堂に大きな被害を生じさせたものの、藩の支援や木柴の売却で主要な堂は復旧され、登山道も村民の協力で整備されたので、大地震が無住に至る根本的な要因ではなかった。ただ両者の力関係が更に村方へ傾いたのは事実である。

七、三坊同時に無住になったのではなく、それぞれの坊の事情で無住を繰り返すうちに、幕末から明治初期に無住の期間を生じた。しかし先に述べたように法灯は切れ切れではあるが、明治に続いていったのである。

八、この状態は明治になって廃仏毀釈の嵐が通り過ぎ、大倉一族出自の大倉丈英が入山する明治九年まで続いた。丈英は明治九年に初めて笠置寺に入ったのではなく、江戸時代最後の福寿院住持の弟子として教育を受け、明治九年に当時智積院化主（住職）であった弘現から伝法灌頂を受け、阿闍梨としての資格を得て笠置寺の正式住職となって入寺した。無住にピリオドを打った丈英はこれまでの新任住持の多くがそうであったのとは異なり、地元大倉一族の出自である。その意味で笠置寺は究極の村方支配に移行したともいえる。丈英は福寿院門前より弟子慶尊を、その後伊賀鞆田村（現伊賀市）より弟子尊亮を受け入れた。ここにこれまで激しく交代を繰り返していった外者住持から一転して地元に足をつけた住持とその弟子により、本格的な笠置寺の再生が行われることとなったのである。

この時、既に江戸は去り、日本が世界に雄飛する明治の新しい世となっていた。笠置寺も廃仏毀釈の洗礼を受けたのち、江戸時代の呪縛から解き放たれて、新しい展開を見せることとなる。

第七章　丈英入山し、無住の寺を再興する

明治の初め、無住の笠置寺に入山した丈英は昔日の姿を再び取り戻すべく全力を傾注し、散逸した土地を買い戻し、境内を整備していった。
それには明治以降、天皇を頂点に頂く国家主義の高まりにより天皇親政を理想とした後醍醐天皇の旗揚げの地である笠置山に世間の関心が集まった事も貢献した。

丈英写真

笠置寺に残る唯一の丈英写真。丈英は天保14年（1843年）に生まれ、大正4年（1915年）に亡くなった。

遂に無住の寺に？

元弘の戦乱以降、以前の華やかな弥勒霊場としての宗教環境を取り戻すことができず、人々の関心が寺院としての笠置寺から、戦跡としての笠置山に移るにつれ、笠置寺は徐々に日本史の大きな舞台から消えていった。

明治十九年（一八八六年）、大倉笠陰編述の『笠置山独案内』は「近頃に至る迄、尚福寿、多聞、文殊の三院を存せしかども震災に転滅して只福寿院のみ存せしを近年笠置寺の称号に帰」せしめたと述べる。

この記述は、江戸時代末期から明治初年に於ける笠置寺の状況を説明する代表的なものであるが、残された江戸末期の文書を精査していくと、天保と安政に大きな危機状態に陥った笠置寺は、この有名な霊山を守ろうとする地元南笠置村有力者の努力と藤堂藩の支援で江戸末期を生き延び、極めて細い糸ではあったが福寿院住持の南海和尚からその弟子、丈雅へとつながり、江戸末期から明治初期に於ける短期間の無住期間を経て丈英に至り、明治の世の再生へと踏み出したことは、前章で述べた通りである。

栄枯盛衰世の習いとはいうが、時の天皇や道長のような権力者が参詣し、『枕草子』に寺の代表として記述された笠置寺は江戸中期に至り、それまで寺の財政を支えてきた藤堂藩寄進の田畑からの収入が減少してきて、年貢の支払いにも事を欠く状態になった。更に住持も交代を繰り返すうちに幕末にはその所有する田畑、山林全てを村方へ譲渡せざるを得なくなり、寺の基本財産でもある堂宇や什器までも村方の管理に置かれて、実質的に麓の南笠置村に住む有力檀徒が管理する事態となっていた。

幕末の混乱期を経て明治二年に藤堂藩が版籍を奉還し、同四年には廃藩置県により藤堂藩という財政的後ろ盾を失った無住の笠置寺は一層荒廃が進んだ。自然環境の厳しいこの山では、地震で倒壊した笠置寺の僧坊や庫裡は再建なった福寿院を除き、『笠置山記』（丈英の弟子慶尊著）に述べられているように、「浄地は荊棘蔓生し」笠置山に多い竹藪に飲み込まれてしまった。クヌギや楓の落ち葉によって境内が埋め尽くされ、野生の鹿やリス、ウサギ、猿、狐、狸、狢、猪を主人公とする山へと戻っていったことであろう。

また、維新政府の行った廃仏毀釈がそれに輪をかけて寺の荒廃の度を強めたと思われる。廃仏毀釈は、明治まであと半年の慶応四年（一八六八年）三月に出された神仏分離令に基づき、もともと神仏を分離する運動として行われたが、神祇事務局により進められたため神道寄りとなった結果、仏教を異端視して神道の国教化政策を推進する大きな動きとなった。寺院が幕府による人民統制の一機関として力を持ち、それをバックに僧侶が収奪の限りを尽くしていた当時、それに反感を持っていた民衆も参加したことでその動きは増幅された。廃仏毀釈の結果、全国で廃寺となった寺院数は当時の寺院のほぼ半分にも及んだともいわれている。

この頃、次代の笠置寺を担う丈英は上有市の法明寺を守りながら、無住となっていた笠置寺の荒廃に心を痛めていたことであろう。しかし千二百年の歴史を持つ磨崖仏は時代の流れからは超絶している。弥勒仏はその姿を隠したといえども、三会下生の春の暁を期し、五十六億七千万年先を見つめつつその齢を刻み、解脱上人の作った山上の上人井戸は汲む人がいなくてもこんこんと汚れのない清水を地上に送り続け、春になって萌え出ずる草木の萌芽をはぐくんでいた。

麓では

文明開化の明治の世となり、笠置寺を取り巻く周囲の様子も激変した。明治四年の廃藩置県によって笠置を含む一帯は一時、津県となったが、その四ヶ月後、京都府に編入された。明治九年には門前町である麓の南笠置は木津川対岸の北笠置と合併して笠置村となった。

江戸時代に笠置浜として栄えた南北笠置は、当時でも五十石未満の荷舟二十四艘を有し、物産のカキ、ミカン、ワサビ、竹、茶、薪などを京阪に積み出す重要な基地であった。明治十年代の南笠置は田三十五町歩、畑十町余、百七十戸、八百二十二人の集落で、その生業の内訳は農業五十戸、商売三十戸、舟稼三十戸、雑業五十六戸と記録されている（『京都府地誌』）。この記述から見て、麓の集落は既に門前町としてよりも、木津川の津として命運を保っていたと思われる。弥勒の石仏が消え、狐狸の住む寺には平安時代のように船便で笠置寺詣でというご時世からは歳月が経ちすぎていた。

現在の木津川を見るとこの川が水運に使われていたとは信じられないほど水量が減少している。木津川は上古、未開の時代にあっては流域が全て森林に覆われ、川も深く、清流が満々と湛えられて土砂流出の憂いもなかったようであったが、もともと地質学的に領家変成帯に属する片状花崗岩からなるこの辺りは崩壊しやすい地域であった上に、東大寺など奈良の寺院が建築用材をこの川筋に依存するようになってから山は荒れ、土砂の流出被害が発生するに至ったのである。

江戸時代初期に於いても既に被害があったようで、藤堂藩の記録にも老中から藤堂大学頭に「大和、山城、伊賀の山々で木の根を掘った場合、洪水の時に淀川に砂が流れ込むので、以後木の根を掘った後は苗木を植えるように」との指示がなされている。

江戸時代の施策にもかかわらず、更に土砂流出の害が激しくなったのは明治時代になってからである。昭和二十年代、洪水で水流が変わった時、笠置橋南詰めの河原から明治、大正の頃まで使われていた石積みの船着き場が一時期現れたことがある。しかしこれも現在では既に上流から流れてきた土砂に埋まってしまって跡形もない。

上流に多くのダムが作られた現在では水量そのものが激減していて、今の木津川の様子を見る者には、この川が水運に利用されて、物資を運ぶ舟便が行き来していたとはとても想像もできない状態である。

丈英が入山して笠置寺復興に立ち上がる

さて山上に焦点をあてよう。明治に入って一人の僧侶が笠置山に眼を向けた。笠置山の麓に生を受けた大倉丈英が次の主役である。

大倉家の先祖は藤原鎌足に始まる武士の家系とされる。頼朝や北条に仕えた武士や、南朝方に組し北朝との戦で亡くなった武士なども輩出する一族であった。天正年間、第四十代の大倉勘右衛門尉隆益が筒井順慶に仕え、明智光秀との山崎合戦や柴田勝家との賤が岳合戦で勇名を馳せ、筒井氏より五百余石を賜った。その後天正十四年（一五八六年）に笠置の庄に移住して笠置役所の預り役を勤めた。筒井氏が没落した後、大倉氏は一時毛利家に仕えたが、元和三年（一六一七年）再び笠置の旧宅に戻った（『大倉家沿革誌』）。

四十一代の子として元和元年（一六一五年）に誕生した大倉六郎右衛門は伏見に居を構え、笠置本家の酒造業と相呼応して屋号を「笠置屋」、酒銘を「玉の泉」と称して酒屋を創業した。日露戦争の頃、その酒銘を我々にもなじみ深い「月桂冠」に変えて業績を伸ばした。大倉家は代々、笠置でも酒造業を営むと共に、大庄屋や笠置村の庄屋を務め、また江戸時代運送の動脈であった木津川水運の船株を持つなど隠然たる力を有し、その財力を背景に南笠置村の重役として衰亡に向かっていった笠置寺を支えていた。

前述した頼山陽の弟子であった大倉笠山もこの大倉家の一族で、その妻、袖蘭と共に名の知れた日本画家でもあった。

天保十四年（一八四三年）六月、大倉吉次郎の次男としてこの世に生を受けた丈英は、小僧の頃から南海和尚のもとで修業を積み、その後、南海が修行した京都智積院で当時能化（住職）であった弘現《こうげん》から東密の一派である幸心流の伝授を受け、南海の弟子で後継者でもあった丈雅が寺を去ったあと、明治九年に無住の笠置寺に住職として入山した。この時、丈英三十三歳で気力体力共に充実した時であった。以上が現在迄に史料を判読して到達した結論である。

丈英の出家の動機は不明である。南海の弟子として僧侶への歩みを踏み出した丈英は明治九年にそれまで在住していた山麓有市の法明寺から、檀徒が実質的に維持管理していた笠置寺の住職となり、江戸末期に文殊院の再建として改築された福寿院をもって笠置寺とした。

笠置寺には丈英の端座している上半身の肖像写真が残されている。小柄ではあるが、かくしゃくとして、それでいて温和な感じの容貌をもつ僧であったことが窺われる。

さて既に南海も亡くなり、丈雅も去っていたと思われる笠置山に上った丈英は生涯独身を通し、弟子を二人とった。笠置寺門前に住まいし、明治二十二年に新潟寺町不動院で修業して入山した慶尊《けいそん》（俗の名は小林梅吉、明治四年生）と弟弟子の尊亮《そんりょう》（明治十七年生。現伊賀市出身）である。二人は協力しながら師の笠置寺復興の手伝いをしていた。

前述の慶尊の手になる『笠置山記』は丈英が「明治九年錫を此山に留め荊棘荒地を開き堂宇修営に力を尽く」したとある。おそらく江戸末期に積み立てられ、南笠置村重役が管理していた資金をもとにして境内地や諸堂を買い戻していって、境内地の整備を行っていったのであろう。

明治維新当時には境内地は約二百坪しかなかった（『相楽郡誌』大正九年）が、江戸末期に村方へ譲渡した山地の大半を明治十九年に買収して境内を整備した（『笠置山記』明治三十四年）のに始まり、漸次山頂の民有地を買収したり官林の払い下げを受けたりして境内地を大きく拡大していった。

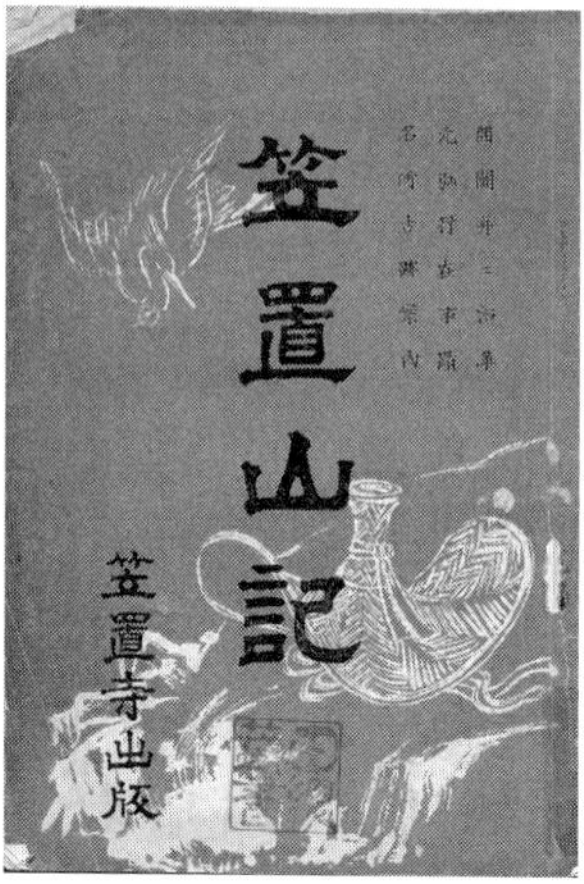

居を失ひ鬱森焦枯に變ず天皇蒙塵し玉ふに及び元弘三年七月九日より
恩賞の命あり同八月十四日再興の議ありと雖ども朝廷多事其事に至ら
ず以降三百年間永徳年中稍再興ありしも應永五年又回祿に罹り烏有に
歸し文明年中再建の擧あるのみにて淨境荒凉に歸し興建を企る者なし
正保五年藤堂侯の食邑に屬す同年秋高次公登山し靈場の寥落を覩て慨
歎する所あり貞享の年重ねて山頂に登り再興の擧あり僧糧若干を賜ひ
漸く維持の道を得たり明治廢滯に及び寺錄跡を絶ち淨地は荊棘蔓生し
堂坊は破壞に至り殆んど廢滅に及ばんとす玆に丈英和尚大に之れを慨
し明治九年錫を此山に留め荊棘荒地を開き堂宇修營に力を盡し復興に
餘念なかりければ有志の士亦贊助して明治十九年山地の强半を買收し
て樵斧の亂伐を禁じ保護益々盤ひ三十三年行宮の舊墟に石柵を設け其

二十一

址を彰にする等其嚴麗舊境に復する能はずと雖も今日の美狀を奏し燹
損の石像尊容彷彿として常在を示し華鐘の溪響と共に法輪を未來際に
轉じ歷代の叡願を奉じ遺址を保するを得たるは皆師の功なり明治中興
解脫の再來と云ふも誣言に非るなり右笠置の興復の大略記し畢りぬ

二十二

笠置山記。横14センチ、縦18.5センチの小冊子。

丈英弟子慶尊の記述である。丈英存命中の出版であり丈英入山後の記事の資料的価値は高い（添付参照）。本文35頁中、草創と貞慶の記事で9頁、元弘の役で12頁、江戸から明治で1頁、名所案内で13頁の配分。以降の案内書も記事の配分はこのようで、『笠置寺縁起』と『太平記』に内容を依存している。

絵図面に見る明治の笠置寺

私の手元に一枚の絵図面（後出）がある。明治二十七年に丈英によって発行された笠置山北面図と称するこの図面には、真ん中に木津川に面した笠置山の北側が大きく画かれている。その周囲に山上の名所として弥勒石、胎蔵界石、行宮遺址、打滝、上の堂、桂木、名切地蔵、笠置寺、椿本殿の絵が取り巻く。

絵図には木津川北岸上から見た笠置山の北面がかなり忠実に描かれている。元弘の役の戦いで兵士たちの血で沢が赤く染まったといわれる赤血谷は赤井谷と記載されている。木津川からつづら折りの道を登った処に「行宮遺址《あんぐういし》」と描かれた巨石が見える。この高さ五メートルほどの巨石に小松宮彰仁親王書になる行宮遺址の記念碑が彫られたのは明治十九年。夜間にも見物客があったのかガス灯の設備もある。しかしまだ木津川には笠置橋は架かっていない。関西本線（当初、関西鉄道。のちに大阪鉄道を買収し、名古屋～湊町間〔現ＪＲ難波〕を走る関西本線となる）が上野～加茂間に開通したのは明治三十一年（一八九八年）十一月、木津川に巻き上げ式の木橋が初めて架かったのは明治四十五年（一九一二年）のことである。元弘彰址会《げんこうしょうしかい》の手により、笠置山頂には行在所跡を示す石垣が明治三十三年に作られた。

笠置山北面の中腹にある行宮遺址の記念碑は当初京都府下最大の銅碑にする計画であったが、結局、木津川対岸から良く見える山腹の大岩石に小松宮彰仁《こまつのみやあきひと》親王の筆で「行宮遺址」の文言を彫って作

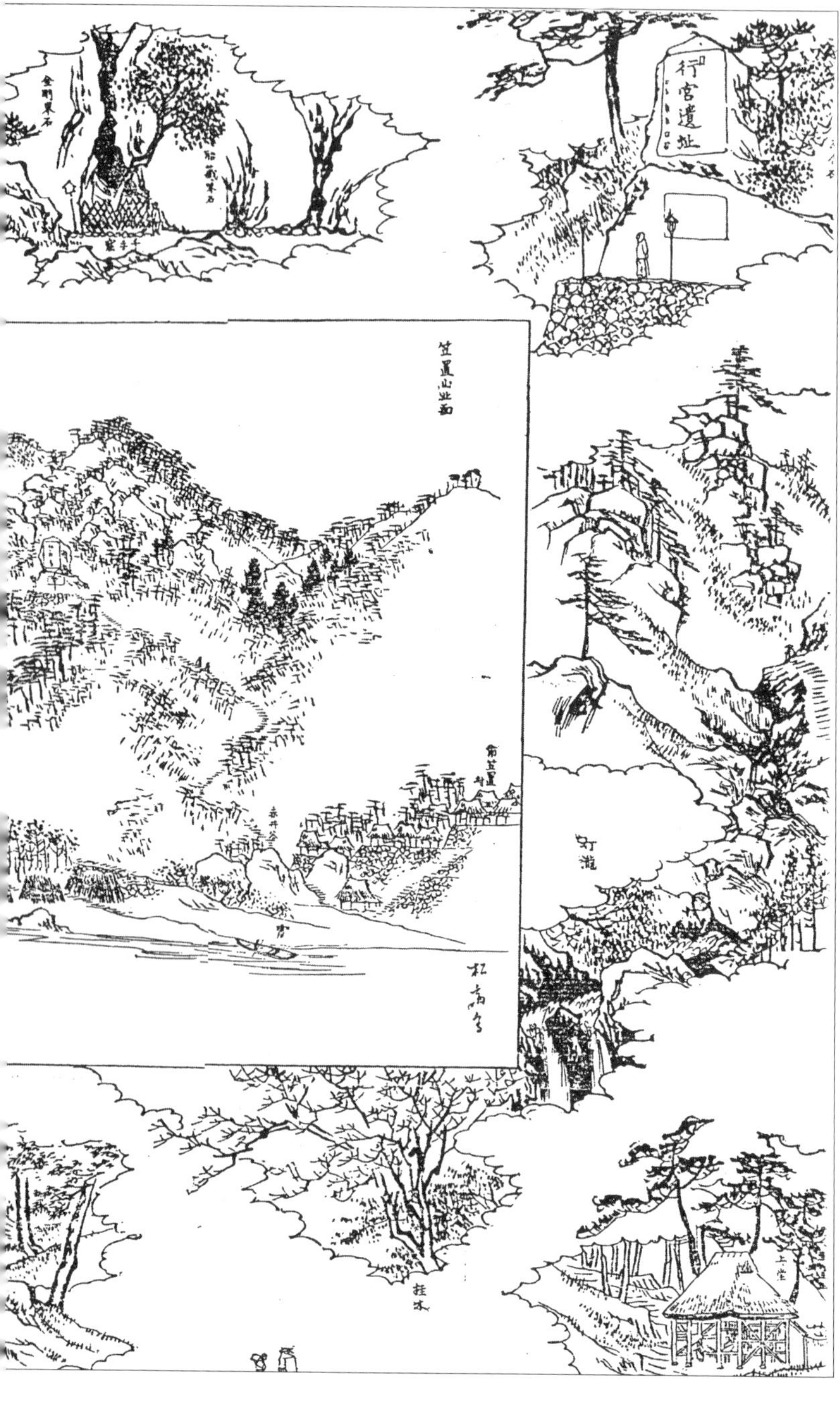
金剛界石
胎蔵界石
千手窟
行宮遺址
笠置山北面
笠置村
赤井谷

笠置石
薬師石
文殊石
十三塔
弥勒石
本堂柱跡
大日岩
北笠置村
笠置寺

られた。小松宮彰仁親王は戊辰《ぼしん》戦争で奥羽征討総督として官軍の指揮を執った人物である。これに関して碑の面に菊の御紋章を彫り込みたいとその筋に出願したが、許可されなかったという新聞記事がある（東京横浜毎日新聞、明治十八年六月五日）。記念碑は完成した当時、金が塡《は》められ、遠くからでも良くその碑面が望まれた。

北面図と同時に発行された同じ意匠の南面図には貞慶の墓のある東山から弥勒石や虚空蔵石などが累々と連なる笠置山の東面の全景が描かれ、周囲には行宮祉や虚空蔵石、太鼓石、大師堂などの名所の絵が取り囲んでいる。谷筋には蝙蝠石《こうもりいし》という巨石とそれを見物する登山客も記載されているが今この巨石の所在は不明である（南面図の一部、一五二頁）。

絵図面に戻る。寺の庫裡、玄関は現在と同じだが（なお庫裡は平成十年に改築された）、庫裏の大屋根には煙り出しの小屋根がある。この庫裡は安政の大地震後、元治二年（一八六五年）に文殊院普請として再建されたものである。現在（改築前）のものはその後少し増築された。

広場には二人の僧が描かれている。杖をついた僧とそれに従う弟子らしき人物である。おそらく丈英と弟子の慶尊であろう。

北笠置と南笠置の間には渡し船が往復している。木津川の水量は現在に比べてまだ相当豊富であり、その川面には筏が下っている。南北の河原に積まれ、船積みを待っているのは木津川北側の南斜面に位置する切山特産の笠置柴であろうか。

柳生北はずれの「あたや地蔵」から渓谷となって笠置山の西裾を流れ下り、南笠置で木津川に注ぐ打滝川の途中に今も桂木橋がある。この橋の上には小さいながら滝が懸かっている。これは『一代峯縁起』にいう笠置から長谷の峯に到る三十の行場の一つ「ウッタキ」で、この絵図面にある桂木の生えている場所である。

この絵図面の桂木は高さ凡そ十五～六丈（約四十メートル）、根本から三十八、九本ばかりに分かれて谷も狭くなるほど生え広がり、実に神々しい有様であったという。本来、木は太陽の方角に幹や枝を伸ばすのが普通であるが、この桂は笠置山の行在所の方（北東）に打ち靡いていた（伴林光平『月瀬紀行』安政六年　前述）。百五十年前の面影はないが、その桂は今も日当たりの少ない渓流のほとりに健在である。

もう一枚、手元に「山城国笠置山全景」と題する絵はがきがある。この写真は関西本線笠置駅の横の栗栖神社の高台から笠置山を撮影したものである。関西本線の軌道の敷石が白く延び、駅辺りの広場には建設資材用の木材が置かれているところから見れば、鉄道が開通してそう遠くない頃であろうか。この当時、線路際に架せられていた電線がないところをみれば、あるいは開通する前であったのかもしれない。

鹿ヶ淵には国道が開かれているが、木津川にはまだ橋は架かっていない。したがってこの写真は先に述べた絵図面から数年後、明治三十年代初頭のものであろう。

満々と水を湛えた川にはやはり舟が浮かび、幾艘もの舟が接岸している。アーネストサトーのガイドブック（『明治日本旅行案内』）に記載されていた北笠置の大和屋も笠置山を仰ぎ、木津川を見下ろす景勝の河畔に健在である。鹿ヶ淵の花崗岩地帯を開削した国道が開通したとはいえ、まだ旧伊賀街道であった峠道も利用されていて、水運関係や街道筋がらみの建物が峠の高みに続いている。これらも今は峠に向かう街道に沿って雛壇式にその建物跡が残るだけである。南笠置には木津川の岸から笠置山の山裾を取り巻いて立派な民家が屋根を連ね、舟運がこの集落に繁栄を与えていた様が見てとれる。

以前、木津川に帆舟が行き来していたのは笠置から一つ上流の大河原までであった。ここに江戸時代初期の豪商にして河川開発にその異才を有した角倉了以《すみのくらりょうい》（一五五四〜一六一四年）が木津川上流の開削を図り、伊賀上野付近まで川を浚えて通船二十艘を備えていた。その後崖崩れなどで舟路がふさがれていたが、文化年間に至り、了以の子孫である角倉玄信《げんしん》が再度開削を図った。そのとき工事の完成を笠置寺本尊に祈念した発願文が笠置寺に残されている。再度の浚渫が完成したかどうかは不明であるが、いずれにしても、川床が上がって水運は廃れていったことは間違いない。写真に見る舟は鉄道開設、道路の整備という環境の激変で衰退に向かう水運最後の姿であった。

明治末期の木津川

　笠置寺を復興へと導いた丈英は大正四年（一九一五年）四月十七日、七十二歳で他界した。現在残る明治三十七年四月、日露戦争武運長久祈願仁王経勤修の木札には、慶尊の字で前住職丈英、現住職慶尊と書かれているので、丈英は亡くなる以前に住職を慶尊に譲り、隠居していたことになる。おそらく同時に弟子の尊亮は隣村の春光寺住職として移っていったのであろう。

大正時代には

これら丈英、慶尊二代の住職の働きで笠置寺は徐々にではあるが、寺域の整備が行われ、再び昔日の面影を現し始めるに至った。

山の下では、新しい流れが生まれていた。伊賀街道（江戸時代には加太越《かぶとご》え奈良道ともいった）は笠置山の北面が鹿ヶ淵に屹立する険しい崖に阻まれて峠越えの道を取らざるを得なかったが、明治三十一年に花崗岩の絶壁が開削され、川沿いの道路が完成して車馬の通行が可能となった。また同年、関西本線も開通し、明治四十五年には北笠置と南笠置を結ぶ橋が完成するなど、山の下にも開化の波が押し寄せ、人々が笠置寺を目指すのに便利な環境が作られていった。なお明治四十五年、府費をもって完成した笠置橋は大正二年に洪水のため流され、その後、修築を行ったが大正六年、またまた台風による洪水で流されて更に架橋されるという運命をたどった。

鈴鹿山地や台高《だいこう》の山にその源を発する木津川は大変な暴れ川で、平常でも急流が岩を噛み、いったん大雨が降るとV字形の河床は濁流であふれて、土砂を含んだ激流は川沿いの民家を一気に押し流していく。高さ十五メートルはある笠置橋の近くまで川面が上がってくることも珍しくなかった。

源流地帯が日本有数の多雨地帯であるため、伊勢湾を低気圧や台風が進むとこれらの山塊の西斜面に当たる木津川源流域に大量の雨が降り、その大雨が木津川両岸の山地から土砂混じりの水を押し出して当地に災害をもたらすという図式である。

二つの背の高いコンクリート造の支柱に支えられた大正時代の木製吊り橋は繊細で優雅なスロープを描いていた。上流から見ると巨石の転がっている鹿ヶ淵のV字谷を前に、この橋は特に夕日の沈む折りなどには一幅の名画を見るようであった。

この吊り橋は景勝の地にあって目を楽しませる一つのポイントとなっていたが、残念ながら車社会には車一台しか通れない幅二メートル強の木製の橋はそぐわない。そのため昭和三十四年に車がすれ違いの可能な頑丈な鉄骨の橋に架け替えられた。これにより南北笠置の交通の便は格段に良くなったが、渓谷の風景に融け込んでいた昔の吊り橋の風情は全く失われた。無骨な鉄の橋が渓谷に違和感を与えてしまったのは交通の便の代償とはいえ、誠に残念である。

■東宮の登山■

二年前から始まっていた地方視察の一環で近畿地方訪問の旅として東宮殿下（後の昭和天皇）は大正六年（一九一七年）五月四日朝、寺内首相や東郷大勲位など多数の見送りを受けてお召し列車にて東京駅を出発して、途中、名古屋で一泊されて翌五月五日に笠置山へ登山された。

当日午後一時五分笠置駅に到着された東宮は天気に恵まれて笠置山に登り、笠置寺にて休憩の後山内を廻り、行在所にて松をお手植えのあと下山、木津川対岸にて笠置山の風光を御覧になって、午後四時に再びお召し列車の人となり、奈良へと向かわれた。

僅か三時間の笠置滞在であったが、その準備は東宮主事と京都府知事との間で綿密なる協議のもとに、相楽郡役所が詳細を実施した。登山道の整備、改修、休憩所の設置、沿道にある不潔物の掃除、

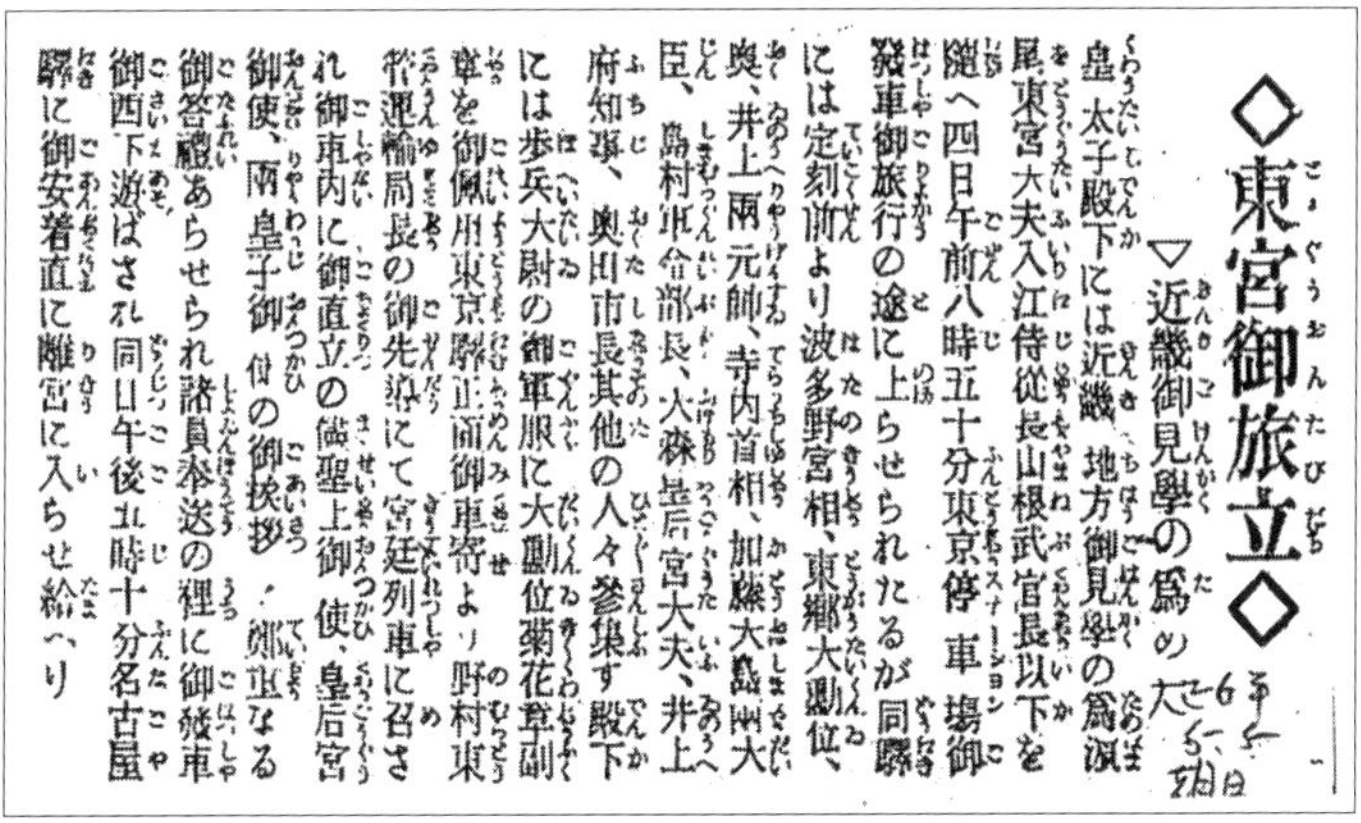

◇東宮御旅立《こうぐうおんたびだち》◇

▽近畿御見學《きんきごけんがく》の爲《た》め

皇太子殿下には近畿地方御見學の爲浜尾東宮大夫入江侍從長山根武官長以下を隨へ四日午前八時五十分東京停車場御發車御旅行の途に上らせられたるが同驛には定刻前より波多野宮相、東郷大勳位、奥、井上兩元帥、寺内首相、加藤大島兩大臣、島村軍令部長、大森皇后宮大夫、井上府知事、奥田市長其他の人々參集す殿下には歩兵大尉の御軍服に大勳位菊花章副章を御佩用東京驛正面御車寄より野村東京運輸局長の御先導にて宮廷列車に召され御車内に御直立の儘聖上御使、皇后宮御使、兩皇子御使の御挨拶に鄭重なる御答禮あらせられ諸員奉送の裡に御發車御西下遊ばされ同日午後五時十分名古屋驛に御安着直に離宮に入らせ給へり

大正6年5月4日

東宮登山の記事

通行の制限等は江戸時代、藤堂藩主訪問の際の再現であった。

当時裏方で取り仕切った住職慶尊の妻の回顧では、皇位継承者の訪問とて何日も前から保健所が立入り、物々しい警戒が行われたという。休憩所となった奥の座敷には新しい絨毯が敷かれ、新調された豪華な机椅子が庭園に向かって置かれた。

笠置寺にはその後、東宮の天皇即位の式典に使われた壁掛けや燭台が下賜された。このご訪問は笠置寺が天武天皇、醍醐天皇、後白河法皇、後醍醐天皇など皇室に関係する寺院であることを、久々に世間に再認識させるものであった。

なお東宮の行啓に遡ること二年前の大正四年七月には東宮の弟殿下である、秩父宮、高松宮両皇子殿下もお成りになっている。

■山上へケーブルカーを敷設する計画■

大正十年、奈良西大寺から笠置に至る鉄道を新たに建設して、更に兼営事業として笠置山麓から山上へケーブルカーを敷設する計画が申請された。発起人総代は隣町の企業家松岡孝吉である。因みに松岡氏の家系は藤堂藩で無足人（帯刀を許された郷士）を務めた大庄屋の家柄で、一族は江戸末期に笠置寺経営の一翼を担っていた。

この営業路線の大半が既存の関西線と重複していたためか、この目論見は鉄道大臣から不認可となった。続いて大正十五年にも同じ様な計画が策定されたが、これも絵に描いた餅に終った。大正十年の認可申請書には、当時勃興してきた忠君愛国の思想を背景に「後醍醐帝の遺跡を拝して遥かに大楠公を偲び、冠絶せる山水の風光を慕う」とその趣旨が記されている。

もし実現していたら笠置山はどう変わっただろうかと想像を逞しくさせる計画ではある。山頂までケーブルカーで登れるのは確かに魅力的で、山頂の寺院や名勝への訪問は極めて便利になったことは間違いない。

しかし、果たしてそのままケーブルカーで山頂へ運ばれて、すぐさま下界の雰囲気から霊山のそれへと切り替われるだろうか。汗水たらして山頂へと向かって、その間、自分の過ぎし日、これからのあるべき自己を内面で自問自答しながら、やっと笠置寺境内へ行き着いてこそ宗教的雰囲気にひたり得ると思う。だがこれは現代の刹那的に楽しみを追及するスピード時代には受け入れられる環境にはない。

世の流れとはいうが、今や車社会にあって、桜や紅葉の季節には狭い山道に車がひしめいている。

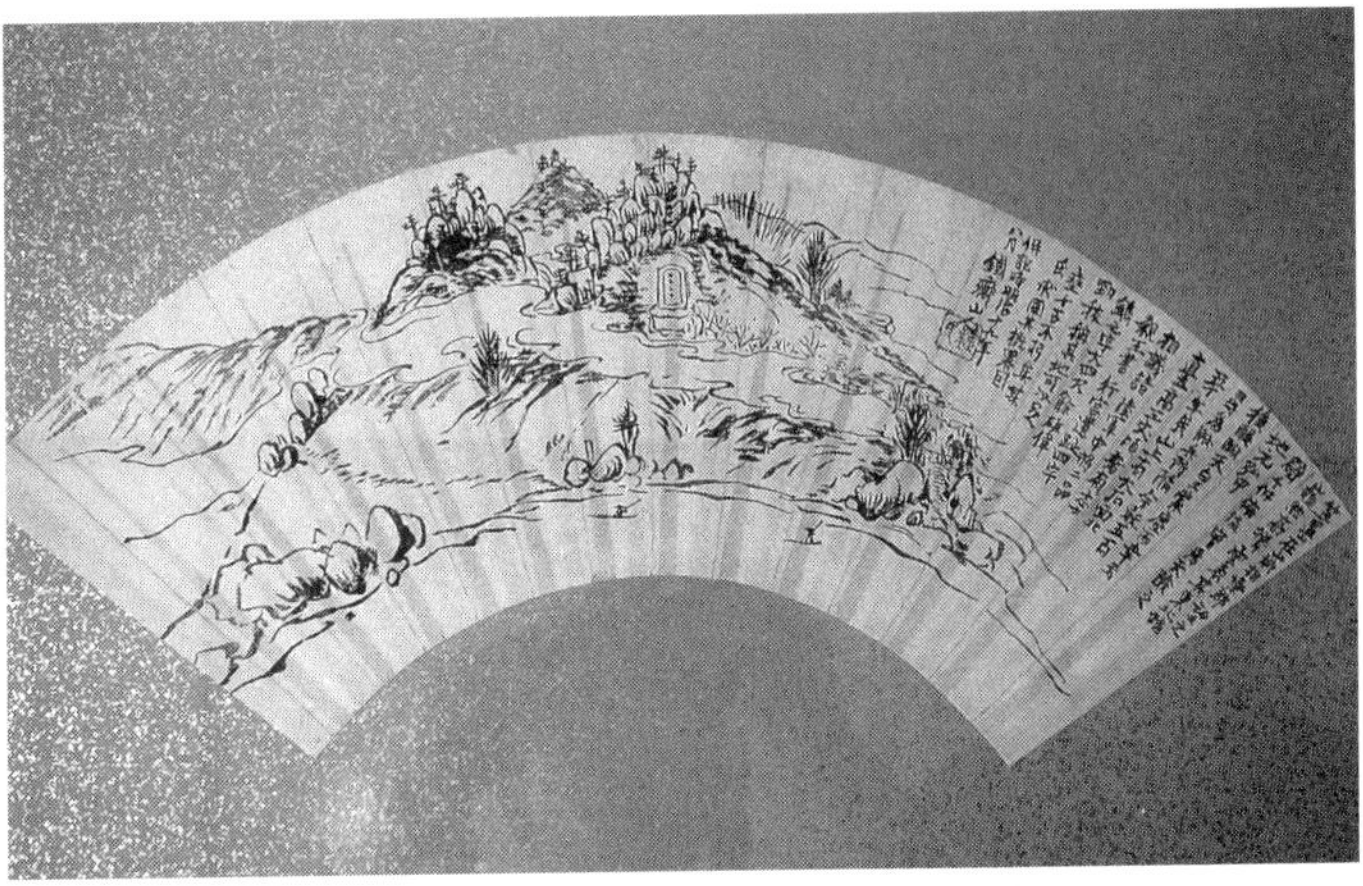

富岡鉄斎による扇子絵と文（笠置寺所蔵）

富岡鉄斎（1836～1924年）が明治19年7月、笠置山に遊びこの扇子絵を残した。鉄斎は幕末には倒幕の志士と交わり、晩年まで旺盛な創作活動を展開した希有の南画家である。

原　文

笠置山在山城相楽郡、望之巍然高聳雲表其東北絶壁千仞、俯流実為天険之地、元弘中、後醍醐天皇、蒙塵而幸焉、尋為賊兵所陥、今既五百五十年矣、山上有大石、面北直立高三丈、頃者有志士、相議、請陸軍中将二品親王、書行宮遺趾四字鐫之、字大四尺余、雄偉勁秘、称其地可以足、垂千古不朽矣、某氏求其図概略因併記、時明治十九年八月

鉄斎山人　印

その昔、籠城軍を苦しめた南方の搦め手から山頂の笠置寺の門前まで、車が入ることすら可能となった。また貞慶の眠る東山の地続きにはゴルフ場が完成して、今までほとんど人の姿を見かけなかった静かな森林に囲まれたこの地にゴルファーの歓声がこだまするようになった。ここも例外でなく時代の波に洗われ、大きく変わろうとしているのである。

　しかし一三〇〇年の昔から変わることなく現在まで引き継がれてきた笠置山の俗世と隔絶した雰囲気を弥勒出現の五十六億七千万年

先まで保存するのが、我々の任務である。この任務が代々後世に引き継がれて永遠の世に至ることを考えれば、その時その時に生きる者の責務は重大である。時代が如何に変わろうとも、笠置山に残された静かで霊的な雰囲気を守り、これを引き継ぐ責務を担う子孫たちにそのまま残していきたいものである。

第八章　南朝の遺跡として関心を集める笠置寺

慶尊の後を継いだ慶順の時代の前半は笠置寺が大きく世間の関心をよんだ時代である。太平記で活躍した楠木正成を初めとする諸将が忠君愛国のシンボルとなり、その活躍の舞台である笠置山には登山客があふれた。学校では笠置山の攻防が語られ、その舞台を肌で感じようと、関西の小学生は遠足で一度は足を運ぶのが普通であった。

慶順《けいじゅん》の時代

近世二代目住職の慶尊には子がなく、笠置からそう離れていない滋賀県多羅尾村（現甲賀市）から養子をとり跡継ぎとした。慶順（俗の名は岩井源吾）といい、この時十五歳であった。慶順が京都の智山大学（現在の大正大学仏教学部仏教学科宗学コースに吸収）を出て住職を継ぐと共に、慶尊は隠居の老僧となって悠々自適の生活を送ることとなった。

昭和の初めから笠置寺は時代の波に乗って大きく発展していった。昭和三年（一九二八年）には笠置史跡保存会が組織され、史跡の保存、観光客の誘致に努めた。昭和七年（一九三二年）四月には文部大臣から笠置山一帯が史跡及び名勝に指定され、これらにより笠置駅の年間乗降客は大正十三年（一九二四年）には二十八万人であったものが、八年後の昭和七年（一九三二年）には四十五万人に急増した。

背景には、この時代、国家主義が台頭し、その波に乗って楠木正成の後醍醐帝に対する忠臣ぶりがもてはやされ、笠置はその表舞台として大きく脚光を浴びたことが影響している。特に昭和十年（一九三五年）は湊川で楠木正成が尊氏軍との激戦で奮死してから六百年目にあたり、正成を祀る神戸の湊川神社を中心に六百年祭が執り行われたこともそのブームをよんだ一因となったものであろう。

笠置寺で後醍醐天皇六百年祭が盛大に挙行されたのも、この流れの中での出来事であった。住職の

戦前、戦中の笠置山での定番記念写真。石段に整列するのは軍人たちであり、生徒たちであった。

慶順が後醍醐天皇崩御六百年にあたる昭和十四年（一九三九年）に発行した小冊子、『笠置山誌』も元弘の役の時代背景、笠置山に於ける戦争の模様などの記述にその大半が割かれていた。

　大阪はじめ関西の各地からは生徒、学生、軍人の団体が元弘の役の舞台を見んものと押しかけ、慶順は寺務の傍ら、庫裡の大広間や弥勒磨崖仏の前、行在所などで南朝の悲歌を語るのに忙しかった。当時の慶順のアルバムは時代を反映して、行在所の石段を雛壇に学校の生徒たちや軍刀を携えた軍人たちと一緒に撮った写真で埋め尽くされていた。

　大正十四年九月に整備されたつづら折りの新しい登山道には桜の木が植えられ、春には桜のトンネルが登山口から山頂まで続き、定家の愛した山桜に加えてソメイヨシノの華やかな桜が全山を染め、笠置は吉野と並ぶ桜の名所としてその名声を関西圏に高めた。

ここまで読んでこられた読者はあるいは気がつかれたかもしれないが、笠置と吉野は古くから数多くの因縁浅からぬ線で結ばれている。修験道の山としての笠置と吉野、大海人皇子（天武天皇）の縁で結ばれた笠置と吉野、平安時代に信仰の対象として天皇や藤原氏が訪問した笠置と吉野、後醍醐天皇の縁で結ばれた笠置と吉野、そして笠置と吉野はまた桜で結ばれているのである。

戦前の昭和期、国定教科書には修身で正成が忠君愛国のモデルとして語られ、習字では「笠置山行在所」の文字が手本として使われ、元弘の役に於ける足助重範の活躍が国語の教科書に、小学読本唱歌集には後醍醐天皇の笠置落ちと帝を建武の新政に引き上げた忠臣楠木正成の活躍を予言する唱歌が記載された。このようにして当時の子供たちは小学校（昭和十六～二十一年までは国民学校）の時から笠置山にまつわる色々な逸話に自然と親しむようになり、京阪神一帯ではこれらの学習を下地にして課外活動の遠足で一度は笠置の山を訪れるのが常であった。

登山客が増加するにつれ、これに応ずるための各種の施設が計画される勢いとなるのは当然である。そこでこの歴史的景観の維持を図るべく、史蹟名勝天然記念物保存法に伴う規制により、笠置山一帯は土壇の発掘破壊、石仏石塔の移動、その他工作物の建設改築等が規制されることになった。

元弘の役の時、陣ぶれのホラ貝をその上で吹いたと伝えられる貝吹岩のある広場に、昭和十五年（一九四〇年）、紀元二千六百年を記念して国旗掲揚台が作られた。へんぽんと翻る大きな日章旗は麓の笠置駅周辺から良く見えた。

しかし、笠置山が元弘の戦跡として有名になるのに反比例して、弥勒の霊場としての笠置山はその影を薄くしていった。山上のガイドの説明からは弥勒石を巡る笠置寺草創の話や弥勒石に浮かび上がる仏像の光背の謂れが説明されるだけで、弥勒信仰にまつわる話についてはほとんど説明されることはなかった。この流れは、当時、正統的な弥勒信仰そのものに対する理解が薄れていた上に、「ミロクの世」というユートピアをもとに、弥勒下生が近いとする大本教が国家神道を認めず、当時の体制と対立して、大正十年（一九二一年）と昭和十年（一九三五年）の二度にわたって徹底的に弾圧されたため、ミロクという言葉が一種のマイナスイメージを抱かせることになり、正統的な弥勒信仰を充分に理解していない一般大衆にはその信仰を受け入れにくくしていたことも否めない。

貝吹岩の展望台に設置された国旗掲揚台。戦後、銅板を盗まれ無惨な姿をさらしている。

しかし元弘の役のプラスイメージが一般に浸透するにつれ、笠置寺を訪れる参拝客はうなぎ登りに増えて、笠置と大阪方面を結ぶ唯一の公共交通機関である関西本線には春、秋の行楽シーズンには臨時列車が運転されるようになった。

戦中時代の笠置寺

昭和も十年代に入るとアジアにきな臭さが立ちこめてくる。軍部独裁体制を確立した日本は、一気に戦争へと破滅の道を突き進んでいった。昭和十二年（一九三七年）七月、盧溝橋に発した銃声は昭和二十年（一九四五年）八月の敗戦へと進む号砲となり、その銃声は日本が夢見た大東亜共栄圏へと拡がっていった。奇襲攻撃で成功するかに見えた太平洋戦争も戦線が広がるにつれ、日米の国力の差が歴然としてきてきた。昭和十九年にはサイパン島から発進した米軍機による空襲が日本の主要都市を襲うようになって敗戦は決定的となった。

都市への空襲が続くなか、古都京都や奈良を擁する近畿中部にはアメリカの良識でその被害は免れ、笠置山もその恩恵に浴したが、この山中にも戦争による有形無形の影が押し寄せてきた。

米が配給制となり、日頃の食事に事欠くようになったのは、都会も田舎も同じであったが、ここ笠置山では畑仕事の人が連合国軍の艦載機からいたずら半分に発射された機銃掃射を浴びて逃げまどったり、笠置山上空で戦闘機による空中戦が行われたり、B29の編隊が一種独特の爆音を轟かし飛行機雲を長く曳きつつ我が物顔に通り過ぎるのが目撃されたりした。あるいは大阪空襲の際、灰や焼け残った紙が上空に巻き上げられ、それが西風に乗って生駒山地を越え、はるばるこの山頂まで飛んで来るのを見ては戦争を感じたものである。

またおよそ信仰の場としてそぐわないものであったが、米軍が落下傘で降りてきた時への対策として、解脱鐘のある寺の広場では山上の住人が寄り集まって、在郷軍人から藁人形を敵兵に見立てて竹槍の訓練を受けたこともあった。爆風で窓ガラスが吹き飛ぶのを防ぐために、すべての窓ガラスに和紙を張り付けた。紀伊水道を北上して大阪に爆弾の雨を降らした艦載機やB29が笠置上空を越えて伊勢湾方面に抜ける時、残った爆弾を落としていく恐れがあったので、夜には灯火管制が厳重に行われた。

直接、戦争による被害は受けなかったものの、このように山の上も息を潜めて戦局を見守る日々が続いた。都会からは空襲で焼け出された人々が親類を頼って笠置に流れこみ、田舎の小さな国民学校にも都会の雰囲気を発散させる子供たちがたくさん編入してきた。戦後から今に至るまで、一貫して過疎地域である笠置町の人口が増加したのは一時的にせよこの頃だけであった。

昭和十九年（一九四四年）二月、ハプニングが起こった。大阪八尾飛行場を飛び立った二人乗り戦闘機が猛吹雪で視界が遮られる中、大きな爆音を後に残し笠置山頂をすれすれに越えて、解脱上人の墓がある東山の先の山腹に激突して、乗っていた二人の航空兵が即死するという事件が生じたのである。家族の写真を懐にしていた若い遺体は涙を誘った。住職の慶順は遺体を庫裡の奥座敷に安置して、三日間読経を欠かさず死者の冥福を祈った。

都会には連合国軍による空襲が頻繁に行われ、笠置寺も京都深草の国民学校低学年の生徒たちを集団疎開として受け入れた。子供たちは親元を離れて寺の庫裡に寝泊まりした。一時期、椿本神社前の広場は学校の運動場の様子を呈していた。食料が不足していて育ち盛りの生徒に食べ物が行き渡らず、子供たちが空腹をこらえている様子は可哀相であった。

昭和二十年（一九四五年）八月十五日、暑い夏の太陽が照りつける中、雑音が多くて聞きづらいラジオから流れたポツダム宣言受諾の詔勅は、大戦下にあっても変わらぬ美しい自然の中に、蝉時雨にかき消されるように流れていった。日本の国民全員に張りつめていた緊張の糸が切れて、日本全体が一瞬虚脱状態に陥ったが、反面、何となくほっとした瞬間でもあった。白いあごひげを長く垂らした老年の慶尊には神国日本が戦争に負けたとはどうしても信じられなかったようで、家族のものが「戦争に負けた」と言った時、しきりに「そんなことはない。これも敵の謀略だ」と叱っていた。

第九章　終戦から現代へ、そして五十六億七千万年先へ

白鳳時代に始まった一三〇〇年の歴史もやっと現代の舞台へと到達した。大戦中は年貢収入や参詣客の増加で財政的には安定していたが、戦中戦後の混乱で諸堂の保守までは手が回らず、境内は荒廃が進んでいた。

昭和二十三年に慶順が四十九歳で急死し、同時に農地改革により所有田畑等の大半を手放す事態になって寺の財政は急激に悪化した。次代の成長まで慶尊の弟弟子、尊亮が兼務住職として急場をしのぎ、昭和三十四年に慶順の長男、慶範が弱冠二十四歳で住職に就任した。半世紀にわたりその職にあった慶範はすべての堂の新改築や境内の整備を進めた。

慶範の名は一三〇〇年の歴史においておそらく最長の住職として残り、その活動は鎌倉時代の貞慶、室町時代の貞盛、近年では丈英と並び、後世にその名を語り継がれるべきものであろう。

戦後の混乱

厚木の飛行場にコーンパイプをくわえて降り立った連合国軍最高司令官マッカーサーが、天皇に代わって日本の最高権力者となり、青い目の軍人が日本国内に大量に進駐してきた。奈良に基地ができたためか、笠置山を訪れる外国人も出てきた。明治維新前のオールコック以来の外国人である。

戦後、間もなくのこと、笠置寺のすぐ下まで数人の米兵がジープで乗りつけた。こんな山の上まで車が上ってくるのは初めてである。その後ろにガムやキャンディーをせがむ悪童たちが続いた。翌日、小学校では校長が全校生徒を集めて「戦争に負けても日本人としてのプライドをなくすな」と訓辞を行ったのが印象的であった。

その後も時々外国人が山に登ってきた。タバコを欲しがる外国人も多く、英語のわからない土産物屋の主人が困って、英語のできる中学校の先生に「タバコは売っていません」と厚紙に書いてもらって店頭に貼っておいた。「これでヤンキー（アメリカ兵のこと）からタバコを売ってくれとはいわれないよ」と胸を張る先生からお守りのようにいただいた看板ではあったが、外国人と一緒にやってきた通訳がそれを見て「なぜここは禁煙なのか」と不審そうに尋ねたのはご愛敬であった。そこには「NO　SMOKING」と書かれていたのである。

桜の季節にはパーマをかけ、派手な服を着て米兵にぶら下がるようにして登ってくる日本女性も多かった。戦中の「もんぺ姿」からはおよそ想像もつかない女性の姿であった。「パンパンが上ってきよった」と山の上の人は小声で言いあった。花見時に連合国軍との激戦で手足を無くした傷病兵が白衣で観光客相手に喜捨を求める姿は哀れを誘うものがあった。

戦争による直接の被害を受けなかった笠置山にも、都会人によって山の上に持ち込まれる雰囲気で都会の混乱が感じられると共に、空襲の恐怖と色々な統制からくる抑圧感と軍国主義の堅苦しさから解き放たれて「りんごの歌」を歌う観光客の陽気な酒盛りに、何か浮き浮きした解放感が感じられた。

農地改革による経済的困窮

国破れて山河あり。以前と同じく、笠置の美しい自然は敗戦の夏から秋、秋から冬へと季節の移ろいを繰り返していった。しかし日本の敗戦は国家主義の流れに乗って上昇機運にあった笠置寺の発展に大きく水を差すこととなる。その日暮らしのたけのこ生活で買い出しに忙しい都会人には行楽の余裕はなく、観光客が減少したこと、そして加えて、農地改革が笠置寺の経済に壊滅的な影響を与えていた。中世の最盛期とは比較できないとしても、笠置寺は戦前には明治以来買い戻した広大な小作地を有していたため財政的にはゆとりがあり、金銭面では何の問題もなかった。それが昭和二十二年（一九四七年）の農地改革により、今まで有していた広大な所有地について不在地主の認定がなされたため、ほとんどの田畑が小作人の手に移り、笠置寺に残されたのは、日頃住職の家族が耕作していた般若台近くの寺坊跡を利用した少しばかりの畑だけであった。インフレが昂進し、貨幣価値が急激に下落していく状況の中で、手放した田畑の代償に手にしたものはタバコ銭にもならないものであった。

昭和二十一年（一九四六年）十一月に公布された日本国憲法はその二十九条で「私有財産は、正当な補償の下に、これを公共のために用いることができる」とうたっている。果たしてこの農地の買い上げ価格が正当な補償といえるかが問題となった。最高裁判所は法理論を駆使してこれを「正当な補償」と判示した。理屈はともかく、急激な戦後インフレの下では全くの不公正価額であり、ＧＨＱ

（連合国軍最高司令官総司令部）の強大な権力をバックに資産家から無産者へ富を移転させる政策は問答無用の革命であった。

　毎年秋の収穫時になると小作人が年貢の米俵を庫裡の中庭に山と積み上げたものであったが、農地改革でこの光景も二度と見られなくなった。終戦の時まで住み込んでいた作男と下女も、いつの間にか暇を出され、それぞれ出身の村に帰っていった。以前は小作人であった者の隆盛と裏腹に、寺は経済的に困窮の度を加えて日常の糧にも事欠く場面すら生じるに至り、一三〇〇年の重みを持った寺格を維持することも困難な有様になっていた。

　農地改革により、手元に残されたのは般若台下にある寺院跡の畑と山林だけで、住職の慶順はこの残されたわずかばかりの畑で自給自足の糧食を確保し、その日暮らしにあけながら戦後の混乱が収まるのをじっと待っていた。どうしても現金収入に不足を来たすときは、境内を取り巻く谷間の竹やタケノコを売却して収支を相償い、帳尻を合わせていた。境内の沢筋には竹が密集していて、業者は切り取った竹を境内の広場で裂き、桶の「たが」にできるまでの半製品に仕上げて荷車で山の下に運んだ。いくらでも出てくるタケノコと共にこれは江戸時代と同じく、当時の笠置寺にとって大事な現金収入であった。

　文明年間に再建され、藤堂藩二代目の藩主によって修復された本堂は懸崖造りの基礎の一部が雨で腐り、谷側に本堂全体が傾きだした。屋根には雑草や大きな松の木まで生えるに任せ、太くなった木の根が瓦をずらせて雨漏りがひどく、堂内の畳が腐る有様となっていた。弥勒石の巨大さに驚いた参拝客は次に本堂に目を移して「本堂の屋根にあんな大きな木が生えとるわ」と、その荒れ具合にも驚きの声をあげるのであった。しかしこのような時代には誰もが生きるのに精一杯で、堂の修理や整備は期待できる状況ではなかった。

　木津川を見下ろす貝吹岩の広場にあって、麓からもそれとよくわかる国粋主義のシンボルのような国旗掲揚台には笠置名物の雷が頂のポールを固定する釘に幾度も落ちたため、土台まで多くの裂け目を作り、ついには倒壊して大日章旗は最早笠置の山頂に翻えることはなかった。国旗掲揚台の四面に填め込まれていた国威宣揚《こくいせんよう》の銅板もいつの間にか盗人によってはぎ取られてしまった。戦争に負けたからとはいえ、この頃は何とも殺伐とした世ではあった。

慶順の急死と慶尊の住職復帰

不幸は重なるもので、ちょうどその頃（昭和二十三年九月）、檀家の彼岸詣りから帰ってきた住職の慶順が腹痛で寝込んだ。実は盲腸炎であった。しかし腹の中に回虫がいるのだろうとして、一週間も放置したため腹膜炎を併発した。山の上ではどうにもならないので、急ぎ山の麓まで戸板で担ぎおろし、衛生状態の良くない農家の一室を借りて緊急手術が行われたが、既に手遅れの状態であり、腹腔内に膿が回っていた。手術後、田舎の病院に三ヶ月弱入院したのち、それまで風邪一つひいたことがないと自慢していた慶順は、十二月に四十九歳の若さであっけなくこの世を去った。後には老僧夫婦と妻と三歳から高等女学校までの子供五人が残された。盲腸炎の手遅れなど今なら考えられないことではあるが、充分な医療施設もなく、当時出始めたペニシリンのような特効薬もなかなか手に入らない田舎での犠牲者であった。

慶順の死去によって既に隠居していた慶尊が住職に戻り、中学生と小学生であった息子二人が昭和二十四年二月に急遽得度して次の代に備えた。逆縁に気落ちした慶順の父の慶尊も、孫二人が檀家の法事を一人で執り行うことができるように仕上げて、慶順他界のちょうど一年後の昭和二十四年（一九四九年）十二月に七十七歳で死亡した。そのため笠置寺住職は子供が成人になるまでの期間、丈英の弟子、慶尊にとっては弟弟子であった隣村の春光寺住職の尊亮が兼務で就任し、残された家族が寺を出て路頭に迷うことを防いだ。人情の厚い地方でもあり、未成年の跡継ぎを盛り立てようとする檀家の暖かい目も残された家族に幸いした。

南山城水害

昭和二十八年（一九五三年）八月十四日の日没はその後の事態を予想させるような異常なものであった。真っ赤な太陽が生駒山地の上に巨大で不気味に盛り上がった黒い雲の嶺の向こうに沈んだ。日没後まだ明るさの残る上空にも、それとわかる不気味な雲が覆いだした。夜八時頃から雨が降り出し、真夜中には地を揺さぶる雷を伴って、今まで経験したこともない車軸を流すような豪雨となった。雷を伴って一晩中降り続いた雨は、やっと朝方になって降り止んだが、霧が晴れた笠置山頂から見る遠くの景色は前日とは一変していた。

昨日まで緑に覆われていた木津川上流の山々には至る所に山崩れがおき、悪魔の爪で引っ掻いたように無惨にも赤茶けた山肌をさらし、清冽な水を湛えていた木津川は泥水を飲み込み茶色に膨れ上がって、あふれ出た濁流は狭い谷間の川縁にかろうじて建てられている民家を押し流していた。

その日、日本海の上にあった寒冷前線が徐々に南下して、夜になって木津川の真上に停滞した。この前線は木津川の北側に、局地的に一夜にして五百ミリ近い豪雨をもたらした。夏には蛍の飛び交うのどかな小川を水と土砂と石と倒木を交えた山津波の道筋に変へ、その鋭い牙は山麓の集落に襲いかかった。笠置町東隣の南山城村、木津町（現木津川市）の北にある井出町を中心とするごく狭い地域で死者一七〇名、行方不明二六九名、流出と全壊五九三戸、橋梁流失二九六ヶ所、田畑流失三三・七ヘクタール、堤防決壊三四六ヶ所と、当地では空前の激甚大災害をもたらした。

このうち、南山城村大河原地区では流木を巻き込んだ土石流が関西本線の暗渠をふさぎ、あふれた水がその圧力で一気に線路の土手を押し流し、巨大な破壊力を伴う鉄砲水となって突出して、その下流で五十人の犠牲者を出した。山肌を縫うように走っていた関西本線の線路は至る所で路盤を流され、吊り橋のように山肌から垂れ下がり、寸断された関西本線は数ヶ月間不通となった。

平和な山里の傾斜地にへばりつくように設けられていた墓地が崩れ落ち、埋葬されたばかりの新しい遺体も含めて人骨が散乱するという、この世のものとは思えない地獄絵図が展開された。木津川に押し流され流木に掴まって助かった人、力尽きて下流で数日後に腐乱死体となって浮かび上がった人、貴重品を取りに自宅に戻ってそのまま家もろとも流され行方不明となった人、お盆休みで帰省しその犠牲になった人、自然の猛威が一夜明けた村の様子を一変させ、貴重な命を奪い、ここに住む人々の生活の基盤を完全に破壊した。

南山城村の隣村、三重県島ヶ原村（現伊賀市）観菩提寺正月堂境内に村が建立した「山津波土石流記念碑」はその生々しい状況を次の通り述べる。

「昭和二十八年八月十四日夕刻からの降雨は夜半に至り沛然たる大豪雨となり、激しき雷鳴と壮絶な稲妻は間断なく大地を震わせ、遂に十五日未明、俄然、地鳴りを伴い北部山渓一帯に於いて山津波を起し、濁流は無数の巨岩と立木を交えて奔騰し、瞬時にして多くの家屋を押し流し、尊き人命を奪い去りぬ。豊沃なる田畑は砂礫の河原と化し、道路は寸断され交通通信は全く途絶するなど大自然の暴威の下で惨憺たる荒廃の地に変貌し（以下略）」

笠置寺そのものは前線の直下からほんのわずか南側に外れていたので、庫裡の北側の基礎が崩れたほか、幸いにして大きな被害から免れたが、山崩れで数日間は下の集落との交通が途絶した。山上からは目の下をヘリコプターが交通の途絶した山間の家々へ食料などを運ぶため、ひっきりなしに飛び交うのが見えた。これが今に南山城水害として当地に語り継がれている大災害である。

時を先取りするが、その後笠置は昭和六十一年（一九八六年）にも水害により大きな被害を被っている。同年七月二十一日から二十二日にかけて、笠置町を中心とする狭い地域で梅雨前線による三七二ミリ、最大時間雨量五八ミリの豪雨が発生し、至る所に崖崩れが起きて町内全域が孤立状態に陥った。しかし降水量の割に南山城水害の経験が生きて死者がいなかったのが不幸中の幸いであった。この時、笠置山への登山道も十五ヶ所で崩壊し、その復旧は平成時代にやっと完了した。南山城水害と同じく、風化が進んだ花崗岩を主体とする地質と峻険な山容が生んだ災害であった。

尊亮による本堂修理

本堂は文明年間、貞盛の勧進により再建され、明治十一年（一八七八年）には屋根の葺き替えが行われた（龍背辰次郎『笠置山元弘戦記』）が、前に述べたように、永年の風雪による老朽化が進み、放置すれば倒壊の危険すら生じていた。

尊亮は南山城水害で被害を受けた春光寺の再建が一段落した後、この朽廃寸前の笠置寺本堂の改修に取りかかった。

兼務住職とはいえ笠置寺を任された尊亮は、本堂の改修を自分の使命と受け止めてその精力を注いだ。鶴のように痩せた小柄な体のどこにそのようなエネルギーがあるのかと思われるほど動き廻り、関係各所に慣れない陳情を行って補助金を求め、檀徒にも「あの本堂がちゃんとならんかったら、わしゃ死んでも死にきれん」と口癖のように言っては頭を下げて寄付を願って歩いた。

農地改革による痛手から立ち直りきれない笠置寺ではあったが、尊亮の努力が実り多額の浄財を集めて、遂に昭和三十二年（一九五七年）に文明年間の本堂を全面解体の上、修理を完了した。この機会に弥勒像の礼堂としての形を残すため、弥勒石に向かっての拝殿のせり出しも行われた。

慶範による境内の整備、堂の修理

本堂の落慶供養が終わって間もなく、老骨にむち打って五百年ぶりの大仕事を成し遂げた尊亮は昭和三十四年（一九五九年）四月、七十四歳で世を去り、成人して間もない慶順の息子慶範《けいはん》が二十四歳で近世六代目（丈英、慶尊、慶順、慶尊、尊亮、慶範）の笠置寺住職に就任し、笠置寺復興の大役を背負うこととなった。

無住となっていた笠置寺の整備は丈英のもとで明治時代に行われた。その後の修理のサイクルが丁度第二次大戦とぶつかり、人心が落ち着くまで何の保守も叶わず、更に昭和二十八年の南山城水害の復旧などで、堂宇は再び荒れるにまかされ、それらへの対応は全て慶範に託されることとなったのである。

若き住職慶範は己の使命に全力投球で応えた。

新築されたものは、

・舎利殿（昭和四十九年三月）

・山門（昭和五十五年）

・宝物庫（昭和五十五年）

改築されたものは、

・重源の寄進になる解脱鐘を収納する鐘楼（昭和三十四年）、これは支える四方の柱が腐食して鐘を突くと鐘楼全体が大きく揺れる状態であった。
・椿本神社（昭和三十六年）。これは檜皮葺《ひわだぶき》の屋根が剥がれて応急処置としてトタンで覆われていた。
・昭和三十六年第二室戸台風による大師堂破損の修理（昭和三十九年）
・本堂屋根一部葺替（昭和四十年・昭和六十年）
・般若台六角堂地域整備（昭和五十一年）
・集中豪雨による本坊裏の土砂崩壊予防工事。敷地に亀裂が入り、下の民家が危険にさらされた（昭和五十五年）
・大師堂改築。大型重機が上がらず階段を引き上げての難工事となつた。昭和三十九年の仮修理を土台から一新したもので実態は新築であった（平成二年）。
・本坊改築。阪神淡路大地震で大きく東に傾いて危険な状況になつていた（平成十年十二月）。
・毘沙門堂の改築（平成十六年五月）
と多数に及び、ほぼ堂宇の全体を新たにした。

これらの資金は寺所有の資産（土地・立木等）売却、京都府からの補助金、檀家寄付金、昭和五十五年から開始した入山拝観料を引当にした銀行借入等で賄われた。山寺の宿命ともいうべき自然災害への経常的な対策を同時並行的に行いながら、京都府、過疎に落ちいく檀家などを説得してこれら全てをまとめた慶範の苦労は筆紙に尽くし難いものがあった。

慶範が新しく行っ た笠置寺を巡る行事としては、
・笠置町町制五十周年記念事業として虚空蔵磨崖仏の巨大拓本採取（昭和五十九年）。この拓本で流麗な磨崖仏の姿が再現され、学術的な研究が一段と進んだ。
・平成二十三年十一月には元弘の役六百八十年にあたり、足助重範ゆかりの愛知県足助町足助神社宮司同席のもとに笠置山に散った両軍の慰霊が行われた。
・平成二十四年十一月、解脱上人八百年遠忌法要を勤修。
・平成二十六年十一月本尊弥勒仏創建千三百五十年慶讃法要（『帝王編年記』にある「天智三年天人降造笠置石像弥勒」に準拠）が営まれた。

山　門

大師堂

毘沙門堂

平成の世には

史上最長を記録した昭和も六十四年（一九八九年）となったばかりの一月七日で昭和天皇の崩御により幕を引き、平成の世に移った。

■ＮＨＫ大河ドラマ「太平記」の舞台に■

平成三年（一九九一年）にはＮＨＫの大河ドラマで『太平記』が取り上げられ、笠置にも脚光があてられた。戦前は楠木対足利の闘争の構図が愛国思想に合致し、国家主義の高揚に利用されたことは既に述べたが、もう一方の対立である南朝と北朝の争いは天皇神格化、万世一系と称する天皇制のイデオロギーに陰を落とすものであるため、非常に微妙な問題を含んでいた。これは南朝方で活躍した北畠親房の記した『神皇正統記』以来の論争であったが、明治四十四年（一九一一年）に南北朝併立説にたった教科書の記述を巡り政治問題化したことがある。いわゆる南北朝正閏問題といわれるのがそれである。帝国議会をも巻き込む大きな問題となったが、最終的に政府が南朝正統論を正式に採用してこの問題に決着をつけた。

微妙なニュアンスを持つものであるため、その後はあまり論争の対象とはされてこなかった。この流れは戦後も続いてきたものであろうか、公共放送であるＮＨＫの大河ドラマは「平家物語」や「太

「太平記」放映を記念して発行されたテレフォンカード

閣記」「幕末から明治維新」の世界をしばしば取り上げたが、「太平記」を題材にすることはなかった。初めてドラマ化された「太平記」の一年間にわたる放映は、戦後では初めて人々を「太平記」の世界に誘い、一時的に世間の笠置への関心を高めた。これによりテレビに映された場所を実地に追認するため、かつてないほどの登山客が笠置山を訪れた。

■笠やん■

平成四年（一九九二年）頃、笠置寺はテレビ、週刊誌、写真週刊誌、新聞などで日本中に知れ渡った。タレントが、映画俳優が、リポーターが山に登ってきてリポートした。主人公は後醍醐天皇でも楠木正成でも貞慶でもなかった。主人公は「笠やん」という猫。笠置山に棲み着いた野良猫が餌欲しさに観光客について笠置山の名所をまわったのがペット雑誌に載った。それにマスコミが目を付けて「名所を先頭にたってガイドする猫」として報道、一躍有名人ならぬ有名猫になったのである。

軽佻浮薄な世の中にあって、底の浅い付和雷同型の視聴者等におもねるマスコミによって作られたタレント猫は、全国各地から送られてきたペットフードを食べて肥満の余り観光客を先導できなくなり、遂には運動不足で死んでしまった。猫にとっては迷惑なことであったが、ＮＨＫ

マスコットの笠やん

の大河ドラマ同様笠置寺を全国に知らしめた功労者であった。「どんな猫でもネズミを捕る猫は良い猫である」というフレーズを地でいくこの野良猫の「笠やん」はネズミならぬ登山客を取り込んで笠置山に向かわせた。「笠やん」は笠置山にとって招き猫であった。この猫は今本堂への参道に静かに眠っているが、近年、笠やんは笠置町のマスコットキャラクターとして甦って京都各地の催しに出没してけなげにも笠置町の宣伝に一役買っている。その愛嬌のある姿は今や人気急上昇中で日本各地に打って出る勢いを秘めている。

■二十一世紀に入り■

時は巡って、西暦二〇〇〇年最後の十二月三十一日、各地で新世紀を迎える様々な催しが行われた。ここ笠置寺では「二十一世紀によみがえる弥勒」と題して、一三三一年に焼失して以来、光背のみを巨大な石面に残すにすぎなかった弥勒像が、スライド投影によって六七〇年ぶりにその姿を石面に現した。その像は笠置曼荼羅の描くあの慈悲深い目をもった弥勒であった。同じく弥勒石の下にある虚空蔵菩薩像もライトアップされた。

大晦日のその夜、山門前から本堂までは明かりが灯されて参詣の多数の人々を誘導した。重源寄贈の解脱鐘が山中に響く中、演じられた光りの祭典は平安時代の笠置寺の一端を垣間見るものであった。

平成二十二年（二〇一〇年）は奈良に首都が移って千三百年にあたり、その前後、大極殿の復元を中心とする平城宮跡の整備、各種イベントが行われ世の関心が奈良地方に集まった。平成十四年には「東大寺のすべて展」が奈良国立博物館で、平成十六年には東京上野の東京芸術大学にて「興福寺国宝展」が、そして貞慶がこの世を去って八百年に当たる前年の平成二十四年（二〇一二年）に奈良国立博物館で「解脱上人貞慶御遠忌８００年記念特別展」が、平成二十六年には京都博物館にて「南山城の古寺巡礼展」が開催された。これらの特別展に笠置寺からも笠置寺縁起や貞慶自筆の『地蔵講式』、解脱鐘など寺宝が数多く出展された。笠置寺に関連する特別展が企画されたのはこれまでなかったことであり、あらためて笠置寺が世の関心をよぶこととなった。

諸堂の整備を終え、経済的にも笠置寺を戦後の混乱から復活させた慶範は平成二十五年にその職を長男慶昭に譲り隠居した（披露は同年七月）。おそらく五十四年にわたる住職は笠置寺千三百年の歴史では最長であろう。

次代を担う人材として大正大学で真言学を学び、大学院で更にその教義を深めた慶昭はホームページの充実を通して世に笠置寺の存在を広め、南山城古寺との連携を通して南山城仏教文化圏の拡充に努め、更には本山智積院の役職を通して智山派の興隆に邁進し、智山専修学院講師として真言宗智山派後進の育成に注力した。また地元と密着して過疎の笠置町再生に心を砕くなど広い視野と新しい感覚で寺の経営に乗り出している。

685年ぶりに勧請された春日明神社。右は椿本神社。

■六百八十五年ぶりの春日明神勧請■

平成二十八年六月一日は笠置寺にとって歴史的な日となった。常陸鹿島から白鹿に乗って武甕槌命《たけいかづちのみこと》他二神が降臨された地（御蓋山《みかさやま》）に鎮座されている春日大社の摂社本宮神社旧社殿が六十次式年造替に絡んで笠置寺に移設され、春日大明神が勧請されたのである。

笠置寺と春日大社の関係は鎌倉初期に春日信仰を有していた貞慶が笠置寺に般若台を造った時、春日明神を勧請して社を造営したことに始まる。しかしこの社殿は元弘の役で惜しくも焼失してしまった。今回笠置寺に春日神社が勧請されたのは実に元弘の役から数えて六百八十五年ぶりのことである。

貞慶が春日明神を勧請した際の様子は『春日権現《かすがごんげん》験記絵《げんきえ》』（一三〇九年完成）に詳しく記述されているが今回の勧請はこれに則り古式に習って行われた。

神を迎える山は境内の明かりがすべて消されて星明かり以外に何もない漆黒の世界である。春日大社花山院弘匡《かざんのいんひろただ》宮司、笠置寺小林慶昭《こばやしけいしょう》住職が先導するなか、神の到来を予告する神官たちの厳かな「オー」という警蹕《けいひつ》の声が境内の森にこだまする。それは春日明神が寺院の境内に充溢するような不思議な感覚に満たされた瞬間であり、同時にそれぞれ千三百年の歴史を有する寺院の住職と神社の宮司が共同の宗教儀式を行うという明治以前の神仏習合を目のあたりにさせる貴重な時でもあった。

これからの笠置寺

本題に戻り、今後の笠置寺の課題はこの由緒ある弥勒の兜率天につながる寺院を如何にして昔日の如き信仰の場として再構築するか、そして弥勒信仰を通して如何にして現代の人々に通じる安らぎの場を提供するかである。

神聖なインドの霊山の片割れが飛び来たったという山に所在し、役の行者と日蔵上人が「我ら、この峯に住みて末代の行者を守護せん」といい、解脱上人が「冥衆永く我山を護らんことを」と祈願しているこの笠置寺は、時代の流れに乗り、あるいは抗し、あるいは弄ばれながらも不死鳥のようにその生命を保ってきた。一三〇〇年を有するその歴史は日本の寺院の中でも有数の古さではあるが、弥勒如来がこの世に降りてきて衆生を救ってくれる五十六億年七千万年先から見れば、まだ歩み始めたばかりである。この山寺がこれからも時代が変わり人が変われども永遠の生命を持続し、弥勒下生の暁まで日本人に心の糧を供給し続けることを祈りて筆を置く。

第十章　笠置山歳時記

以下は私が少年時代を過ごした昭和二十年から三十年代の頃の笠置である。今も自然の状態は変わらないが、時代の流れは私の想像以上に笠置に変化をもたらしている。当時の状況が現代に即応しているかどうか自信はないが、笠置山のありし日の姿の一片が描写できればと思い、思うがままに記してみた。

春

毎日続いていた山を揺るがせるような冬の季節風も三月になると途絶えがちとなる。凍てついた土を押し上げてスイセンが顔を出し、冬から春への交代を主張する。般若台近くの僧坊跡の畑では麦が日増しに緑を濃くしていき、それにスミレ、レンゲが華やかな彩りを添える。

笠置の春は何といっても桜である。梅の花が咲くと、桜のつぼみも桃色にふくらみ初め、春霞がたなびく四月、ちらほらと花がほころびだす。笠置は吉野山と並び称される桜の名所であり、古来、藤原定家をはじめ幾多の歌人がその美しさを愛で、詠むところとなっている。しかし華やかなソメイヨシノが笠置の山を包むのは比較的新しいことで、平安の昔は淡い山桜が新緑の間に控えめに彩りを添えていたようである。

関西本線笠置駅の辺りからは、登山道に沿って桜の列が伸び上がっているのが眺められる。桜の開花は山の上と下では二〜三日の違いがある。桜を待っていた京阪神方面からの花見客が山上に押し寄せ、静かだった山がこの一時期、喧噪に包まれる。

山の純粋な空気の中で育ってきた者の嗅覚は鋭く、登山客のくる物音よりも先に、山の麓から吹き上がってくる風の中に、登山客が持ち込んできた町の匂いを嗅ぎ分けて、その来訪を知ることができる。

朝のうち、小鳥の囀りが支配していた山上は、いっとき酔っぱらいの大きな声と足音にとって代わられる。四月の一日から八日頃の日曜日には花見客は茶店だけでは入りきれず、むしろを敷いて花の下で酒盛りを始める。しかしこの騒ぎも土産物屋や茶店が立ち並ぶ場所に限られる。どんなに登山客

笠置駅から春の笠置山（南面）

の多い時であっても、弥勒石のあたりでは人の波は松、樫、椎、楓などの古木に飲み込まれてその影を薄くし、酒の入った者もその森厳な場所には襟を正す。

午後も三時を過ぎ日が西に傾きかける頃、観光客は潮が引いたように山から下る。後には折り詰めや包装に使われた新聞紙の山が残る。日暮れまでにそれらをすべて掃除し終わると、山は完全に太古以来の静けさに戻り、再び小鳥やキツネ、リスなど小動物の世界になり、その活動の場となる。

ソメイヨシノは既に葉桜となり、遅咲きの鬱金桜《うこんざくら》がその黄色い花を残し、山中には定家が愛でた淡い山桜が彩りを添える四月二十一日、弘法大師の命日がやってくる。真言宗に属する笠置寺では「お大師さん」といって大師堂で法事が行われる。椿本神社前の広場では余興に獅子舞や太神楽が行われ、娯楽の少ない村人が山の下からたくさん集まってくる。

ツツジ咲く稲荷神社への石段（紅葉の時期も素晴らしい）

梅雨

梅雨前の五月は本当に良い天気が続く。花は桜から鮮やかな原色のツツジに代わり、真っ青な透明感のある空にはキツツキが虫を求めて木をたたく乾燥した音が響きわたる。木々の緑は濃くなり、畑には麦の穂が伸びていく。登山客も少なくなって山は本来の静けさの世界となる。

梅雨が本番に入ると、来る日も来る日も雨。笠置の山は標高わずか二八九メートルの低山であるが、樹木が鬱蒼と繁り、その間に巨石が屹立する様には深山の趣がある。雨が降ると谷間から霧が上ってきて木々を墨絵のように浮かび上がらせる。弥勒石にはその頂から雨水が染み落ち、その表面がまだらに黒く変色していく。梅雨冷えの中で青梅を採るのもこの頃である。

雷

雷は夏の笠置山の名物である。地上が暖まり上昇気流が盛んとなる昼前、真っ青な空に点々と白い積乱雲が出始める。それはみるみるうちに成長し、綿菓子を思わせるような雲の頂は抜けるような青い空にぐんぐん伸び上がり、動物や人の顔を作っては消えていく。この雲に秘められたエネルギーは感動的であり、その上昇する動きには圧倒される。ふくれ上がった雲の群はいつの間にか一つにまとまって空を覆い、日の光を遮られた地表は薄暗くなってくる。

境内の広場に幾つもの巣穴を持っている蟻は夕立を予想して、穴の中から砂を掘り出しては入り口に火山の外輪山のように積み上げ、雨水が巣の中に入らない工夫に余念がない。

夕暮れと間違えてカナカナゼミが合唱を始める。と、思う間もなく沛然と雨が降り出し、稲妻と共に雷が鳴る。日光、那須地方とここ近畿地方中部、鈴鹿一帯は日本でも有数の雷の名所であり、三日に一度、時刻は午後一時から三時頃に決まって雷が発生する。屋根瓦を叩いた雨は樋を伝って滝のように池に流れ込む。日頃その音を聞いている者には、池に流れ落ちる水の音の具合で雨の激しさを知ることができる。

山上のことでもあり、雷は平地に於けるとは比較にならない確率で落ちてくる。特に、高台の稲荷神社の松にはピシッという鋭い音を伴った閃光と共に雷が落ち、木の先から幹を伝って地上まで釘で引っ掻いたような螺旋形の筋をつける。貝吹石近くにある紀元二六〇〇年記念の木製の大きな国旗掲揚台は頂のポールを支えていた釘にたびたび雷が落ち、戦後間もなく、すっかり支柱がそげ落ちてそのうちに倒壊してしまった。

勢いを誇ったさしもの雷雨も二時間とは続かない。二十センチも跳ね上がる大粒の雨がやむと同時に何ごともなかったかのように太陽が顔を出す。今まで三十度もあった気温は夕立の冷気で二十五度近くまで下がり、霧が谷間から上がってくる。木の葉には夕立の名残の雨滴が付き、それぞれが太陽を取り込んでダイヤのようにキラリと光る。道元の『正法眼蔵』にいう仏の世界を彷彿とさせる光景である（人のさとりをうる、水に月のやどるがごとし。月ぬれず、水やぶれず。ひろくおおきなるひかりにてあれど、尺寸の水にやどり、全天月も弥天もくさの露にもやどり、一滴の水にもやどる。『正法眼蔵』現成公案）。夕立雲が太陽を遮ると同時に鳴きだしたカナカナゼミに代わり、太陽と共に再びニイニイゼミが登場し、水蒸気を落とした大気は再び真っ青な空をつくりあげる。

笠置の山の夕立は最初から最後まで光と音の饗宴である。夕立の後、そこここにできる大きな水たまりは水遊びのできない山上の子供たちに格好の遊び場となる。

霧

笠置山は鬱蒼と繁った樹木に遮られて太陽が直接地面に届かないため、標高の低い割に夏は涼しく過ごしやすい。夏の最高気温は大阪よりほぼ四～五度は低い。都会と違って日が落ちると内陸性気候でもあり気温はぐっと下がってくる。朝の最低気温は二十一度から二十三度、最高気温が三十度を超えることは少ない。沢筋には竹藪がたくさんあるので蚊が多いのが玉に傷であるが、木陰では汗も出ず快適に過ごせる。昼寝をしていても汗をかくことは滅多にない。

八月の旧盆には東山にある解脱上人をはじめとする歴代の住職の墓や無縁墓などにお供えをする。この年に出た竹を切って太いのを花立てに、細いのを線香立てとし、柿の葉に洗米とサイコロ状に切ったキュウリとナスをのせて墓前に供え、香りの良い樒を花立てに供していく。苔むした石塔群に対し、色鮮やかな青竹と柿の葉は新鮮である。

　樹木が多いため山に生育する蝶の種類も多い。春先、菜の花の間を飛び交っていたモンシロ蝶はもうとっくに姿を消し、夏になると主役は交代する。本堂近くの日陰には羽をすぼめると蛇の目のような模様を二つ見せるジャノメ蝶がひっそりと羽を休めている。行在所の森から稲荷の森に勢いよく飛んでいく大型のカラスアゲハ、日なたの花で蜜を吸う華麗なキアゲハ、宝石のような色彩を持つ小型のシジミ蝶は日当たりの灌木の間にみられる。たまに大きなオオムラサキが蛾のように羽を広げて柿の葉にぶら下がっていることもある。

　盆が過ぎる頃、北の高気圧が張り出して最低気温が二十度を割り込み、真昼でも最高気温が二十六度〜二十七度まで下がりだすと、山ではすっかり秋の訪れを感じるようになる。夕暮れ時、赤く染まった高い空に鬼ヤンマがゆうゆうと飛び交う。

　下界では木津川の川霧が日の出の頃より密度を濃くし、層雲となって山の中腹から下に雲海を作る。朝、木津川を見下ろす景色の良い平等石の上で時を過ごしていると、時折、木津川の渓谷から冷たい霧が上がってきて夏でも毛布が離せなくなる。

　太陽がその光を強めると木津川はすっかり層雲に覆われて、雲の上に笠置、鈴鹿、生駒の山系が浮かび上がる。麓との高度差が霧に覆われて想像の世界となるため、この時、わずか標高三百メートルに満たないこの山でも三千メートルの高山の雰囲気が感じられ、身は低山にあっても、心はアルプスの高みに飛翔する仙人となる。

　霧は太陽によって大気が暖められるとその頂を上げてきて、笠置山をだんだん飲み込んでいく。この時、山中は霧に包まれ、立ち並ぶ樹木が墨絵のように濃淡をもち、かすかになって霧の彼方へ消え

木津川を隠す雲海

ていく様子はまさしく枯淡。俳諧、墨絵の世界である。

　太陽が高くなるにつれ、山を包む霧は薄れて中腹に雲となり点々と浮かぶが、これもいつの間にか消えてしまい晴れ上がっていく。夕立の時と同じように山中に生育する蜘蛛の作った巣に霧が水玉の列を付け、それらが日の光にキラキラと輝く様は真珠の首飾りのように美しい。

　この霧の発生は木津川が山深くて狭い渓谷を貫通していることに起因する。内陸部のため朝方になって空気が冷え込むと、地面より冷えるのが少ない川水から水蒸気の蒸発が起き、それが冷たい空気に冷やされて下層雲が発生する。したがって、川下の加茂付近までくると、平地が開けて水蒸気が拡散されるので、濃厚な水蒸気の補給が続かず霧は消えてしまう。寒さが厳しくなると木津川から湯気のように水蒸気が立ち昇るのが良く見えるが、川面の空気が冷えすぎているためか、霧を発生させることはなくなる。このように名物の霧は秋から初冬までにしか見られない珍しい現象なのである。

　近年、笠置山では老木となってしまった桜にとって代わって、秋の紅葉とこの雲海が人を引き寄せるようになった。しかし、雲海を観るには山上に一泊して日の出と共に景色の良い平等石辺りまで足をのばすことが必要である。

虫

残暑と初秋の涼しさが交互に訪れる候、九月一日には本堂で大般若経転読の法事が勤修され、法類の僧侶が南山城各地の寺から集まってくる。転読とは経題と経の最初の一部分だけを読んで全巻の読誦に代え、国家安泰、五穀豊穣、家内安全を願うものである。なお転読に対するものは真読といい、最初から最後まで経を読み通していく。

当日、堂の周囲には五色の幕が張り巡らされ、正面には一対の幟が高々と流されて、文明年間の古色蒼然とした本堂は見違えるほど華麗になる。

本堂内陣では正面に向かって導師が中心に位置を占め、その左右に六人の僧が並び、六百巻の経のうち、それぞれ百巻を受け持ち、大声で「大般若波羅密多経、巻第〇〇、唐三蔵玄奘法師奉詔訳」と唱えて経本を左から右に広げ移していく。六人がいっせいにこれを行うと、なかなか壮観、華麗でショーのようなものである。仏前で祈祷されたお札は、翌日、山の下の檀家に配られる。これは江戸末期から檀家との約束事である。

この日は椿本神社前の広場で近郷の力自慢による奉納大相撲が行われ、山上は久しぶりの賑わいを見せる。観客席としては土俵の周りは当然であるが、崖の斜面や高みにある木の根にも腰を下ろして観戦する素朴なものである。テレビのない頃であり娯楽の少ない山村の人々にとって、このささやかな楽しみも待ち遠しいものであった。

九月に入ると残暑も一段落する。近畿中央部に位置する笠置では海の影響もなく、日が陰ってくると急に薄ら寒くなってくる。夏の日盛り、喧《やかま》しい鳴き声をたてていたセミも、いつしか小鳥やアリの餌食と消え、代わって草むらからキリギリス、コオロギ、クツワムシ（ガチャガチャ）などの合唱が姦《かしま》しくなって、季節が秋になったことを報せてくれる。

日が暮れ、蚊帳に入って電気を消すと、鮮やかな緑色のキリギリスが蚊帳にとまって「スイッチョン」と澄んだ音色を聞かせる。この虫の音を聞くと、「ああ、もう秋だ」と感じる。キリギリスは秋告げ虫である。

コオロギは台所の暗がりで「コロコロコロ」と鳴くがめったにその姿を見せない。人気《ひとけ》のない暗闇で孤独に鳴くコオロギの音色は淋しそうに聞こえる。

山襞までくっきりと月の光に照らされる満月の夜、明かりをつけないで山道を歩くと、感覚が研ぎ澄まされて色々な虫の音が賑やかに聞こえてくる。こんなにもたくさんの虫が草むらの中に隠れていたのかと、あらためて驚かされる。中には蛍のように発光する虫もいる。秋の夜の主人公は空の月と草むらの虫、初秋の夜は虫との対話の時である。

秋が深くなって山を包む川霧が日一日と濃さを増す頃、霧の妖精のような白い蝶が時折たくさん発生し、霧と戯れているかのように二～三メートルの高さの所をゆらゆらとゆっくり飛び回る。今から考えると可哀想なことをしたが、山上のこととて、友達のいない私はこの蝶を箒で落として遊んだものだ。

動物

笠置山に住む住人は少なく、登山道に沿って七軒しかない。春や秋の行楽シーズンには人がたくさん集まるが、それも日中の間だけである。元弘の役で焼かれて以来七百年、斧鉞の入ったことのない原生林に囲まれたこの山域は野生動物の天国である。

大きい動物からいけば、まずイノシシ。秋にサツマイモを収穫した後、畑に蒔いた麦の新芽がやっと出た頃、越冬の体力をつけるため、夜になると人間が掘り残した芋を目あてに畑へやってくる。芋を探るためイノシシは鼻で畑を掘り返していく。その威力は一頭が一晩で一反（九九一・七平方メートル）以上の畑を完全に掘り返し、荒れ地のようにするほどのものがある。

一度荒らされると麦の種のまき直しをしなくてはならず大損害となるので、山の農家はその対策に大童となる。イノシシは布切れの焦げる臭いに弱いとの情報で、端切れの布を縄に編んで火を付けてくすべる作戦も試みたが、風の方向が変われば効果がない。イノシシを脅すための空き缶を利用して作った鳴子は、誰かが一晩中鳴らす必要がある。畑の見回りを頻繁に行っても、その合間に荒らされるケースが多い。番犬を畑に置いても犬の方が怖がって番犬とならず、その対策には全くお手上げであった。最後の切札として労力をかけて畑の周囲に高さ一メートルほどの竹垣を巡らしてイノシシが入れなくした。しかし数年経てば材料の竹が腐り、イノシシはそこを狙い破って入り込むので、結局、決定的な撃退策は見あたらないまま、泣き寝入りする他なかった。最近、都市化の波が近くまで押し寄せてきて生息地が少なくなったせいか、自然の残る笠置山ではイノシシがまた増えだした。因みに中腹の料理屋ではボタン鍋が名物となって、都会の人に喜ばれている。

タヌキは余り見かけないが、戦後間もなくの頃、下肥を入れる野壺にはまって死んでいるのを見たことがある。また最近では時々えさを求めて民家にやってくると聞いた。

キツネは稲荷神社の高台に生息していて、早朝、登山客の弁当の残りを漁っているのが良く見られた。日中は人を恐れて出てこないため、その姿を見ることはない。

ムササビが住みついていることは平成の世まで知らなかった。最近のことだが、夜十時頃、庫裡の前の大杉から四つ足を大きく広げて滑空して低い木の枝に飛び移るのを偶然に見受けた。この時見かけたのは一匹だけであったが、人知れず今もこの大杉の中に棲みつき、連綿と種の保存を行っているのかと思うと感動的ですらある。

サルは般若台から柳生方面にかけて群をなして生息している。これも戦後間もなくの頃、一人で歩いていて石を投げつけられた住人がいた。イノシシ同様畑を荒らし、その対策に苦労しているようである。最近、木津川から数十匹のサルの集団が上がってきて車の通る国道を横断して民家の屋根から森に入っていくのを見かけた。過疎で一三〇〇人しかいない笠置町では住人よりサルの方が多いだろう。

リスは今でも旧道の杉林などに可愛い姿を見せることがある。

東山の方では、たまに植林したばかりの杉の芽が野ウサギに喰われていることがあった。めったにお目にかからないが、野生のウサギが生息していることは間違いない。なお残念ながら笠置の名前の出た大本の鹿は現在では全くその姿を見せない。

樹林の繁った笠置山には訪れる小鳥の種類も多い。気のついた鳥を順不同にあげると、シジュガラ、モズ、ヒヨドリ、ホトトギス、コノハズク、ヤマドリ、キツツキ、ウグイス、ウソ、メジロ、ヤマバト、カラス、トビ、キジ、スズメなどである。

松茸

山には赤松が多く、たくさん松茸が採れる。松茸の採取は入札制となっているため、自分の所有している山でも松茸の季節にはその権利を落札しなければ立ち入ることはできない。しかし、入札の対象とならない山は誰でも立ち入り自由であり、入札に参加していない我々は、そのような場所で松茸を探すのである。

自由に立ち入りできる私の秘密の場所は虚空蔵石の裏にあった。赤松の大木の根もと、松葉の絨毯の下に毎年決まってかわいい松茸が頭を出した。霧の這う早朝、よくそこを訪れた。一～二本採った後は松葉で覆っておく。このように自分しかわからない松茸のあり場所を「おはこ」と称し、絶対に他の人には教えなかったものである。

観光客は松茸狩りをした後、自分が採った松茸をすき焼きにして楽しむ。松茸が少なくなった今では贅沢な楽しみで滅多にお目にかからなくなったが、昔は紅葉の下で七輪（笠置ではこれをカンテキという）に炭をおこして松茸をふんだんに入れて、牛肉や鶏肉で味を付けて食するのが普通に見られる光景であった。

松茸は昔はそんなに貴重なものではなく、子供が学校の弁当に松茸を焼いたのを持ってくることも珍しくなかった。

シイタケもクヌギの木の切り株に自然に出ているのがたまに見られる。大切に獲っていくと毎年同じ株から結構たくさん採れる。

その他に当地の秋の味覚といえば柿がある。笠置山では「豊岡《とよか》」や「富有柿」が代表的なものであった。豊岡は黒いゴマがタップリ入った非常に甘い柿で、富有柿は大柄で少し渋いが、この渋さが何ともいえぬ上品な味を生む。

柿の木から落ちると「一生傷」になるとよくいわれたものだが、柿の木は折れやすい（土地の言葉でサクイという）ので注意させるための言なのだろう。

秋の行楽シーズンには土産物屋は朝早くから柿の木に上って竹竿で一つ一つもぎ取って、網代に編んだ竹の籠に採り立ての新鮮さを示す柿の葉と一緒に入れて観光客に売る。これは間違いなく地元の産物でもあり、非常に好評であった。

渋柿は皮を剥いて稲藁を捩たものに刺して初冬の寒風と柔らかな日差しに晒すと飴色になり、そのうちに次第に白い粉を吹いてくる。煩わしい種も消えてしまって、肉が多く柔らかになり正月頃には甘みの強い干し柿となる。そのまま食べても非常においしいが、ナマスに入れるとその甘みが一段と引き立って食が進む。

錦秋

笠置の山の紅葉は素晴らしい。カエデ、クヌギ、イチョウが赤、茶、黄の彩りを添え、常緑樹の松や樫の緑がそれに変化をつける。近畿の内陸部にあるため、一日の気温差の大きいこともあり、元弘の役で戦火に遭った以外、人の手が入ったことのない自然林の彩なすもみじは鮮やかである。

紅葉公園。カラー写真でないのが残念である。

カエデの紅葉は十月の終わりから始まり、最も見事になるのは十一月二十三日「勤労感謝の日」の頃である。笠置寺の庫裡の庭先にある楓の真っ赤な紅葉は見事なもので、畳まで赤く染まるほどであった。よくその色に誘われて観光客が庫裡の中まで入り込んできた。しかしこの楓は平成になって庫裡を改築した際、切られてしまったのは残念である。

このもみじも十二月になれば、吹き出してくる木枯らしによって散りだし、二度目の盛りを見せるかのように地面に再び錦を織りなす。

来る年への準備

十二月も中旬になると木枯らしの回数が多くなる。晴天が続く中、西風によって揉まれた樹木の残り葉は褐色に褪せ、まるで吹雪のように空中を舞う。この葉は広場、道路、屋根、山の斜面と所嫌わず埋め尽くしていく。春は緑の、秋は錦の衣を着ていた山はすっかり冬枯れになって、逆に松や椎の常緑樹を際だたせる。

すっかり木の葉が落ち尽くした十二月も二十日過ぎになる頃、この落ち葉をきれいに掃除して境内を清浄に保つのが年末の行事の始まりである。寄せ集められた木の葉は膨大な量になり、これらは幾つもの大きな山にして風が収まった頃を狙って火がつけられる。煙が立ち上り、幾筋もの木漏れ日の影を立体的に浮かび上がらせる。きれいになった境内は厳粛で宗教的な雰囲気に充ち、新年が近いことを感じさせる。

十二月二十五日頃には門松、しめ飾りやお供えの準備が始まる。仏前に供える樒や鏡餅の下に敷くウラジロ（シダの一種）は谷を越えた東山や平等石の下から採ってくる。ウラジロはハングライダーと同じような形をしていて、バランスが取れれば結構遠くまで滑空させることができる。

年も押し詰まってくると鈴鹿の山並みは白く光りだし、笠置の山にも時折風花が舞う。

十二月二十八日頃には餅つきを行う。二十九日は「苦」につながるとして餅つきは行わない。前日より水に浸けておいた餅米を朝早いうちから蒸籠で蒸して、石臼でつきあげていく。一番大きいのは本堂に供える鏡餅、その他それぞれのお堂に合わせてお飾りをつき上げていく。正月三が日の食用のものを含めて半日がかりで十臼ほど仕上げる。結構、重労働である。

門松は上人墓のある東山の峰続きの焼山（昔山火事があったらしい）から枝振りの良い松を選び、庫裡や本堂に立てられる。玄関先には椿本神社の横からとってきた白砂が敷き詰められ正月の準備もすっかり整い、後は除夜の鐘を待つだけとなる。

除夜の鐘は由緒ある日本三名鐘といわれる解脱鐘を打つ。北風の吹く大晦日、雨の大晦日、しんしんと冷え星も凍り付く大晦日、年毎に人も気象もそれぞれに異なる大晦日、一三〇〇年の変遷をたどってきた境内に、行く年来る年、一年の思いを込めて名鐘の音が百八つ。聴く者それぞれにその音色は異なるも、それは山中に響きわたり、余韻を残して暗闇に立つ古木の中に吸い込まれていく。

戦後、参拝客はほとんど来山しなかったが、最近では真夜中にもかかわらず麓から登ってくる人も多いようである。ＮＨＫテレビ、年末恒例の「行く年、来る年」の除夜の鐘に中継されたこともある。

元旦

元旦のしきたりは地方によってそれぞれ異なる。ここ笠置では正月の朝は着飾った主婦がかまどに豆殻を入れて火を付けることから始まる。これは「この一年まめでありますように」との願いをかけているのである。

笠置寺では参詣客を集めての行事は特別にはないが、住職は衣、袈裟に正装して本堂、大師堂、毘沙門堂、椿本神社、稲荷神社と一年の平安を祈って参拝して回る。

大阪方面からの初詣客はせいぜい奈良あたりまで。当地に足を延ばす観光客も少なく、山は静かな正月を迎える。

松の内も終わった一月十五日の早朝、トンド焼きが境内の広場で行われる。山中の家々からしめ縄や門松が持ってこられ、一年に一度の大焚き火が出現する。書き初めの書が火を付けられ、煙と一緒に空高く舞い上がり、餅が残り火で焼かれる。この行事が終わると、寒さは一段と厳しくなり、毎日、季節風が山を揺るがす。

雪

雪景色の山頂から東を望む

寒さのピークは二月の節分の頃である。笠置山は関ヶ原の南の方に位置しているため、気圧配置が冬型になった時は北国で雪を降らせた名残の雲が南下してくる。

今まで晴れていた空に、北の方からネズミ色をした雲の塊がやってきて、ひとしきり大きなぼたん雪を降らせる。気温が低く、地面も凍っていることが多いため、降った雪は融けずにそのままうっすらと地面を白くする。しかし、このような雪は永くは降り続くことがない。雪雲が通り過ぎればまた晴れて、木枯らしが更に強くなる。

日が暮れて今まで強く吹いていた風が止んで、あまりにも静かすぎると思う時は、雪がしんしんと降っている。地面が凍っているので、降った雪は全く融けることなくそのまま降り積もっていく。一晩で三十センチほどになる時もあった。

しかし、こんな時でも山の下の集落には雪がない時の方が多い。わずか三百メートルにも満たない標高差であるが、上と下では気象条件が全く異なるのを山の住人は面白く感じる。

このような時、山の上から木津川対岸の山並みを見ると、上半分が見事に真っ白になっているのを目にすることができる。そのうち太陽が昇り、気温が上昇すると上下を画する雪線が横一線となって上がってくる。その雪線が笠置山の高さになってくると、急に周囲の雪解けの音がせわしくなるのが実感できる。ひとしきり雪解けが進んで、気がつくといつの間にか景色は、白からいつもの枯れた緑に変わっている。雪線の下に入ったのだ。自然の営みは法則に則り、物理的な正確さを有している。

季節風が間遠くなり、日差しが日一日と春めいて春霞が遠くの山々の輪郭をヴェールで包み出すと、また待ち望んだ花の季節に移っていく。梅の花が散ると、山は一年ぶりの華やかな衣装を整えて多くの観光客を迎える準備をする。もうすぐそこまで待ちに待った桜の季節がきているのだ。

淡雪で化粧した弥勒石と本堂(ドローンで撮影。東山からの遠望では本堂が弥勒石に一部重なる)。本堂横の十三重塔が弥勒石の大きさを表す。左上に大杉とその横に薬師石(この写真では見えない)。囲む樹木は椎、樫の巨木と楓。弥勒石の上が笠置山最高所で後醍醐天皇行在所跡。

第十一章　笠置山名所ガイド

ここまで読み進んでいただいた方には、笠置山についての概略が頭に入ったかと思うが、整理にもなるので、もう一度笠置山全体についてのガイドを簡単に行ってこの小文を終わろう。

笠置への交通

東京方面から笠置への足は、東海道新幹線で京都まで行き、近鉄・奈良経由で入るか、京都からJR「みやこ路快速」に乗り、木津経由で入るのが便利である。名古屋で関西本線に乗り換えて笠置に至るルートもある。この関西本線は本線とはいうものの今やローカル線と化していて、お陰でのんびりした旅が楽しめる。各駅停車のため時間はかかるが、笠置への途中に城下町で宿場町でもある「亀山」、同じく宿場町で伝統的建造物群保存地区に指定されている古い町並みが残る「関」の宿が楽しめる。ディーゼルカーは急坂のため蒸気機関車当時はスイッチバックを利用していた「加太越え」を上がり、トンネルを越えれば今度は下り坂となって快調に進んで伊賀盆地に入る。間もなく芭蕉や忍者で有名な「伊賀上野」。小さい峠を越えると「島ヶ原」。ここも江戸時代に本陣が置かれていて古い町並みが良く保存されている。笠置駅に到着する直前は木津川の渓谷が素晴らしい。

このように関東圏の人には比較的なじみは薄いが味のある見どころもあるので、これらを観光しながら「笠置」に入って、その後、奈良へと足を向けるのも面白いかと思う。

大阪方面から笠置への足は、関西本線経由が最適である。天王寺から笠置の隣駅の加茂までは頻繁に「大和路線」の電車が走っている。加茂でディーゼルカーに乗り換えて笠置までは一駅である。加茂から先の関西本線は笠置山地を横切っていくこととなる。次第に山は深くなり、車窓に迫ってくる山々や線路に沿って流れる木津川の風景を楽しんでいるうちに七〜八分で笠置に到着する。

春の笠置駅

車の場合、東京からだと新東名で豊田、伊勢湾道から東名阪、そして亀山から名阪国道と進み、伊賀市で左手高台に白鳳城を見ながら国道旧二五号線へ、途中、そのまま道なりで一六三号に変わり木津川の清流を左手に見れば間もなく笠置に到着する。東京を早朝に出れば午後そんなに遅くない時間に笠置に着く。

大阪からの場合は、木津から国道一六三号線を木津川に沿って上流部に進む。渡来人たちに関係する「高麗寺跡」や貞慶が晩年を過ごした「海住山寺」、良弁が千手の秘法により洪水を起こして破砕した笠置の盤石がここに留まったという伝説の「流ヶ岡」、炎上する笠置山を遠望して楠木正成が笠置山突入を諦めて駒を返したと伝えられる「駒返し」など、笠置寺に関係する名所を目にしながら東進し、峻険な笠置山を右手前方に見る北笠置の三叉路で木津川に架かる笠置橋を渡って南笠置に入る。左には鉱泉を沸かした古風な造りの笠置温泉がある。単線の関西本線のガードをくぐり（昔、ここに笠置寺山門があり、地名を「門口」という。『笠置山記』、明治三十四年）、鄙びた商店街を通って登山口から新道を上る。

しかしこの登山道はくせ者である。急坂で狭く谷側にガードレールがないうえに、山側には溝が掘られていて車のすれ違いが困難なため、都会の道しか運転したことのないドライバーには危険である。過去何度か車が崖下に転落した実績もある。谷が深くて急なので、一度落ちると機械力を借りても引き上げるのに非常に苦労する。山上には駐車スペースが少ないため、麓の木津川べりの駐車場に車を置いて歩いて登るのが笠置の雰囲気にも浸れて賢明であろう。

本数は少ないが、奈良から奈良交通バスで「岩船寺」や「浄瑠璃寺」、「円成寺」を廻りながら笠置に入ることも考えられる。このルートを行けば、茶畑が点在する緩い起伏に富んだ山間にこぎれいな集落が次々と現れ、車窓からでも南山城特有のなごやかで、ゆったりとした気分を満喫できる。奈良から一時間ほどかかるが、時間に余裕がある人には是非お勧めしたい（なお最近は奈良から笠置手前の柳生や広岡でバスが折り返すので要注意である）。

笠置駅から山へ

笠置駅に降り立つと木津川上流部にこれから向かう笠を伏せたような山容の笠置山が目に入る。ここから見る笠置山は穏やかである。山を目指して小さな商店街を進み、往古川に架かる大手橋を渡って少し進むとT字路になる。左に行くと三分程で木津川に至る。我々は右に道をとる。人口わずか二千人にも満たない過疎の笠置町にあっては、この鄙びた商店街でも笠置で最も賑やかな銀座通りである。地元の日用の店舗が主で、門前町にありがちな客を呼び込む土産物屋の喧噪はない。

少し進むと、左に山への上り坂が分かれる。ここに石標がおかれている。二メートルを超す大きなもので、「従是笠置山　登八丁」と書かれている。弘化（一八四四〜四八年）頃まで、麓に下馬札があったが、当時の藩主がこれを不便として取り外し、同時に八丁坂にあった丁目石も取り去った。その後、嘉永六年（一八五三年）にこの「従是笠置山　登八丁」の大石標が地元庄屋たちの音頭で建てられ、同時に一丁目から八丁目までの丁目石が再現された。この登山口の分岐を左に上らず、そのまま直進すると、三十分ほどで剣豪の里柳生に至る。

道を左にとり、この登山道をほんの少し登ると旧道と新道が分かれる。旧道を少し登った所に高さ一メートル程の道標がある。これには「鹿鷺山笠置寺」「従是至宝前八丁」「延宝七己未（一六七九年）天四月吉日」と、それぞれ正面と左右に彫られている（なお山崩れで流されたものか現在は行方が不明となっている）。

旧道は「登り八丁」といわれる。一キロ弱の急坂で古くからの笠置寺への参道でもあり、一丁毎に置かれた丁目石が歴史を感じさせる。幅二メートルほどのつづら折りの道には、木の根が露出していたり、小石がゴロゴロしているので歩きにくい。距離は短いが結構きつい登りである。しかし歴史の道だけあって名所も多い。貞慶もこの八丁坂を上り下りしていた(『春日権現験記絵』十六)。

二丁目には「下の堂」、小さな庚申堂と簡単なあずまや風の休み場があったが昭和三十年代に休み場は倒壊して今はない。六丁目にあった上の堂も同様倒壊した。五丁目辺りの右の谷を「斬込谷」、六丁目の辺りを「地獄谷」という。これらはいずれも元弘の役の際、寄せ手が悩まされた急峻な谷である。「上の堂」を少し上がった所に元弘の役当時は「仁王堂」があったが、今は民家や畑となっている。「仁王堂」付近は『太平記』にその活躍が記されている足助次郎重範奮戦の場所。道の終点間際にある大石は「名切石」という。元弘の役戦死者の名が刻まれていたが安政の大地震で九十度転がり、名を刻んだ面が下になってその名はわからなくなった。地震後名切石の横には供養のため地蔵菩薩の石像が安置された。

これらの名所を訪ねながら麓から三十分も歩いていけば、知らぬ間に山頂近くの山門に至る。途中の眺望は時折笠置の集落が眼下に見えるほかは余り変化がないが、元弘の役の時、大塔宮が立て籠ったといわれる「経塚山」(標高三二四メートル)や柳生方面の山々が木々の間から見られる。

山道の旧道に比べて新道は急坂もなく、全面舗装された一・五キロほどの歩き良い道である。道の両側には桜が植わっていて、桜の季節には花のトンネルが続く。景色も良く、麓の集落が手に取るように眺められる。途中、赤血谷付近では木津川の流れが両側の山を削ってV字形の谷を形成している様子や、笠置山の北面が木津川に急傾斜をなして落ち込んでいる様子が望める。上流部に向かって

行宮遺址 一字1.36メートルもある。

は、対岸に「国見岳」（標高五一三メートル）をはじめ標高五百メートルほどではあるが、険しい山々が折り重なって鈴鹿の方へと続いているのも目にできる。

今はわずかに清水が流れているにすぎないが、元弘の役の激戦で清冽な小川に血が川のように流れたという「赤血谷」からは、行宮遺址の字が彫られた巨石への道が下っている。旧道六丁目と七丁目との間で新、旧の道が交差する。新道の終点近く、大曲りのところに山を削って小さな駐車場が作られている。中腹の景色が良いところには数軒の旅館や食堂があり、キジ料理やぼたん鍋、鯉料理、また秋には松茸料理など、この地の特産品で登山客をもてなしている。

山門から笠置寺境内へ

道路が終わった所から急な石段を上っていくと、間もなく「山門」が我々を迎える。もともと二メートルほどの石柱が二つ並んで笠置寺の境内に入ったことを示していたが、昭和五十年代に山門が建設された。この山門を入ればそこは広場となっている。そのまま正面の石段を登ると「毘沙門堂」、「稲荷堂」、「納骨堂」、そして遥か谷を越えて解脱上人の墓所がある「東山」に至る。左側に解脱鐘を収納した「鐘楼」と「庫裡」が目に入る。この庫裡は明治の直前に改築され、その後増築を繰り返してきたが、老朽化が激しくなったため、平成十年（一九九八年）に建て替えられた。庫裡から右へ向かって広場が大きく広がる。右手石垣の上は「毘沙門堂」、左は「宝物収蔵庫」、かつて菅公廟があったところに「春日神社」、「椿本神社」と並んでいる。広場を取り巻く石垣は安政の大地震で崩壊したものを、麓の住民たちの寄進で再構築されたものである。

この辺りには大きな杉や楓が鬱蒼と茂って夏でも涼しい風が東の谷間から吹き上げてくる。特に秋になれば錦織りなす楓の紅葉が見事である。

椿本神社の前には天智天皇の皇子が難に遭った後、弥勒像を彫像するために再度、笠置山を訪れた際に駒を繋いだ場所として、「駒つなぎの松」が植えられている。明治十九年（一八八六年）の笠置山独案内によると「むかし、ここに牛をも隠すばかりの大きな松があって、天武帝（この書ではなぜか天智帝の皇子ではない）が再びご登山の時、駒をこの松にお繋ぎになったという。その松は既に朽

解脱鐘と庫裡

ち枯れて、近年一本の小さな松を植えてこれを表した」と述べられている。この小さな松も昭和の時代には周囲三メートル近い大木となっていたが、昭和四十年代に雷の被害で折れてしまい、今ではまた明治の世に戻り、小さな松が植えられている。

「駒つなぎの松」から一段高い所にあって朱塗りの色が木々の緑に良く映える神社は日蔵上人ゆかりの「椿本神社」である。

社頭に丸い石と扁平な石がある。ここは柴燈護摩壇の跡と山岳修行の笈渡《おいわた》しの場所といわれる（『山州名跡志』元禄十五年）。神聖な場所とは知らなかったが、筆者は小さい頃からこれらの石に上がってはいけない。上れば足が動かなくなると強く言われていた。伝承を風化させないためここに記しておく。

椿本神社の左横は笠置の風景をこよなく愛した菅原道真、「菅公廟」の跡である。今は笠置駅横の高みに「栗栖神社」として祀られている。平成二十八年六月、ここに春日大社摂社本宮神社の旧社殿が元弘の役後六百八十五年を経て再び勧請されたことは第九章に述べた。

この辺りは笠置山に於いて本丸ともいうべき本堂を背にする最後の守りの位置にあり、笠置落城のおり、後醍醐天皇を山上から何とか逃がさんものと、勇将たちが必死になって北条軍をくい止めた場所である。筆者が幼年のころ、夜ともなればこの椿本神社前まではどうしても足が進まなかったのであるが、これは元弘の役による多数の死者の霊が漂っているのを子供心に無意識のうちに感じていたものか。

椿本神社を左に回り、元弘の役以来、人の手の入っていない楓や楠、椎の木が茂る原生林の中につけられた広い道を行くと、いよいよ笠置山の名所巡りが始まる。

笠置山の名所巡り

■本堂、磨崖仏■

名所巡りは一周約一キロ、説明を聞きながらゆっくり歩いても一時間の行程である。

すぐ先の行在所への近道である石段へは登らず真っ直ぐに進む。少し行くと正面の木の間越しに本堂が見え、左上に「薬師石」の巨石が目に入ってくる。この辺りの様子は既に詳しく述べた（第一章）ので省略する。

「本堂」を背にして「弥勒磨崖仏」を参拝した後、また本堂前に戻り、大きな樫の木の前の階段を本堂に向かって右に下る。そそっかしい人が弥勒石に見とれて下りの階段を見落として崖につきあたり、そこから広場の方に戻ってしまうことが多いので要注意である。このあたりの様子は八百年前、鎌倉時代に描かれた「笠置曼荼羅」の地形と全く同じである。元弘の役、江戸時代の荒廃など激動の波に襲われた笠置寺にあってはこれは奇跡的なことである。

規模は小さいが、清水寺と同じような懸崖造りの本堂の基礎部分を左に見ながら下っていくと、前に大きな石が幾つも眼に入る。「金剛界」「胎蔵界」「虚空蔵」の巨石と「千手窟」である。この笠置寺の核心部分についても既に詳述した。

胎内くぐり

■胎内くぐり■

虚空蔵石を乗せている巨岩の基盤を回り込むと、かろうじて一人が頭を低くして通りぬけることができる石のトンネルが十メートル程続いている。二つの巨石の間がうまい具合に通路を形成し、その上に石が乗ってトンネルとなっている。もともと大きな自然石が覆い被さっていたが、安政の地震で谷間に滑り落ち、地震の後、人工の切石で天井が覆われた。

このトンネルは「胎内くぐり」と称される。ここを通過することによって、一度死んで再び母の胎内に入り現世に生まれ変わる。世俗にまみれた心身を擬死と再生で浄化して仏性を備えた人間となるという。この擬死再生の思想は修験道の中核をなすものである。

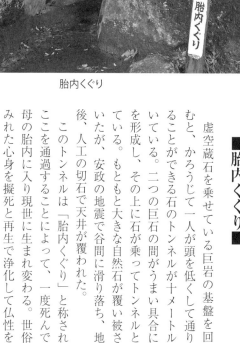

太鼓石

■太鼓石■

胎内くぐりを出て少し下ると、通路は大きな石が重なった間を通り抜けている。この大石は「太鼓石」といって上の石を叩くと太鼓のような音が出る。石に少し隙間があり、反響して太鼓のような音が出る趣向である。この辺り一帯の急斜面には大小様々な花崗岩が今にも転げ落ちそうに危なっかしく露出している。

江戸時代、津坂東陽の『遊笠置山記』に、この辺りの崖下の巌に篆書体の文字が刻まれていて、「楠公の花押」というと記されている。

筆者は小さい頃、正月にお堂に供える鏡餅の下に敷くウラジロ（葉の裏が白いシダ）を採りに行って清水が湧き出るその基部と思われる巨石を数回見たことがある。今回記憶をたよりに探し求めたが、木々が立て込んでどうしてもその巨石を発見できなかった。巨石に押しつぶされて裂け目が入った石が散見されるのであるいは

ゆるぎ石

安政の地震によって名切石と同じように転覆してその姿が隠れてしまったか。

■ゆるぎ石■

下り気味の周回路が再び上り坂となると、急に眺望が開けて木津川の流れや鈴鹿の山並みが一望の下に見渡される。この辺りは笠置山の北面が永年にわたり木津川によって浸食された部分にあたるため、最も傾斜がきつくて北側の山裾を洗っている川の部分がほとんど崖の下になって眼に入らない。

川に平行して走っている関西本線も川上部分で山の下に見えなくなり、川下の笠置駅近くで再び姿を現すため、観光客はトンネルで山の下を通過していると錯覚する。元弘の役の時、当然ここは物見の場所となっていたことであろう。

ここより東には解脱上人の眠る東山を望む。

この東山と笠置山との間に深く切れ込んだ谷を「観音谷」と称する。この谷を溯った所に「千手滝」がある。前に述べた京都清水寺の発祥に関係する滝である。

このところから千手滝を望んだ景色を、前掲の津坂東陽の『遊笠置山記』は「東の峰に懸泉（滝）あり。千手瀧と号く。観音谷を隔てて之を望めば、匹練（ねりぎぬ）飄飆（ひるがえりゆらぐさま）の光（景色）、松翠（松の緑）の間に隠見す。亦絶妙の画景也」と記す。この谷は元弘の役の時、後醍醐天皇が落ち延びた谷であるといわれている。

景色の良いこの場所に大きな石を基盤として高さ一・五メートル、幅二メートル程の石が載っている。「ゆるぎ石」といって、言い伝えでは、元弘の役の時、本性房《ほんしょうぼう》という怪力の僧が敵軍に投げ落とした石であるといわれている。まるで人の手によって置かれたようにも思われ、あるいは攻め上がってくる関東軍を押し潰すために用意された巨石かもしれない。急斜面を転がるこの巨石に当たれば、さすがの北条軍も虫けらと同じくひとたまりもなかろう。平らな石の上にうまく載っているため、この石は人の力でゴトゴト動き、「ゆるぎ石」の名が付けられている。

「ゆるぎ石」から雑木の密集した急斜面を少し下りると、天を突くような巨石がある。ここに行くための道がないので一般の人の眼には触れない。そのためガイドブックにも記載されていないが、木津川の対岸からはこの巨石が樹木の上に頭を出す。この巨石を「鯰石」という。今にも転がり落ちそうな様子のこの石にはワイヤーが張られている。これは巨石が動いてワイヤーが延びれば電流が通じ、JR笠置駅に設置されている警報が鳴って列車を止めるシステムのためである。地震などで巨大な石がこの急崖を転げ落ちれば、どんな大木もその勢いを止めることができず、木津川まで一気に落ちていくのは間違いない。この設備はそのような不測の事故に備えるためのものである。

平等石

笠置山直下の木津川には巨石がたくさん転がっているが、もともとこれらの巨石は山中にあったもので、永年の間の地震や山崩れなどで木津川に落ち込み、渓谷に巨岩の山を造ったものと思われる。

■平等石■

ゆるぎ石から見上げると大きな石が見える。「平等石」と称される。屹立した石が多い中で、巨石の割には頂の部分が比較的扁平なので、素足になれば石の上に登ることができる。「平等石」という名は「行道石」がなまったものと思われる。因みに栃木県足利市の北方に行道山という低山があり、ここも笠置山と同じように花崗岩からなる行場となっている。また大峰山の山上ヶ岳頂上付近の平等岩も本来行道の一つとしての行道岩である。

巨石は樹林から抜け出ているので、ここからの眺望は笠置山でも最高のものである。ここを「東の覗き」という。

遥か遠く、東の方角にひときわ青く高くスカイラインを描くのは鈴鹿の山並みである。ここから最も遠くに見えるのは伊勢湾と大阪湾との分水嶺ともなっている鈴鹿最南部の「霊山」（標高七六六メートル）である。

北の方に眼を転ずると、滋賀県境から木津川北側の山が連なる。太古の昔、木津川が浸食するまでは準平原だったのか、これといった目立ったピークもなく標高五～六百メートルほどの高さで東方から西方に延びている。西には「生駒山」に到る山並みが遥か遠くに青く浮かぶ。ここからは笠置山頂に邪魔されて奈良方面、「春日山」は見えない。

東南には解脱上人墓のある東山が近くに見える。その続きは山間の集落、「柳生」である。ここからも千手滝が見え、雨上がりには水しぶきを上げているのが見られる。背後には松や樫の木が茂るこんもりとした笠置山のピークが指呼の間に仰げる。

大正の頃まで、このあたりにツツジが多く、花の季節には満山紫色に染まったという。既に戦国時代に笠置山のツツジは近郷に名が知られていたようで、大和の僧の記録、『多聞院日記』に笠置のツツジを見に行った記録がある（『多聞院日記』、天文三年五月の条）。しかし残念ながら、現在では樹林が疎らになった所にわずかに点在するだけである。因みに現在の笠置町の木は「みやまツツジ」、町の花は「ソメイヨシノ」、町の鳥は「うぐいす」である。

鈴鹿を遠望する木津川上流は大きく左側に湾曲し、湾曲部分には山地から流れ出した土砂が堆積して平地を形成し、少しばかりの田畑が住民に自給自足の食料を供給している。木津川に架かる橋の下流部分は両側から山が迫り、かろうじて川沿いに集落が点在するだけである。

平等石から巨石の間の傾いた通路を体を斜めにしてかろうじて通り抜け（「蟻の戸渡り」とも「蟹の横這い」ともいう）平等石の背後に回ると、小さな洞窟がある。背を屈めて、やっと人が這って通れる大きさである。洞窟の奥に不動尊の石像が安置されているのは、修験道の名残であろうか。

■二の丸跡■

ここから二の丸までは石段の急坂が続く。登り切った広場は元弘の役の「二の丸跡」であり、本丸と称する山頂まで後少しの所である。山頂が本丸となったのは元弘の役の後であろう。

二の丸からの景色は、下の平等石とそんなに変わらないが、平等石から登った分だけ標高が高くなるので鈴鹿や生駒の山並みが大きくせり上がる。また木津川沿いに走る伊賀街道が鈴鹿に向けてその高度を上げているのも見渡される。

木の間越しに木津川の流れが見えるこの場所にあって、木津川下りの舟を持ち上げ、昭和三十年代まで茶店が開かれていた。山に上げられて絶壁に据えられた舟の中で、木の間越しに木津川を見下ろして休息する趣向は、展望に恵まれているだけに観光客に好評であった。しかし今は小さなあづまやがあるだけで、この舟茶屋はない。

貝吹岩。この石もかろうじて上れる。

貝吹岩

二の丸の裏手にある高台は本丸で、後世、「行在所」と称された標高二八九メートルの笠置山山頂である。行在所の裏側下につけられた道を進み、左に道を取ると行在所、直進すると広場に出る。

この広場は狭い山上にあって椿本神社前の広場に次ぐ平らな場所でかつ西に開けて景色も良いため、江戸時代には要人が登山した際、幕が張られて休憩所が造られ、茶菓のサービスが行われていた。

この広場に貝を伏せたような大きな石があって、元弘の役の時、この上でホラ貝を吹いて兵を集めたという言い伝えがある。笠置山の巨石はすべて「石」の名前となっているが、この巨石だけは貝吹「岩」である。語呂の関係か。

この石の上に裸足で登ると今までよく見えなかった生駒山や奈良の若草山が見える。生駒山

貝吹岩からの展望。木津川と海住山寺を抱く三上山（473メートル）。

の向こうはもう大阪平野である。ここに登ると笠置は意外に大阪に近いことが理解できる。伊丹空港を離陸した旅客機は機首を東に向けて生駒山の北を掠めてすぐ、東西に流れる木津川を下に見る。と間もなく、笠置山の真上を通り過ぎる。その間、離陸後わずか十五分。進行方向左側に座席をとって木津川の流れを目標に眼を凝らせば、真下に笠置山を俯瞰できる確率が高い。

有視界飛行の戦前から笠置山の上は航空ルートにあたっており、木津川を隔てた笠置山の北、切山集落背後の山上には航空灯台が設置されていてジェット機の時代になるまで稼働していた。この航空灯台は百二十万燭光、白熱電灯閃白光で光の到達距離は五十キロに及んだ。

船運盛んなりし頃には、この広場から見下ろす木津川には布帆点々と浮かんでいたが、陸運中心の現在、その面影は全くなくなり、今は麓を通る国道を通って自動車専用道の名阪国道へ抜け京阪・名古屋方面に行く車がひっきりなしに行き来してその騒音は山上にまで届くようになった。

広場に紀元二千六百年記念の国旗掲揚台の基壇の残骸が残っていて、時代の変遷を感じさせる。広場の下にはかつて「宝蔵坊」という寺院があったが、安政の大地震で倒壊した。現在はその跡が広い公園となっている。明治二十五年頃に田中善助氏（伊賀の実業家）が寄進したカエデが巨木となって、秋になると誠にきれいに紅葉する。そのためここは「もみじ公園」と称され、登山客がくつろぎ、休憩する場所となった。

もみじ公園上の通路にある石には可愛い「阿弥陀磨崖仏」が彫られている。高さ百二十三センチ、舟形光背を彫り窪めた中に蓮華座に立つ来迎印の如来像で「聖宥阿闍梨　天文三年甲午七月十五日」の刻銘がある。俗に「ころもかけ地蔵」ともいわれているが、その由来は不明である。

■行在所跡■

少し戻って右に行くと行在所に上る立派な階段が目に入る。「行在所遺址」という大きな石碑を横に見て真ん中に手摺りのついた急な石段を上ると行在所跡に至る。ここは笠置山の最高所、標高二八九メートルの頂で約三百坪の広さの平地がある。

明治の前半には行在所付近はほとんどが民有地となっていて、草や荊が生え茂り、キツネやウサギの生息地と化し、皇居跡とは思えない荒涼とした地になっていた。その後、天皇を中心とする国家思想の高揚と共にこれを整備しようとする動きが高まり、明治二十八年（一八九五年）に設立された笠置山元弘彰趾会が明治三十三年（一九〇〇年）に行在所を現在ある姿に整備した。第二次大戦中、こ

行在所に上がる階段。第2次大戦中にはここで記念撮影をするのが軍人や学校団体に恒例であった。

の階段は笠置山を訪問する軍人や学生、生徒の集合写真の撮影場所として重宝されていた。

石段を上ると、正面に観音開きの鉄扉を持ち、左右に石垣を巡らした立派な行在所が現れる。山頂を吹き抜ける風の音を聞いていると、『太平記』の一節が思い浮かばれ、後醍醐帝の笠置山での苦労を思い巡らす雰囲気がある。玉垣の中はそう広くない平坦地で、今は雑木が生えているだけである。裏側に回り、少し下りると、先ほどの二の丸跡に出る。

正面の石には笠置にあった後醍醐帝の御製、

うかりける　身を秋風にさそはれて
おもわぬ山の　紅葉をぞみる

の歌碑が填めこまれている。

■弥勒石上■

行在所の正面から向かって右の石段を下りると前面が開け、そこが断崖の上であることがわかる。実はここは「弥勒石」の上なのである。本尊仏の頭の上であり、かつまた事故防止のため、立ち入り禁止で柵が施されている。この上から見下ろすと、真下には本堂の屋根が遥か下に見下ろされ、足がすくんでしまうこと間違いない。ここを「西の覗き」というが、実は東を望んでいる。ここからは椎の大木の間を通して更に下に位置する虚空蔵石も見え、その先は深い渓谷となって木津川へと落ち込んでいる。正に奈落の底を見る思いである。この弥勒石に続いて「文殊石」、「薬師石」の石頭も並んでいる。薬師石の上は広い石面となっているが、進みすぎると足を踏み外して十数メートル下に叩きつけられてしまうこととなる。天智天皇の皇子が鹿を追って行き詰まった絶壁はこの石の上であろう。薬師石と文殊石の間には皇子が後日の目印のため笠を置いたという「笠置石」がうまく載っかっている。この石は下の本堂前から見るよりも遥かに大きい。

■大師堂■

先ほどの行在所への石段を右手に見て少し行くと「大師堂」の横に出る。明治二十七年（一八九四年）に丈英が移築した大師堂は昭和三年に慶尊の手によって修復が加えられた（修復法要の木札（笠置寺保存））が、冬の季節風が正面西横からまともにあたる厳しい場所にあり、堂全体が東に傾いてきたため、平成二年（一九九〇年）に建て替えられた。改築されたこの堂は周りの古木や累々たる巨

大師堂内陣

石と調和して平泉の金色堂のようである。

■毘沙門堂■

大師堂前の階段を下ると最初に通った本堂へ続く道に出る。庫裡前の広場をそのまま横切って広い階段を上ると木の香もかぐわしいきれいな「毘沙門堂」が右に見えてくる。

もともと般若台が元弘の役で焼失してからその跡には毘沙門天を安置する持仏堂が建てられていたがこれもまた焼失して毘沙門天像は仮仏間に安置されていた。その後寄進者が現れて寛政九年（一七九七年）六月に毘沙門天堂再建願いが藩に出され、六年後の享和三年（一八〇三年）十二月に現在の毘沙門堂の所在地に再建された。再建場所が変更されたのは般若台が稜線上の小高い場所にあって風が強いためだったようである。

毘沙門堂

現在の堂は老朽化によって平成十六年五月に土台から完全に改築されたものである。その清楚な姿がすがすがしい。

本尊は多聞天である。六十六・二センチの小さな像で、寺伝では楠木正成が後醍醐天皇の召命を受けて出陣するにあたり、自らこの像を彫刻したという（『笠置寺多聞院毘沙門天王記』延宝九年〈一六八一年〉）。当然これは伝説であって、大阪大学調査ではその作風から慶派仏師の手により鎌倉時代、十三世紀初頭に造られたものと判定されている（「笠置寺調査報告」平成十八年三月）。しかし元弘の役で多聞院も焼失しているので、いつから多聞院の本尊になっていたのか、どのような経緯でここに安置されてきたのかは不明である。

この像は江戸時代の庶民に親しまれていて、解脱上人の年忌や諸堂の改築の折などには開帳されて京大坂からも信者を集めていた。近年厨子が修理され、往年の金色の姿が再現されている。

■稲荷神社■

毘沙門堂正面の石段を上がるとカエデの古木に覆われた稲荷神社の小さな祠がある。祠の基盤の石に二十センチ四方ほどの穴が穿ってある。狐のねぐらの為のものである。稲荷と狐、良くできた話であるが昭和三十年代には本当に狐が住み着いて早朝などに観光客の食べ残しを漁っていた。

この稲荷社は嘉永七年（一八五四年）八月に伏見稲荷を勧請したものである。笠置寺にとって大地震直後という大変な時であったにもかかわらず、新しく稲荷社を建設した事情は不明である。春にはツツジがきれいで、秋にはカエデが真っ赤に色づき、笠置山の四季を彩るポイントの一つとなっている。

■東山・上人墓■

稲荷神社石段下から少し行くと、昭和四十九年春に笠置寺創建一三〇〇年、宗祖弘法大師御生誕一二〇〇年を記念して建立された「舎利殿」がある。舎利殿横の山道を下っていくと解脱上人が掘削したといわれる「上人井戸」を経て一旦谷に下り、再び険しい山道を上ると「解脱上人貞慶の墓所」に到着する。数度の山崩れで道は良くない。

この道は山上の住人もほとんど通らなくなっているので荒れ放題であるが途中には寺院跡なのか大きな石積みや巨石に掘られた室町時代の仏像、石を穿った階段、古びた六体地蔵などが残されていて

解脱上人墓

鎌倉時代からの由緒ある道であることが実感できる。

　上人墓周辺には江戸末期、笠置寺を支えた大倉一族や歴代住持たちの墓石も並んでいる。同時にこの東山一帯は、これまでの笠置寺の住人や元弘の役当時の戦死者の墓地にもなっていたようで、墓石らしきものや人骨が時々出土する。昭和二十四年（一九四九年）十二月、林を切り開いて、当時住職であった慶尊の墓地を造る時も、土中に石で囲まれた中に壺があり、そこから人骨が出てきた。東山からは谷を隔てて弥勒石仏や皇居のあった笠置山のピークが臨まれる。

　上人墓の入口から更に東の谷に進むとそこは「千手滝」の上流部分となり、かつては山上の住人によって稲田が開かれていた。おそらくここが貞慶の勧進状にもある「東山観音堂」の所在地であろう。筆者は近年七十年ぶりに藪こぎをしながら現地に分け入ったが、既にイナゴを捕っていた田は湿地帯に変わり、大きな木々が行く手を遮っていた。

小さな流れを下ると、ここは清水寺の草創につながるといわれる千手滝の源流部で、大雨の後に堂々たる滝が出現することは既に述べた。

東山から見る笠置山は南側にあたる柳生方面から細長く突き出して、半島のように木津川に向けてその峻険な北端を落としているのが見て取れる。

■その他の名所■

この名所巡りで訪れなかった名所は次の通りである。

庫裡の上にある毘沙門堂から東に少し行くと、舎利殿がある。舎利殿右の小径を下ると文殊院や不動院などの「僧坊跡」（現在は畑となっている）を経て貞慶の活動拠点であった「般若台」に至る。般若台へは毘沙門堂を南に進んでも到達する。般若台から更に南へ行くと、金の鶏を埋めたという伝説のある「こけこの森」という小高い森がある。般若台から「こけこの森」へ行く右手下の谷は僧坊があったところで、第二次大戦終了のころまで畑となっていた。ここを過ぎてゴルフ場への道を分け、打滝川を越えると間もなく「柳生の里」に至る。

笠置山の中腹にあって、木津川の対岸から良く見える「行宮遺址」と記された巨石については第七章で触れたが、この碑の建築について明治時代の南画家であり、幕末に勤王の士とも交わっていた富岡鉄斎がその経緯を扇子絵に記載している（前述）。鉄斎は明治十九年十月の記念碑竣工に先立ち、笠置山に登山した。笠置山全景を描き、賛をして「志士有り、相い議し陸軍中将二品親王に請いて、行宮遺趾の四字を書し之を鐫る」とある。鉄斎のこの頃の絵は数少ないので、この扇子絵は貴重なものである。

既にその所在が判然としないか行く道がない名勝。いずれそのうちに名所として忘れ去られると思われるので、ここに記載しておく。藪山や道のない山の踏破に精通している方、発見してみられてはいかがか。

一、「石正童子・金剛童子滝　南東の方角十四五町許の渓河中にあり、この所は、いにしえ入山修法の所である。是を順逆に巡って山内に数日を経る也」（『山洲名跡志』（元禄十五年〔一七〇二年〕）。おそらく打滝川の行場であろう。

二、「遠見岩　城跡北に貝吹岩、遠見岩がある。このところは絶景である」（『山城名勝志』正徳元年〔一七一一年〕）。貝吹岩と並列しているところから、貝吹岩下の大石であろう。

三、「冠掛松」　菅原道真が景色を愛でて休息した時に冠を掛けた松。平等石附近にあった。明治・大正時代には切り株が残っていたという。

四、「楠公花押石」　元弘の役に楠木正成が後醍醐天皇の詔命によって笠置山に来た際、自らその名を刻んだといわれる巨岩（津坂東陽『遊笠置山記』）。太鼓石から少し崖を下った所にあるが、今その岩を見つけるのは困難である。前に述べた。

五、「鯰岩」　木津川上流から笠置山を見上げると、中腹に樹木からナマズの頭のように露出しているのが見える。かつてはそこに行くかすかな道もあったが、今ではその道も判然としない、ゆるぎ石の下から急傾斜を雑木に掴まりながら下っていく必要がある。

六、「不動」　本堂横にあった護摩堂の傍らに「不動」の説明と不動明王の絵らしきものが描かれている（加太越奈良道　文化四年（一八〇七年）刊）が所在不明である。

七、「蝙蝠石」　明治二十七年発行の笠置寺南面図に観音谷の谷川横に描かれている。東山との間の谷に祀られている六体地蔵から道なき道を下れば数多くの巨岩がみられる。おそらくそのうちの一つであろう。

八、「石あて地蔵」　柳生から打滝川に架かる橋を渡ってゴルフ場を右手に見て少し山道を行くと三叉路に出るが、この三叉路に祀られていた。元弘の役に奇襲軍を案内した村民に対する憎しみを表すためここを通過する人がこの地蔵に石を当てていく習慣があった。七百年以上絶え間なく投げられた石が堆積して地蔵像は見えなくなっていた。近年道路を拡張した際、堆積した石を取り払ったところ、台座は残されていたが、地蔵菩薩の石像は既になかった。

　この三叉路を直進気味に左に行けば笠置寺境内に続く。右は東山の稜線を行き、更に分かれて、左は解脱上人の墓地に、右は飛鳥路集落方面へと続く。右の道は殿様街道（他に布目川に沿って下るコースもある）といい、柳生から伊賀街道を三河方面に行く近道だった。しかし今はほとんど廃道になっている。

　なお笠置山の最高地点、標高二百八十九メートルは行在所のピークであるが、国土地理院地図の笠置山三角点、標高三百二十三・九メートルはこの殿様街道の途中にある。滅多に人の通らない地点であるが、三角点マニアは結構訪れているようである。

九、「護摩堂」　安永九年（一七八〇年）に刊行された都名所図絵にある笠置寺絵図では、まだ堂塔伽藍はしっかりしていて、本堂奥の階段を上った所に二尺ばかりの不動明王の立像を本尊とする立派な護摩堂が画かれている。明治の絵図面では、もはや護摩堂は影も形もなく、現在は樫や椎の大木が茂る森の中に護摩堂跡と伝えられている広場が巨岩を背にしてかすかに残り、口伝でそれと語り継がれているだけである。おそらくここ数代のうちにその所在すら不明になるであろう。

十、「菅公廟址」椿本神社の左、春日社の場所に菅原道真を祀る菅丞祀があった。中古麓の栗栖の森に移され、昭和時代には跡を示す塚と入口の石段、鳥居が残されるだけとなった。

ここまで山上の名所を紹介してきたが、笠置山の北麓を洗う木津川も魅力的である。伊賀盆地と奈良盆地の間に隆起した笠置山地を浸食して西流する木津川はこの地で最も狭まり、そこに長年にわたって山腹から転げ落ちた巨岩が累々と重なって、深い渓谷を形成している。

木津川の対岸も花崗岩の絶壁が連なっている。江戸時代の伊賀街道はこの絶壁に道を付けることができず、下有市から北笠置までの二キロは峠道を越えていた。笠置峠といって伊賀街道随一の難所であった。絶壁を切り開いて道路ができたのは明治三十年、そして今では昭和五十五年に開通したトンネルによって伊賀街道は国道一六三号となり東海と阪神を結ぶ名阪国道（専用自動車道）の脇道として物資輸送の大きな動脈となっている。

水の澱んでいるあたりは鹿ヶ淵という。近年ここにある巨石群はボルダリング（フリークライミング）の名所としても愛好者を集めている。またカヌーも盛んで、キャンプ場としても賑わい、歴史ある山としてだけでなく、笠置山を含む一帯は若者の歓声も響く総合的な観光地として脚光を浴びるに

観音谷を隔て千手滝の源流部分にある笠置山三角点。標高は国土地理院地図で323.9M、三角点には324.2Mとある。周囲は樹林で展望は効かない（150頁地図参照）。

至っている。

山麓の笠置駅の近くには一九九七年に、立ち寄り湯「わかさぎの湯」が開湯された。ナトリューム炭酸水素塩・塩化物温泉、泉温三三・二度で山上ハイキングの汗を流すにもってこいである。

さて、これで締めくくりの名所ガイドをすべて行った。藤堂藩の儒者、津坂東陽は享和元年（一八〇一年）、笠置山に遊び、『遊笠置山記』に於いて、「笠置山は里に近く、登ることわずかで、その景勝は目を奪う。このような山は他には見当たらない」と絶賛している。読者のみなさんにもこの機会に、この小さい山の持ついろいろな良さを実際に感じていただければ幸いである。

改訂新版　あとがき

山城郷土資料館で五百四十八点に及ぶ古文書を見いだした時は本当にうれしかった。平成十四年の初版では江戸時代の笠置寺を再現する資料としては笠置寺に残るわずか数点の古文書と藤堂藩の記録である『永保記事略』、『庁事類編』、『宗国史』、『藤堂藩大和山城奉行記録』などしかなく、そこから垣間見られる笠置寺を探るほかなかったが、寄託文書の解明によって江戸時代後期の笠置寺の様子が目の前に立ち現れていろいろなことを私に発信してくれた。笠置寺住持たちの悩み、藩への対応、笠置寺を支えた麓の有力者たちの姿などあたかも自分がその現場にいるかのようにヴィヴィッドに脳裏に現れた。

資料といえば一つ残念なことがある。庫裡の北側にあった蔵が基礎の土砂が流れて倒壊の危険にさらされて取り壊された。実はこの蔵は明治から第二次大戦中の資料の宝庫であった。小学生時代、切手の収集に明け暮れていた私は、暗い土蔵に入り、ネズミの糞や尿にまみれたはがきや封書などを漁っていた。相当のボリュームがあったと記憶している。他に私の父慶順の日記の山、そしてガラス版の写真、そこには幕末から明治にかけて笠置寺を盛り立てた大倉一族のものらしい人物の写真も多数残されていた。また所有不動産の地積図などもあった。昭和十四年に行われたであろう後醍醐天皇六百年忌の開催趣意書の束もあった。趣意書には陸軍大臣ほか錚々たる立場の人が名を連ねていた事を記憶している。

父慶順のアルバムには丈英の葬送の行列らしき写真があり、多数の人たちによる野辺送りが記録

昭和初め頃の貝吹岩から東を見る。「天狗松を望む」とあるが今は不明である。この頃、山肌には松以外がない禿げ山だった。笠置山も岩が露出して現在より迫力があっただろう。

されていた。行在所の石段で軍人などと一緒に撮った写真も多数あった。これらすべてが蔵の取り壊しでこの世から消え去ってしまった。私はその存在を記憶しているだけに、それがあれば明治から昭和にかけての笠置寺の様子が生き生きと再現されたであろうにという思いが強い。笠置寺の戦前の歴史を知る上にまことに残念なことである。

一方近年ネット環境の整備によりいろいろな資料がネット上で検索できるようになったことはありがたい。以前は国会図書館などに資料を求めて日参したが、いまや国立国会図書館デジタルコレクションなど自宅に居ながらにして貴重な各種原本資料を目にする事ができるとは便利な世となったものである。

笠置町の人口は千四百二十八人（平成二十九年三月現在）、町制施行の町としては静岡県早川町（人口千百人）に次いで日本で二番目に人口の少ない町である。昨年、新生児の出生はゼロであった由で人口の減少は止まらない。早川町とは違い、京大阪から一時間強で来られる地の利と千三百年の悠久の歴史を有する笠置寺と木津川が形づくる山紫水明の自然を武器にユーカーブを描けないものか。

また本文第一章で述べた虚空蔵菩薩像についてては弥勒像の陰にあってその優雅な造形にもかかわらずこれまでほとんどあまり大きな関心をよんでいなかったが、泉教授の精緻な論考を基にしてその研究が広がり、世に出る事ができれば笠置復活の大きな契機となると考えるがどうであろうか。

笠置山に行く場合は健康を兼ねてできるだけ歩き回る事に心がけている。幸い昔からの山登りのお陰で八十歳近くなっても足に衰えはない。小学生時代にうろうろしていた場所を七十年近く経ってから再度訪れると年月の経過を思わずにはいられない。薪を拾いに下りていった観音谷、東山や大神田の田は既に山や谷に戻っている。モウセン苔の生育していた東山の湿地帯はゴルフ場となってしまった。

しかし一方境内に目を転じると点在する堂はほとんど改築されているものの、七十数年前の佇まいと較べてその雰囲気に全く変化は感じられない。

庫裡の前と本堂十三重塔の背後に笠置寺には数少ない杉の巨木がある。この巨木は昭和三十二年本堂改築の際、資金の一部に使うべきとの意見が強かったが、当時住職の尊亮が強く反対し今に残った。

庫裡前に亭亭と聳える巨木は塔のない笠置寺にあっては塔のような存在であり、十三重塔背後の大杉は薬師、文殊の巨石をいやがうえにも大きく引き立てる役割を持ち、霊的な雰囲気に絶対欠かせない巨木である。一度失ったものは戻らない。これらの巨木を見ながら育ってきた私には尊亮師がよくぞ頑張ってくれたとの思いが強い。

大都会などではその環境は十年も経てばすっかり変わってしまうが、無心に遊んでいた幼年時代の自然がここでは今もそのまま残されているのは本当にありがたいことである。永年住み慣れた大都会から笠置山に帰ってくるとホッとする。

私の祖父慶尊は明治三十四年に『笠置山記』を発行し、私の父慶順は昭和十四年に『笠置山誌』を発行したがいずれも数十頁の小冊子で内容は『笠置寺縁起』の記述と元弘の役の詳述、名所案内が主であった。

本書はこれまでの案内書とは異なり、草創以来、現在に至るまでの笠置寺の歴史の幅広い詳細な記述で、これまで光の当たっていなかった時代にもライトを当て、逆に永い歴史の彼方に埋没してしまうであろう過去の事象や遺跡を可能な限り現在に甦らせることに注力した。いわば室町時代の笠置寺縁起を中間地点とする過去千三百年の総決算の試みであり、将来へ向けての出発点である。人の命は有限で私も遠くない将来にこの世から消え去るであろうが、笠置寺は五十六億七千万年後の弥勒下生に至るまで永遠の齢を保つ存在である。将来この小書を足がかりにして、平成の世以降の笠置寺の新しい歩みを記録する後継者が現れることを念じるものである。

私が弥勒菩薩の足下に往生する保証も自信も信仰もないが、どこかで笠置寺の行き方を眺められれば幸せなのだが。

史料編

凡例

一、笠置寺関係史料中、特に重要なものを掲載した。

二、笠置寺所蔵の『笠置寺縁起』『笠置寺再興勧進状』『笠置山記』はそれぞれ笠置寺所蔵の現物から翻刻した。
翻刻にあたっては、判読困難な字は□とし、虫食いなどで判読不可能な字は□の下にその旨注記した。

原文には句読点はないが、読みやすいように適当に句読点を付し、当用漢字があるものは当用漢字を使用した。

三、『遊笠置山記』『陪游笠置山記』は国会図書館所蔵の和本を使用した。
同じく原文には句読点はないが、読みやすいように適当に句読点を付し、当用漢字があるものは当用漢字を使用した。

四、その他底本に当たれないものは活字本によった。
資料中の内容で一部省略したところがあるが、その箇所は（中略）として表示した。

『一代峯縁起』

出典　『日本思想体系二十　寺社縁起』岩波書店

解説

修験道の成立展開に重要な役割を演じた大和の霊山である大峰、葛城、笠置の縁起を説いたもの。鎌倉初期かそれ以前に編集されたものと思われる。笠置寺縁起にも本文の引用が見られる。

原文

仏子道賢、今号日蔵

夫以大倭国東北楞在高山、名曰一代峯、前後有信山、其中有禅僧数五百余人、是則非他人、弥勒観音化身也、爰役優婆塞金剛山行者、去以白鳳十二年夏四月廿二日、始挙登此峯修行、生中之間第七度、抑今是行者昔大倭州聖人、今大唐国第三仙人金剛山法起菩薩、金剛界峯果曼荼羅金峯山大聖威徳天、蘇悉地峯一代峯笠置石屋補処弥勒慈尊、胎蔵界峯因曼荼羅、三部秘法峯如是矣、一代峯極事金峯山縁起被垂矣、今斯峯有仙宮六所、因茲上宮太子如法経五部於書写、一所安置造七重馬悩石塔其内給、其塔本有黒白石、不知其数、爰役行者、至随喜意発信心、於笠置石屋両部如法経書安置石中給、仍天人聖衆下所奉供養也、其供養于今不絶、彼金峯山是兜率天内院、今此一代笠置峯兜率天外院也、此峯一度修行輩者、必往生知足天得於極楽自在乎、全以不可有疑歟、其後於来去僅二百余歳耳、改今仏子道賢修行事生中之間第九度、今始以延喜八年秋八月十二日、笠置石屋挙登五七日籠、其間三部秘法曼荼羅十二時勤修、其間得天人供養、天人告仏子言、此下有池、縦広四十里、池内満七宝池上有石像慈尊、僅四百余歳、若於此地至心如法修行者、必往生極楽世界、現在随所願与財宝乎、仏子問曰、此峯修行者、必除天魔難又心中各願為成就耶、天等答曰、此土来者生々世々在々処々之間、我等守護又其心中所願為成就云々、仏子弥発信我身皮剥、三部大法秘密曼荼羅奉図絵、以虚空蔵石屋竜穴中入小一里許、然間有石門、堂戸開見之、在大日宮殿、且思惟間持咒満三洛叉、爾時従宮殿内二人鬼神出来、問曰、汝何者耶、仏子答曰、日本国金峯山椿木寺住沙門道賢也、返問曰、君誰人、答云、我二人天童子也、仏子又問云、此土何所耶、二天答云、此土是兜率天外院也、因茲奉顕慈尊聖御躰云々、爰仏子弥致信、強於此所奉安置、図絵三部大法曼荼羅巳畢、此石屋出後、此峯修行給間、伴有仙宮、此内両部大乗経読誦僧坐、聖人見之発随喜意摩首頂云、我人共両部大乗転読云々、件伴峯西面滝上有石門也、僧云、我身雖有他国心常有三部峯云々、件僧者昔役行者第三仙人也、爰行者日蔵両人、我等住此峯、末代行者守護云々、当山是非此土地、但耆闍崛山戌亥角闕此土来也、其時他国高声童子常此山来、六人也、其間金峯山高声童子二人渡給、滝蔵一人、在今一人峯間、行者随意守護給、並成八大童子矣云々、

始延喜十六年五月十二日此縁起顕也

峯間宿所卅所云々

一、楊（十町字ウッタキ）　二、阿弥陀（十五丁峯）　三、西方（十八丁峯）　四、大般若（廿丁東）

五、国見（十丁西）　六、石本（卅丁東）　七、如法（六丁東）　八、岡本（十八丁西）　九、辻、（廿丁西）　十、尾上（十六丁東西无水）　十一、手車（十丁）　十二、弥勒（十五丁）　十三、往生院（廿丁）　十四、堂本（廿五丁峯）　十五、最勝（五丁西）　十六、如意（十一丁東谷）　十七、法花（廿丁西）　十八、普賢（三丁西）　十九、金剛（十丁西）　廿、峯（十五丁東）　廿一、椿木（十丁西）　廿二、無量（廿丁西）　廿三、今御竹（廿丁西）　廿四、滝本（十丁西）　廿五、石上（十二丁東）　廿六、郷見（十丁東）　廿七、石屋室（廿丁東）　廿八、松本（十二丁西）　廿九、井本（十一丁東）　卅、長谷峯（十丁東）

但此峯雖有南北両山於南山者除之、其故者末代行者不堪機根故也、其意起者、南山中有十余丈黒虵、見人極悦、後成大鬼王、字冠（タケニアリ）、其峯頂十五町有池、色赤白也、黒白虵其数不知云々

已上、如本写了、慶政（注一）本

已上如本写了

已上以行蓮公（源少納言信実孫）令書写之了

但文字尤不審須請他本交勘之耳

慶政本

注一、九条良経の子、一二六八年没

『笠置寺縁起』

出典

①笠置寺所蔵の天文七年書写の原本。
②『小野随心院所蔵の文献・図像調査を基盤とする相関的・総合的研究とその展開』に所収の天文七年写『笠置寺縁起』翻刻・校訂　平成十九年三月、大阪大学文学部中山一麿氏をも参考にした。

解説

現存する『笠置寺縁起』の日付は天文七年（一五三八年）となっているが、その完成は本文中の記事内容から文明十四年（一四八二年）である。

元弘元年（一三三一年）の役で笠置寺は全山焼失の戦禍を蒙り、寺院としての活動はその時より百数十年にわたって停滞していた。文明年間、当時笠置寺住侶であった貞盛が本堂再建を発願、再興勧進状作成のために『笠置寺縁起』を編纂したものである。

冒頭の弥勒像彫顕の記事は同内容、ほぼ同文が鎌倉時代の『十巻本伊呂波字類抄』や『阿婆縛抄』に出ているので、これらを参考にしたのか、あるいはこれらの原本となる『笠置寺縁起』がどこかに残っていたのであろう。

草創後の編年体風の記事は鎌倉時代住侶の宗性の著作などにある記事を参考にしたものか。

ボリュームの大きい元弘の役の記事（本書では省略）は『太平記』をほぼそのまま写しているが、笠置寺をめぐる独自の記事もみられる。

原文

第三十九代天智天皇亦号二ス田原天皇一ト（注一）、治十年而二年三月四日百済国《こく(ママ)》普光王入レ朝居二住ス難波津一ニ（注二）、五年丙寅正月大唐沙門智由貢二ス指南車一ニ（注三）（注四）、六年三月二日天皇寝シテ大津宮一夜半ニ見二法師来一ヲ（注五）、十年辛未天皇皇子才覚抜萃、殊ニ好二文筆詩賦一ヲ興レル始レテ自二リ此ノ時一（注六）、兼テ好二ンテ遊猟一ヲ殺二害ス猪鹿一ヲ、列卒周迊シ籠レ山ヲ、絡《メクッテ》レ野ヲ、曜レシ威ヲ而テ構二フ武事一ヲ、命二シテ荊州一ニ、使レ起レ鳥、詔二梁野一而駈《カラシメ》レ獣、於レ是皇子乗二シテ飛雲之馬一ニ、備二ヘ法駕一ヲ、率二ヒテ群臣一ヲ、従二リ山城国一通レ綺（騎か）、漸ク踏二ム鹿鷺山ノ之峯一ヲ、群師田猟馳散テ各ノ随二聾聵《シャクヒ》一ニ、皇子就二テ鹿ノ走リ馳ル行二ル駿馬一、控《ヒイテ》レ弓ヲ向レテ東ニ、到二臨高岸一ニ鹿先ツテ失レシテ足ヲ而倒《テダヲル》レ急ニ、抛二テ弓矢一ヲ、雖レモ引二ト手縄一ヲ敢テ不レ留。至二ル峥巖之透《トウ》出一ニ、馬馳余レテ足ヲ四蹄聚二メテ一処一ニ、直ニ下ルコト十丈許也《ナリ》、眼《カム》眩《ケン》転シテ而不レ見二ス渓底一、驚擬レス還《カエサント》レ馬ヲ、無二足ノ之所一レ踏ム、欲レスルニ進レト轡ヲ、如二壁ノ之聳立一ルカ、神驟《シウ》情騒《ソウ》、将二ス与レ馬共ニ死一ト矣、恍然トシテ而如レク夢ノ、喟然トシテ而歎二シテ曰ク山神鬼魅一ニ、若シ扶二ケ吾命一ヲ者ハ、於二テ此ノ巖畔一ニ奉レトセリ刻二弥勒尊一ヲ、俄ニ立レツ願ヲ、須臾ニ如レシ有二カ冥助一、馬促二四足一ヲ指レテ後ヲ而退キ還ル、竟ニ開レテ眉ヲ届二ル路地一ニ、集二会シテ群臣一、皇子流レシ涙ヲ委ク語二ラク侍臣一ニ、脱二テ所レノ服之蘭笠一ヲ、置二ク後日ノ指南一ニ、経二テ一両日一ヲ尋二至置レク笠処一ニ、自二山巓一漸ク下テ繞二リ経テ巖腰一ヲ、終ニ届二ル麓ノ砌一ニ、向レヘハ上ニ者眼逮二ヒ雲路一ニ、心情思念、擬下ス擘二テ山腹一ヲ像ヲ于鐫中ト其面上ニ、渓谷不レ貪レニ響ヲ、誓念暗ニ通ス、天人助レ之、刻二彫ス急一ニ、成二テ黒雲一ヲ覆レテ山ヲ、宛モ如二シ子夜一ノ、暗中ニ有レ声、小石奔リ散ス、造－像既ニ畢ヌ、雲－去リ霞－晴ル、爰ニ皇子仰－瞻二ル石－像一ヲ、慈－氏之尊－容目前ニ新シ、伏テ礼二シ化－人之霊像一ヲ、合レ掌向レテ仏ニ曰ス、昔－西－梵天皇ハ得二良匠ヲ于忉利天一ニ（注七）、今東陽谷ノ朕ハ誂二フ鉄－鑿乎知－足天一ニ、凡ツ末－代希奇ノ之特尊ナリ也、一天四海之兆－民専ラ加二フ恭－敬一ヲ、然則纔ニ運レ歩ヲ之輩ラハ、殖ヘ二往生都率（注八）之種一ヲ也、偶マ礼二慈－顔一ヲ之族ラハ、結二フ龍華成道之菓一ヲ（果か）（注九）也、同ク為三令結ンカ二来縁一ヲ、粗裁二贈ル遐－邇一ニ而巳

注一、田原天皇と称されるのは天智天皇ではなく天智天皇の皇子である施基皇子である。この皇子はその山陵の地（奈良市矢田原町）により田原天皇と称された。万葉を代表する歌人の一人に数えられ、「石ばしる垂水の上のさわらびの萌え出づる春になりにけるかも（万八－一四一八）」の歌は有名。

注二、天智天皇三年（六六四）三月、百済王善光王等を以て、難波に居らしむ（『日本書紀』巻第二十七）。善光は百済滅亡時の国王義慈の王子、あるいは弟か。舒明天皇三年（六三一年）、日本に人質として送られ、白村江の戦いの際は日本に留められた。天武天皇死亡の頃は百済国王に準じる待遇を与えられていたようである。

注三、倭漢沙門智由、指南車を献る（『日本書紀』巻第二七）

指南車　天智五年丙寅正月大唐智由貢レ之（『濫觴抄上』巻第四六五）。

注四、この縁起で百済国善光王や智由を冒頭に記した意味はどこにあるか。おそらく笠置寺の草創が当時の朝鮮半島と関係が深かったことを暗示したかったのではないだろうか。

注五、天智天皇が大津宮にいる時、寺院建立を発願し、その建立の場所を示し給えと祈念したところ、その夜の夢に僧が来てその場所を示した。天皇は翌年の正月に寺院（志賀寺）を建立し丈六の弥勒像

を安置した（『今昔物語』巻第十一）。この寺院は室町時代に廃寺となった。

注六、皇子の固有名詞はないが、大友皇子は「皇子博学多通、文武の材幹あり。（中略）太子天性明悟、雅より博古を愛ます。言に出せば論と為る（懐風藻）」と大友皇子は我が国最初の漢詩人として著名である。

但し仁寿鏡（続群書類従）には天武天皇の皇子である大津皇子が「始めて詩賦を作る」とあり、本朝皇胤紹運録（同）は大津皇子が「始めて詩賦を作る。笠置寺本願」とある。これをうけたのか、雍州府誌は笠置山で危難に遭ったのは大津皇子とする。笠置寺にも天武天皇の皇子が危難に遭ったとする伝承が伝えられている。例えば椿本神社前の「駒つなぎの松」の主人公は天武天皇の皇子とするなど。

しかし大友皇子は大津皇子より先に詩作しており、江村北海の『日本詩史』巻之一に「史に称す。詩賦の興る、大津王より始まると。紀淑望も亦た曰く、皇子大津始めて詩賦を作ると。而れども其の実は大友皇子を始めと為し、河島王・大津王之に次ぐ。（中略）河島王、五言八句の詩あり。大津王は兼ねて七言を作る。才皆な大友に及ばず」とある（『日本漢文学大事典』明治書院）。

注七、欲界の六天のうちの第二天。ここには帝釈天が住む。

注八、都率天、兜率天のこと。欲界の六天のうちの第四天。ここは将来仏となるべき菩薩が住んでいて釈尊も以前ここで修行し、現在弥勒菩薩がここで説法していると説かれる。覩史多天とも知足天ともいう。

注九、釈尊滅後五十六億七千万年後弥勒如来がこの世に出て龍華樹のもとで悟りを得て人々を救済するという信仰。

一温当寺開山者、発天武之叡願、所草創也
白鳳十一年辛未（注一）御建立云々、天智天皇治十年辛未同之

注一、白鳳元年をいつとみるか説が分かれる。白鳳元年を天智元年とすれば六七二年、天武元年とすれば六八二年。白雉が献上された天武二年を白雉元年とし、白雉と白鳳を同一とすれば六八三年となる。なお干支の辛未は天智一〇年、六七一年である。

一本尊者観史多天之教主（注一）、化人（注二）刻彫之石像（注三）也

注一、観史多天は兜率天に同じ。その教主は弥勒菩薩である。

注二、仏菩薩が仮に人の姿になったもの。

注三、元弘の役でその姿は失われたが、今もなお、笠置寺本堂横の巨石にその光背を残す。


一山者非此土之地、耆闍崛山（注一）之霊峯欠落来現、補処弥勒慈尊（注二）胎蔵界（注三）之峯也

注一、霊鷲山と漢訳される。中インド・マガダ国の首都。王舎城の北東にあり、釈尊が説法した地として有名な霊山。山頂付近に鷲の形に似た岩があることからその名が付けられたともいう。

注二、補処とは仏の処を補う意で、前の仏が既に亡くなった後に仏となってその処を補うこと。釈尊に次いで成仏する菩薩は弥勒菩薩である。

注三、密教では宇宙のすべてが大日如来の現れであるとし、その智徳を表す面を金剛界、理性を表す面を胎蔵界とする。胎蔵界を図示する曼荼羅では大日如来を取り囲む八つの仏たちのうちに弥勒菩薩が描かれる。

一役優婆塞（注一）、白鳳十二年壬申卯月廿四日登当山詣千手窟（注二）、則北峯一代之峯（注三）始行給者也、山城国光明山寺（注四）為一之宿、当山弥勒之岡、一代之頂上為秘処、終届大和国泊瀬之霊峯者也

注一、役の小角のこと。七世紀から八世紀の間、大和の葛城山にいた呪術師。修験道が発展するにつれ、役の行者（小角）はその一代祖師として崇仰されるようになった。各地の霊山に役の行者の伝説が残されている。

注二、ここに役優婆塞は金剛山の行者なり。去る白鳳十二年の夏四月廿二日を以て、始めてこの峯に攀登し修行す（『一代峯縁起』）。

注三、一代之峯とは笠置山のこと。諸山縁起中の『一代峯縁起』には「大倭国の東北の楞を以て高山あり。名を一代峯と曰ふ」と。また別のところにも「一代笠置峯」とある。

注四、京都府木津川市山城町（旧棚倉村）綺田にその廃寺跡が残る。平安時代前期に開かれたといわれるが明確でない。役の行者が行を始めた所ともいわれる。

一聖武皇帝、為東大寺大仏殿御建立、自伊賀国欲下材木、泉川之河上、当山之麓、大岩山河之面四丁

余覆塞而河流通岩下、船筏通无由、仍朝議煩之、于時良弁僧正（注一）奉宣旨、籠笠置寺千手窟（注二）、行千手秘法、雷神下而摧破彼巖山、流河水之滞、船筏之通無煩云々、東大寺之縁起第三巻二同記之彼雷神者善達龍王現小龍之身、従彼窟之龍穴出現而千手堂正面之左辺之柱為便登天、降大雨成洪水、即時此岩山崩流而大仏殿之料材、河上無障下者也、為末代之験ノ柱一本龍神抑留給、其柱彼巖山之跡之河渕于今在之私云此柱者　聖武天皇之御代ヨリ今至文明十四年雖経七百四十余廻敢無令朽損末代猶□（注三）（注四）（注五）

注一、良弁（六八九～七七三年）。聖武天皇の大仏造顕に尽力して大仏開眼当時東大寺別当に就任。

注二、笠置寺本堂下にある金剛界石と胎蔵界石、両巨石の間の洞窟。

注三、元応二年（一三二〇年）には編纂されていた東大寺縁起（続群書類従釈家部）に「於伊賀国杣山所採之料材、依無水便不能運送、然間良弁僧正於笠置寺千手岩屋修千手法、新羅《ママ》之時雷神鳴下、蹴辟□□石河流道開、材木易下泉河原上是也」とある。

注四、このことから、笠置寺縁起は文明十四年（一四八二年）に編纂されたものと判明する。

注五、正保版笠置寺縁起ではこの割り注は次の通りとなっている。

私云此柱者　聖武天皇之御代ヨリ今至文明十四年雖経七百四十余廻敢無令朽損末代如此奇特也。


一第四十六代孝謙天皇、天平勝宝三年辛卯十月、実忠和尚（注一）、自笠置寺之龍穴入而過北方江一里余、則都率之内院（注二）也、四十九院摩尼宝殿（注三）一々巡礼之、其内諸天殊集会而、勤修十一面之悔過（注四）之処在之、号常念観音院、和尚拝聖衆之行法、模此行於人中可勤行之由伺、聖衆則告曰、此所一昼夜当人間四百歳、然者、行法軌則巍々不懈千反之行道（注五）、於人中短促之所更難修、亦不令坐生身観自在尊者何輙可修乎云々、和尚重白言、千反之行道者急走而修之致誠、令勧請者生身何無降臨乎云々、則天衆共議而許伝之等云々

東大寺之縁起第八巻同被記之

仍天平勝宝四年壬辰正月一日、於当寺正月堂、二七昼夜六時之行法始被行之、生身之十一面観自在尊乗花皿而降臨給、則彼正月堂者、実忠和尚之本願御建立云々、亦同四年壬辰二月一日、於東大寺二月堂、始而行二七昼夜六時之行法等云々（注六）、共以実忠和尚之本願也、彼修正于今不絶（注七）、利生弥新而奇特猶盛者也 私云 実忠和尚者良弁僧正之御弟子云々

注一、実忠（七二六～没年不詳）良弁に師事し東大寺の修理、造営面を一手に引き受け、上座、知事などの要職を歴任。

注二、兜率天は欲界の六天のうちの第四天。七宝の宮殿に内院、外院の二院あり。内院には弥勒が住み、外院は眷属の天人衆遊楽の場所といわれる。

注三、兜率の内院にはその四方に十二宮があり、これに中央の大摩尼宝殿（弥勒の説法院）を加えて四十九院となる。

注四、己が罪を懺悔し、罪報を免れることを求めるために、薬師や観音などを本尊として一定の作法によって行う儀式。

注五、法会のとき、衆僧が列を組んで読経、散華を行いながら仏堂の周囲を右回りに巡り歩くこと。

注六、東大寺縁起（続群書類従）に「羂索院、又号二月堂、実忠和尚現身詣都率内院巡礼四十九院、其中詣常念観音院、院聴分十一面観音之業法、博受彼行法、為弘通人間行□摂津国難波浦、向補陀落山

焼香備花、勧請生身観音建立当伽藍」とある。

注七、これが二月堂お水取りのはじまりである。

一第五十代桓武天皇御宇、延暦十三年甲戌、南都之先徳達登当山、始而被行法華八講（注一）云々
当寺之法花八講者日本第三伝之八講也、法華八講之事、最初延暦二年癸亥岩渕山（注二）於勤操僧正（注三）始而行給、次於天地院（注四）被行之、第三番於笠置寺被執行之者也（注五）

注一、法華経八巻を八座に分けて一巻ずつ講讃する法会。延暦一五年（七九一年）に岩渕寺で行われた（元亨釈書）のをはじめ、宮中、幕府、各寺院で主として回忌供養として行われた例が多い。

注二、岩淵寺。大安寺の勤操《ごんそう》が創建したと伝えられる。高円山《たかまどのやま》の中腹に位置する白毫寺が岩淵寺の一院だともいわれている。

注三、三論宗の僧。八一三年の宮中最勝講では法相宗の僧を論破して三論の宗勢を伸長させた。最澄や空海とも親交があった。元亨釈書によれば、勤操による法華八講は延暦一五年とされる。

注四、東大寺の東方、三笠山に続く山中に所在した寺院。和銅年間（七〇八から一五年）に行基によって創建された。良弁や等定などの高僧が法灯を伝える東大寺の有力な一院であった。

注五、笠置寺二季八講料舞装束勧進状（宗性『弥勒如来感応抄』に所収）に「右一乗八講其来尚矣。源起二和州岩渕勤操僧正之居塵一。至二山城笠置慈尊霊応之地一。延暦以来四百餘廻。世号レ之日本国第三伝矣」とある。

一第五十二代嵯峨天皇御宇、弘仁年中、弘法大師空海、当寺於虚空蔵之宝前（注一）、求聞持法（注二）修之給、新明星彼石像指光給（注三）、則光跡石陥今在之、明星末代光指給、嚴重之奇瑞也（御帰朝以後ト云々）

注一、江戸時代以降の名所案内では空海が求聞持法を修して虚空蔵菩薩像を彫顕したとするが、この縁起を精読すれば空海来山当時、既に像が彫刻されていたことが明らかである。

注二、虚空蔵菩薩を本尊として修する行法で、頭脳を明快にし記憶力を増大するものとされる。空海も勤操から入唐前に授かって修したこと、『三教指帰』や『元亨釈書』に記される。

注三、求聞持法が成就したとき、明星が現れるという。『法輪寺縁起』に、道昌が求聞持法を修したところ、電光のような光炎が輝き、明星天子が現れ道昌の袖に虚空蔵菩薩の姿が縫いつけたように浮かび上がったという。

一第六十代醍醐天皇御宇、延喜八年（戊辰）八月十二日、金峯山（注一）之沙門道賢日蔵上人（注二）、登当山千手之窟、五七日参籠給、其間三部秘法之曼陀羅十二時令勤行、爰化人告曰、此山有池、方四十里、池之中七宝満、其池上弥勒御座、則兜率内院（云々）、道賢得彼告、弥発信心致誠祈請、入彼窟詣兜率天、剥骨皮三部大宝之曼陀羅書写、龍穴之左辺納之、昔役の行者、如法経二部書給而奉納窟之石中、今亦道賢如法経（注三）書写、而彼霊窟之左辺令奉納処、新得天人之供養、種々奇特不遑具記、其後一代之峯令中絶、再開而修行、役優婆塞之昔者、光明山雖行始、奉聖武皇帝之勅依祈請、良弁僧正彼巌山崩流、此峯令中絶、依之当時者、自笠置山至泊瀬峯（私云五月晦日以当山之会式トシテ其ヨリ一代峯分入六月十八日長谷寺蓮華会行出者也）

注一、奈良、吉野から大峰山脈山上ヶ岳に至る連峰の総称。

注二、日蔵上人道賢。伝説的人物。『扶桑略記』には日蔵が延暦一六年（九一六年）に金峯山に分け入り修行した。天慶四年（九四一年）霊魂が体から離脱し、菅原道真の霊に会い、また醍醐天皇にもあって伝言を頼まれたという。道賢が千手窟から兜率天に入って修行し、役の行者にも出会ったことは『一代峯縁起』に記載がある。

注三、一定の規則にしたがって経文を書写すること。特に法華経を写すことをいう。

一当寺鎮守護法天童（注一）者、大和国金峯山椿本大明神、依日蔵上人之勧請、永此山跡垂（注二）御座、延喜八年日蔵上人、千手之窟兜率天詣給時、山神告曰、吾山者未護法信、早可奉請新告得、道賢急金峯山還　詣金剛蔵王（注三）祈請、蔵王示曰、是丑寅方十六町行大木、其木本宗石、請護法可奉崇、彼告任此大木本尋至、誠石光明放、道賢弥信心発、同其本地（注四）知、祈請時空中声有告曰
（一行空白）
其時涙流信心□□□（虫損）成（この所、正保版は銘レ肝成レ礼）則彼光明石箱納、笠置寺令勧請、奉仰鎮守者也、爾来威験日新而悪魔降伏之擁護尤勝、感応月盛而寿福増長之願望普満、山上山下之護持者、遥到慈尊（注五）之出世、仏法僧法之繁昌者、永及龍華（注六）之成道鎮守給、霊験無双之明神御座者也

注一、少年の姿をして現れる仏法守護の神。

注二、仏が衆生済度のために仮の姿をとって現れること。

注三、蔵王権現、修験道の本尊。役の行者が金峯山にて修行中にその姿を感得したといわれる。

注四、垂跡身に対する本源たる仏、菩薩。

注五、弥勒菩薩の異称。弥勒はマイトレーヤの写音。マイトレーヤは「情け深い」とか「慈しみのある」という意。ここから慈尊の名がでた。

注六、龍華会のこと。釈迦が涅槃に入って五十六億七千万年後、現在兜率天にいる弥勒菩薩がこの世に下生して、龍華樹下で説法するという会座。三回にわたって行うので龍華三会・弥勒三会ともいう。笠置寺のキーワードである。

一第六十代醍醐天皇延喜年中ニ当寺御臨幸云々、仍当庄（注一）惣社者、是菅丞相（注二）彼臨幸扈従之時、此砌御覧而発誓願云、未来属此地可利含識云、答生前之御願、遂垂此地跡給、天満大自在天神号栗栖宮、山上山下擁護之霊社御座者也

本地法身之宮内、三身（注三）万徳光明而照鑑苦海妄染之迷闇、垂迹応化之籬前、済生利物恵新而成就三世所求之願望給、威徳自在尊神御座者也、依右因縁、栗栖宮神役別当勤主也

注一、『正保版笠置寺縁起』では「当寺」とある。

注二、菅原道真のこと。

注三、三種の仏身。法身は真如のさとりそのもの、報身は菩薩が願と行に報われて得るもの、応身は衆生を導くために相手に応じて現れる仏の身体。

一第八十代高倉院安元年中、後白河大上法皇忝依叡信、当寺臨幸成、礼石像聖容令結龍華之妙縁給仍
一乗不断之読誦、為御勅願被始行之

一二季之法華八講再興之御願、春季者後白河法皇御勅願、秋季者鎌倉右大将家御願也

一長日仁王講（注一）者、御堂関白家当寺御参詣（注二）之時、為御願被始行者也

注一、仁王講は天下太平、鎮護国家を祈願するために仁王経を講讃する法会。この時から約五〇年後の永承七年（一〇五二年）には末法の世となるという思想が当時広まっており、仁王講はこの末法の世に有用だと考えられていた。『今昔物語』巻第四の第二に「末世の衆生の為には仁王講尤も要須の善根となむ伝へたるにや」とある。

注二、御堂関白藤原道長は寛弘四年（一〇〇七年）六月八日から九日にかけて笠置寺に参詣した（『御堂関白記』）。道長は強烈な浄土信仰を有していて、弥陀の浄土を喝仰すると共に、弥勒の浄土にもあこがれ、弥勒下生の現出を刻した弥勒石仏に参詣したのである。

一不断法華料所寄進（空　白）　散位源弘（注一）
田畠拾町壱段佰捌拾歩、地利笠置寺不断法華供料、末代無相違不可有退転之由、寿永元年壬寅十月十八日被成下庁御下文者也

注一、源弘（八一二から八六三年）。嵯峨天皇の皇子。大納言従三位で薨じた。なお散位とは官職を有しない有位をいう。

一第八十一代安徳天皇寿永元年壬寅、侍従公貞慶（注一）、御年二十八歳、南都菩提院方笠置寺御隠居云々、少納言入道信西御孫、御親父貞憲卿桜町中納言重憲御舎弟也、般若台院建立御本願也、後鳥羽院勅宣、解脱上人貞慶、当寺上人号依為勅任則笠置上人申也

般若台院六角堂御造立（注二）、御年四十歳、建久五年甲寅八月三日辛卯上棟也、彼堂供養之前日伊勢太神宮御参詣之処、親於内宮神前、忝御神御姿御感得云々、則六角堂内陣御厨子御奉納也、中尊者釈迦牟尼如来春日大明神御本地、彼御厨子六面、大般若経各百巻宛紺紙金泥十二本扉四聖八天図絵之

南向正面扉 四梵天王 東天帝釋　　坤扉 増長天 阿難尊者
乾扉 法涌菩薩 広目天　　北後門扉 西 沙佉羅龍王 東 閻魔王
艮扉 多聞天 玄奘三蔵　　巽扉 常啼菩薩 持国天

依為神道之秘密、彼御厨子者被付勅符、然間輙開帳無之、内陣之出入、絹綿絶紙覆面紙鞴無言也、上人彼堂供養之御時、雖悪魔競望、依神明御託、早令覚之給間、魔障即時退散畢、則御供養成就云々、其後建久年中之比、上人角堂御行法之時、一人之倶生神出現、貞慶汝是何者哉、倶生神答云、自閻魔宮経衆招請之御使也、其時既六角堂正面右辺之庭上地破而入閻魔宮給、御結願之後、御母儀之幽魂御対而（面か）、色々御物語共、霊相雖数多、別記注之間不能具記之

建久七年丙辰、発当寺興行之大願（注三）、載子細於勧進帳、請助成於諸檀那、于時八条院（注四）、御随

喜之余、伊勢国蘇原（注五）之御厨地頭職、被附于当寺者也

注一、貞慶は藤原信西を祖父とし権右中弁貞憲を父とする。法然の新仏教に対抗し、また当時堕落していた南都仏教の改革を目指し、南都から遠からず近からず、適当な距離を置くべく笠置山に入山した。笠置寺は貞慶の手によって堂塔の整備、法会の紹隆が大きく進んだ。

注二、貞慶は大般若経六百巻の書写を発願して十年かけて建久三年にそれを完成。その一年後笠置寺に入った。そしてこの教典を納める黒漆六角経台一基を造り、更にこれを納置する六角三間の精舎を建立した（貞慶による『笠置寺般若台供養願文』）。般若台は笠置寺本坊から約百五十メートル南方の高台にある。

注三、笠置寺に於ける日本第三伝の法華八講も当時衰微に向かっており、貞慶はこれの紹隆を願い勧進を行った（『沙門貞慶笠置寺法華八講勧進状』）。

注四、暲子内親王（一一三七～一二一一年）のこと。鳥羽天皇の第五皇女。応保元年（一一六一年）に院号八条院を賜う。父の鳥羽天皇から譲与された所領の他、母美福門院の遺領も合わせて莫大な所領を有し、これを背景に大きな勢力を有していた。

注五、三重県松阪市三雲町にあり。安元二年（一一七六年）の『八条院領目録』に「伊勢国蘇原」と見える。

一第八十二代後鳥羽院勅宣、寺領四至之内、山水之間漁猟之事、永可停止之由、被成下院庁御下文畢

四至　東限　野野目河（注一）　西限　小倉河中仏石（注二）

南限　阿多恵谷（注三）　北限　牓示河原（注四）

注一、現在布目川と称し、笠置寺東方を流れ下り、木津川に入る。
注二、現在の白砂川。仏石は所在不明。
注三、笠置寺を南下して小川を渡った柳生の入り口にあたやの地蔵がある。
注四、笠置山北麓の木津川の河原だろう。

一第八十三代土御門院勅宣、当庄一円寺進退（自由に支配すること）、守護不入之旨、被成下院庁御下文畢

一解脱上人、元久元年甲子十一月十七日、当寺於本堂、龍華会御始行、彼願文
笠置寺龍華会願文（省略）

一第八十四代順徳院（注一）、建保三年乙亥九月四日、去鳥羽禅定法皇勅定、任庁下文之面、四隣之郷民等於当寺領内者不可企畋獵鮫捕之旨、被成下院庁御下文者也、自爾以降、近隣之四従等則止殺生畢

注一、順徳院（一一九七～一二四二年）後鳥羽上皇の第三皇子。承久の乱により佐渡に流され、在島二十一年にして配所に崩じた。

一第九十八代　後醍醐天皇　当寺臨幸之事

（後略）

『今昔物語集』巻第十一

出典　天智《てんぢ》天皇御子《てんわうのみこ》、始笠置寺語《かさぎでらをはじめたること》第三十　『今昔物語集』岩波書店

解説

この有名な説話集は十二世紀初頭に成立した。ここに『笠置寺縁起』とほぼ同内容の笠置寺弥勒像造顕の謂れが記されている。

原文

今昔《いまはむかし》。天智《てんぢ》天皇ノ御代《みよ》ニ、御子《みこ》在《まし》マシケリ。心ニ智《さと》リ有テ才《ざい》賢カリケリ。文《ふみ》ノ道ヲバ極《きはめ》テ好ミ給《たまひ》ケル。詩賦《しふ》ヲ造ル事ハ、此《この》御子ノ時ヨリゾ此国《このくに》ニハ始マリケル。亦、田猟《かり》ヲ好《このみ》テ猪・鹿ヲ殺ス事ヲ朝暮《てうぼ》ノ役《やく》トセリ。常ニ身ニ弓箭《きうせん》ヲ帯《たい》シ、軍《いくさ》ヲ引具《ひきぐ》シテ、山ヲ籠《こ》メ□纏《まき》テ、獣《けもの》ヲ令狩《からしむ》。

然ル間、山城《やましろ》ノ国、相楽《さがらか》ノ郡《こほり》、賀□（茂？）ノ郷《さと》ノ東《ひがし》ニ有ル山辺《やまのほとり》ヲ狩リ行クニ、山ノ斜《ななめ》ニ登《のぼり》タル所ヲ、皇子駿馬《ときうま》ニ乗《のり》テ鹿ニ付《つき》テ馳セ登リ給フニ、鹿ハ東ヲ指《さし》テ逃グレバ、我レハ鹿ノ尻ニ次《つづき》テ馳セテ、鐙《あぶみ》ヲ蹈ミ柸《あ》テ弓ヲ引ク程ニ、鹿俄《にわか》ニ失《うせ》ヌ。倒ル、ナメリト見ルニ、鹿不㆓見《み》エ《え》㆒ズ《ず》。「早ク岸ノ有ケルヨリ落《おち》ヌル也」ト思テ、弓ヲ投ゲ棄《すて》テ手縄《たづな》ヲ引《ひく》ト云ヘドモ、走リ立《たち》タル馬ナレバ、輙《たやす》ク不㆓留ラ《とどまら》㆒ズ《ず》。早ク、遥《はすか》ニ高キ岸ヨリ鹿ハ落ヌル也ケリ。

此《この》乗タル馬走リ早マリテ、鹿ノ如ク既ニ可落《おちぬべ》キガ、四《よつ》ノ足ヲ同《おなじ》所ニ踏《ふみ》テ、少シ指出《さしいで》タル巌《いはほ》ノ崎《さき》ニ立《たち》ニタリ。馬ヲ折返《をりかへ》サムニモ所モ無シ。馬ヨリ下リムト為《す》ルニモ、鐙《あぶみ》ノ下ハ遥《はるか》ナル谷ニテ有レバ、可下《おるべ》キ所無シ。馬少シ動《はたら》カバ落入《おちいり》ナムトス。谷ヲ下《おろ》セバ十余丈許《ばかり》ナル下ハ□□（岩石？）也。見ルニ目モ暗レテ、谷底モ不二見《み》エ《え》一ズ《ず》。東西モ忘レヌ。魂《たましい》ヲイツキ心騒《さわぎ》テ、只今馬ト共《とも》ニ死《し》ナムトス。然レバ、皇子歎《なげき》テ云《いは》ク、「若《も》シ此《この》所ニ座《おは》セバ、山神等《やまのかみら》、我ガ命ヲ助ケ給へ。然ラバ此巌《このいはほ》ノ喬《そば》ニ弥勒像《みろくのざう》ヲ刻《きざ》ミ奉ラム」ト願《ねがひ》ヲ発《おこ》スニ、即《すなは》チ其験《そのしるし》ニ、馬、尻へ逆《さが》サマニ退《しりぞき》テ広《ひろき》所ニ立《たち》ヌ。

其時、皇子馬ヨリ下《おり》テ泣々《なくなく》ク伏シ礼《をが》ミ、後ニ来テ尋《たづね》ム注《しる》シニ見ムガ為《ため》ニ、着給ヘル藺笠《ゐがさ》ヲ脱《ぬぎ》テ置《おき》テ返《かへり》ヌ。

其後一両日ヲ経テ、其《その》所ニ置《おき》シ所ノ笠ヲ尋テ至《いたり》ヌ。山ノ頂《いただき》ヨリ下《おり》テ、巌《いはほ》ノ腰ヲ廻《めぐ》リ経《へ》テ、麓ノ砌《みぎり》ニ至《いたり》ヌ。上様《うへざま》ヲ見上グレバ、目モ不及《およばず》、雲ヲ見ルガ如シ。皇子心ニ思ヒ煩《わづらひ》テ、山ノ腹ヲ指《さし》テ、其面《そのおもて》ニ弥勒《みろく》ノ像ヲ彫《ゑ》リ奉ラムト為《す》ルニ力無シ。

其時ニ、天人是《これ》ヲ哀《あはれ》ビ助ケテ、忽《たちまち》ニ此《この》仏ヲ刻《きざ》ミ彫《ゑ》リ奉ル。其《その》間、俄《にはか》ニ黒キ雲覆《おほひ》テ暗キ夜ノ如ク成《なり》ヌ。其《その》暗キ中ニ少《ちひさ》キ石ノ多ク迸《とばし》ル音聞《きこ》ユ。暫許《しばしばかり》有テ、雲去リ霞晴《はれ》テ明《あきら》カニ成ヌ。

其時ニ、皇子仰《あふぎ》テ巌《いはほ》ノ上ヲ見給フニ、弥勒《みろく》ノ像、其形《そのかた》チ鮮《あざやか》ニシテ彫《ゑ》リ奉リタリ。皇子是《これ》ヲ見テ、泣々《なくなく》恭敬礼拝《くぎやうらいはい》シテ返《かへり》給ヌ。

其《それ》ヨリ後、是ヲ笠置寺《かさぎでら》ト云《いふ》、是《これ》也。笠ヲ注《しるし》ニ置《おき》タレバ、笠置《かさおき》ト可云《いふべき》也。其レヲ只和《やはら》カニ、カサギトハ云《いふ》フ也ケリ。

実《まこと》ニ、世ノ末、希有ノ仏ニ在《まし》マス。世ノ中ノ人専《もはら》ニ可崇奉《あがめてたてまつるべ》シ。「僅《わづか》ニ歩《あゆみ》ヲ運ビ首《かうべ》ヲ低《かたぶ》ケム人、必ズ観率《とそつ》の内院《ないゐん》ニ生《うまれ》、弥勒《みろく》ノ出世ニ値《あは》ム□殖《うゑ》ツ」ト可頼《たのむべ》キ也。

此《この》寺ハ、弥勒《みろく》彫顕《ゑりあらは》シ奉テ後、程ヲ経テ良弁僧正《らうべんそうじやう》ト云フ人ノ見付ケ奉テ、其後ヨリ行《おこな》ヒ始《はじめ》タルゾト人云フ。其《それ》ヨリナム堂共《ども》ヲ造リ房舎ヲ造リ重《かさね》テ、僧共《ども》多ク住《ぢう》シテ行《おこな》フ也トゾ語リ伝ヘタルトヤ。

『笠置山縁起』（護国寺本）

出典

『大日本仏教全書』（寺誌叢書第二・諸寺縁起集　法眼清水清範筆記）
校刊美術史料、寺院篇　藤田経世編　中央公論美術出版

解説

諸寺縁起集に法隆寺、興福寺、薬師寺、唐招提寺など南都などの大寺三十一ヶ寺と並んで笠置寺の草創が記載されている。

この縁起集は興福寺大乗院から護国寺に伝えられたため、護国寺本『諸寺縁起集』といわれる。もともと各寺院の縁起を収録したもので一律にその作成年代を確定できないが、全体の成立は鎌倉中期以降とみられる。この縁起は学術論文で一度紹介されたことはあるが、今まで笠置寺関係の案内書には記されていない。

内容は大筋では『笠置寺縁起』と同じであるが、危難にあった皇子を天智天皇の第三皇子と特定していること、再度の登山の際も神仏の奇瑞があったこと、弥勒像の記述が詳しいことなどが『笠置寺縁起』と異なる点である。

原文

天智天皇第三皇子、出宮遊猟山城国相楽郡、入一深山忽得鹿、馳馬越峯渡谷、不憚石巌、付鹿追行、鹿欲遁矢心深、自高巌上捨身逃落、王子之馬不走留、同欲落、前之二足既離巌在虚空、皇子余命在只今、我身欲失、目晩魂消、不能引手縄、無力返蹄、悲嘆之余、心中誓願、我願為此山之地主、顕弥勒像、令保今度之命給〈云々〉、即随祈念、馬忽留身亦全、仏神之霊応於爰願之間、喜悦信伏、涙下両行、但此深山人跡絶、奇巌聳、雖造仏誰来礼拝之、設雖造雨露忽犯、争得久、思惟未定之間、日暮路遠、以後日亦来、欲廻意匠之間、為後脱御笠、置石上而還御、其後経数日、歎願之難遂、向彼山、尋泉河流、登置笠峯不遂、有一人童子、其形貌非普通人、貴人上臈気色也、爰王子云、我在造仏之願、為之如何、童子云、我奉造助君願云々、雖奇思給、与童相共趣彼山、於山之北之麓、河之南際、童子忽失畢、即黒雲覆峯、荒風忽吹、大雨即降、雷電霹靂、大地欲破、山峯欲崩、我有何罪、依何科、忽遇此災、愁歎而有余　雖然無程天晴明静、成奇登峯見之、所置笠之巌恣削之、其面如掌、彼面五丈之弥勒彫刻之、相好殊妙如生身、彫藍田（注一）之青所、似毗首羯摩（注二）造栴檀之像、顕兜率之妙相、同末田尊者（注三）写生身之質、雖経五十六億七千万歳不可朽、待三会之下生、及千仏之出世、利生何無限、況哉天人雨降、常成供養、古今類少者歟

注一、中国西安近くの地名、美玉を産する。

注二、帝釈天の侍臣で、細工物や建築をつかさどる神。『今昔物語』巻六に、仏教を信仰した優填王が工芸の神である毘首羯摩天に頼んで仏像を造立したものが、仏像のはじまりという話がある。

注三、北天竺の一寺に身の丈十余丈の弥勒像あり、末田底迦大阿羅漢の作になるという（『今昔物語』巻四）。

『枕草子』

出典 『枕草子』二〇八段　岩波書店

解説 二〇八段「寺は」の項に笠置寺が出ている。壺坂寺は観音の霊場として、笠置寺は弥勒の霊場として、法輪寺は薬師の霊場としてそれぞれ当時有名であったので、数ある名寺の中でこの三寺が取り上げられたのか。

原文

〔二〇八〕段

寺《てら》は、壺坂《つぼさか》。笠置《かさぎ》。法輪《ほふりん》。霊山《りやうぜん》は、釈迦仏《さかぼとけ》の御住《す》みかなるがあはれなるなり。石山《いし》。粉河《こかは》。志賀。

『中右記』（藤原宗忠）

出典　『増補史料大成十三　中右記五』臨川書店

解説

右大臣藤原宗忠（藤原道長の次男である頼宗の直系の曽孫）は父の宗俊が死後、兜率天に上生していることを宰相宗通の夢想によって確信して以来、弥勒信仰を強めていた。宗忠が笠置寺に参詣するのはこの時、既に三回目であった。

木津川の水運をうまく利用して川遊びや酒席を繰り返しながら、物見遊山を兼ねた参詣を楽しむ平安貴族の姿がここにある。

原文

元永元年（一一一八年）閏九月の条

（廿六日）

天漸明、残月幽、早出舟、辰剋着飯岡、治部卿庄有儲、暫留舟令盃酌、不経程早出舟、未剋着木津、経尋僧都送儲、則出舟、日入之後留賀茂上号所、（従泉木津及三四十町也）、入夜奈良已講来、散日者不審、今夜留此所、

（廿七日）
朝経尋僧都又送儲、卯剋出舟、漸沂流、南北山勢誠険阻、奇巌怪石風流勝絶、河水漲来、高棹迅瀬、已着笠置津、春日神主伊房送女騎馬五六疋、自此寄舟登坂、女房令乗輿舁之、或令騎馬、土御門之上具申也、登坂十町許、参着弥勒石像前、先供養経、以兼禪已講為講師此寺別当也、題名僧十口、人々経合五部、此外八名経心経阿弥陀経十巻、則事了、給被物布施、又誦経、心中所願何者、先帝聖霊、過去双親、所生五女、共生慈尊出世之時、皆逢法華演説之日、遂知今日之願互成歓喜之心、又今日相具所参詣、初従妻子奴婢、及于田夫牛馬、皆逢三会之暁、悉結一乗之縁、此趣令啓白、且致祈念、且行礼拝、事了暫留僧房、早有盃酌、春日神主伊房送儲也、且給下人等、忿帰下坂、申剋乗舟、棹流二三町許指登、近望河源、巌石高崎、流水逆教（発か）、自斯舟不通、水底甚深、全不及棹、於事有恐、早以随流廻舟、及秉燭着泉木津渡瀬、維舟留此所、東南院（已が入るか）講覚樹君送儲、又土御門大和庄送菓子酒肴、

（廿八日）
卯剋出舟、随流水如飛下行、未剋到木津川尻、八幡権別当同賢送儲物、暫留舟勧盃酌、申剋許出舟、秉燭之程着桂川尻、鳥羽西岸、乗車亥剋許帰京、此間小雨、終夜雨下、道間無風雨難、参此山三箇度也、毎度願趣只以如此也、

『笠置寺縁起抄出』

原典　国立公文書館内閣文書写本

解説

改訂版では『大日本仏教全書』八三（鈴木学術財団編）によったが、これには誤りもあり、今般は国立公文書館内閣文書写本に依拠した。

国立公文書館内閣文書の本文一枚目に「編脩地志備用典籍」の印記がある。これは江戸幕府の昌平坂学問所が地誌編修準備のために所持していた証である。

同じく水戸光圀編纂になる『参考太平記』中にも『笠置寺縁起抄出』が記載されている。送りがななど些少の違いはあるが、基本的に内閣文書と同一である。従って『参考太平記』の記述と国立公文書館内閣文書の写本は同じ底本によっていると思われる。水戸藩から昌平坂学問所に提出されたものであろう。

『参考太平記』によれば、

笠置寺縁起　蔵在二薩摩坊津一乗院一　文明十七年乙巳笠置寺住侶順宗房貞盛彼寺再興為二勧進一御下向之時令二書写一畢

とある。

『参考太平記』は『太平記』の注釈本であるが、この書を編纂するために光圀の命によって佐々介三郎が西国を巡遊し、貞享二年（一六八五年）七月、薩摩坊津一乗院を訪問して、『笠置寺縁起抄出』を書写した（同行の丸山雲平可澄の記になる『筑紫巡遊日録』）。

『笠置寺縁起抄出』には元弘の役に於ける笠置山での戦いの様子と、その後の再建へと向かう様子が述べられている。貞盛がまとめた縁起には、元弘の役以降の状況についてはあまり触れられていなかった。勧進を行うについて元弘の役以降の動静を説明する必要から貞盛が一乗院に手持ちの資料を書き写させたものと推測する。

薩摩の一乗院は寺伝では敏達天皇の十二年（五八三年）、百済の僧・日羅が創建したとされる。この寺の実在がはっきりするのは南北朝時代からで、紀州根来寺の別院として栄えた。坊津一乗院は今は廃寺となって寺院跡には住職の墓や礎石などが残るだけである。

それにしてもなぜ貞盛が勧進の為、日をかけて九州の端まで行ったのか。勧進なら南都、京都で事足りるのではないか。坊津が室町時代、倭寇や遣明船の寄港地として大いに栄えるようになったことや、後醍醐天皇の皇子、懐良親王が興国二年（一三四一年）に征夷大将軍としてこの地に赴任して以来、南朝方の拠点となっていたことも関係しているように思われる。

この文書で重要なのは、元弘の役で笠置寺は本堂を始めとして堂塔、坊舎、鐘楼、経蔵、すべて焼き払われ、わずかに千手堂、六角堂、大湯屋のみ残ったという点である。これは近年（平成十八年から十九年）にかけての笠置山南部地域での発掘により、二〇〜三〇センチの焼土堆積層の存在で裏付けられた。

『大日本仏教全書』解説では一乗院は奈良としているが、『参考太平記』によれば薩摩坊津一乗院であること、書写させたのは順宗坊眞盛である点で錯誤がある。

原文

元弘元年辛未八月廿九日後醍醐天皇、同一宮、和束ノ鷲峯山ヨリ当寺へ臨幸成ル、御供ノ公卿、按察大納言公敏、万里小路中納言藤房、源中納言具行、六条中将、四条中将、侍ニハ近藤左衛門尉宗光、但馬左衛門尉重定等ヲ始トシテ、御供ノ官兵五百余騎、其外東南院僧正聖尋、御先達タル間、東大寺ノ衆徒警固シ奉ル者也、則当寺ノ衆徒請取奉テ、本堂ヲ以内裏トシ、行幸ヲ成シ奉ル、叡感無極者也、仍テ同九月六日ヨリ、武家ノ猛勢当山ニ馳向フ、度々合戦ニ及トイヘトモ、寄手追立ラレテ、木津河辺マテ引退ク、カクテハ此城卒尓ニ攻カタシトテ、先院宣、長者宣、御教書、奉書ヲ国々へ成サレテ、軍勢ヲ催サル、間、近国ノ武士ハ申ニ不及、東夷廿一万騎ソ上リケル、然間彼猛勢、当山ヲ打マキ夜昼攻ル事隙ナシ、軍喚ノ声、上ハ有頂ニ聞へ、下ハ水輪際ニモ響クラント覚タリ、太山モ是カ為ニ崩レ、大地モ忽ニクツカヘスハカリ也、然トイヘトモ、彼笠置山ハ、日本無双ノ城墎也、高山峨々ト聳ヘテ、嶺ハ雲ニ隠レ、深谷嶮々ト沈テ、麓ハ霧ニ籠レリ、通路狭クシテ、岩ノ腹ヲツタフ、高ク登ル事咸陽宮ノ構ヲ成ス、タトヒ防キ戦フ敵ナシトイヘトモ、甲冑ヲヨロヒ、兵具ヲ帯シテカリニモ登ルヘキ様ソナキ、何況ヤ宮ノ官兵ニ、笠置ノ衆徒等交テ、山ノ案内ハシリヌ、カシコノ山崎、コ、ノ岩鼻ニ手サキヲ取リ、ツヨ弓精兵、箭ツキハヤノ手キ、トモ走廻リ、サシトリ引トリ散々ニ射ケレハ、東国ノ武士、案内ハシラス、足立ハワロシ、透間カチナレハ、射殺サレヌル者、其数ヲ知ラス、適ウス手負スル者モ、一足モフミタ、ヨヘハ、深谷ニコロヒ落ル事、直ニ奈利ニ堕スルカ如シ、コ、ニ於テ樊噲カ威モウセ、張良カ術モツタルハカリ也、カクテハ此城、尽未来際ヲ経ルトモ、落ル

事有ヘカラストテ、種種ノ謀ヲ巧ミケリ、
爰ニ東ノ夷料簡ヲ廻シテ、既ニ城中ニカヘエリ忠ヲマフケタリ、則廿八日戌刻ニ、城中ニ火ヲ放ツ間、寄手ノ軍兵乱入畢、是ヨリ、宮ハ、又和束ヘ行幸成セ給フ、然間寄手両ノ口ヨリ乱入テ、所々ニ火ヲ放ツ間、本堂ヲ始テ、堂塔、坊舎、鐘楼、経蔵、悉被焼払畢ヌ、僅ニ千手堂、六角堂、大湯屋ハカリソ残リケル、爰ニ魔風頻ニ吹テ、本堂ノ猛火、本尊ニ覆、石像焼隔テ、化人刻彫ノ尊容、已ニ埋没セリ、其後吉野帝御代、元弘三年癸酉八月十四日、奉勅宣、本堂造立ノ企ニ及トイヘトモ、成ゼズシテ頗年月ヲ経、于時永徳元年辛酉三月十一日ニ造畢セシム、然ニ又応永第五暦、籠所ノ局ヨリ火出テ重テ炎上畢ヌ云々、

当寺別当、東大寺東南院法務大僧正聖尋　永徳元年本堂造立御勅宣吉野帝云々
此縁起十七葉蔵在一乗院
本云文明十七年乙巳笠置寺住侶順宗房貞盛彼寺再興為勧進御下向之時令書写御本畢

参考までに『大日本仏教全書寺誌叢書第二』（大正二年発行）の『笠置寺縁起抄出』の解説を記す。
巻数　一巻
作者　明記なし
年代　文明一七年（一四八五）
底本　内閣文庫本
（寺誌部一－83）
本書は『笠置寺縁起』（書目番号六四一）の抜率。『笠置寺縁起』のうち、元弘元年（一三三一）八

月二十九日の後醍醐天皇・護良親王の笠置行幸から九月二十八日笠置寺陥落に至るまでの記事を抄出し、更に「文弘三年癸酉八月十四日、奉勅宣本堂造立ノ企ニ及トイヘトモ、成セスシテ頗年月ヲ経、于時永徳元年辛酉（一三八一）三月十一日ニ造畢セシム、然ニ又、応永第五暦（一三九八）籠所ノ局ヨリ火出テ、重テ炎上畢ヌ云々」と、笠置寺のその後のことを追補している。奥書によると、この『縁起抄出』十七葉は奈良の一乗院にあったものであり、文明十七年（一四八五）笠置寺の順宗房真盛が同寺再興の勧進のために『笠置寺縁起』から抜粋書写させたものであることがわかる。

出版『仏全』旧版一一八、大二。

（今枝愛真）

『笠置寺再興勧進状』

出典

笠置寺所蔵の原本

解説

元弘の役で焼失した笠置寺再興のため、文明十四年（一四八二年）に貞盛が作成した勧進状。

笠置寺に残されている勧進状は、上下に金界線を引き欄外には金銀切箔野毛を散らし、紙背にも銀切箔を散らした華麗な装飾料紙に当代の能筆が筆を執っている。室町時代の典型的な勧進状であるというばかりでなく、度重なる被災で史料を失った笠置寺の数少ない根本資料の一つとしてその価値は高いといわれている（京都府教育庁指導部文化財保護課技師米谷優氏）。この勧進状は平成三年（一九九一年）京都府指定文化財となった。

原文

勧進沙門貞盛敬曰

請特蒙十方檀那助成再興当寺焼失精舎兮祈請都鄙之安全成就貴賤之願望状

右笠置寺者尋其地者、耆闍崛山之霊峯月支来現之甲区也、謂本尊者覩史多天之教主、化人刻彫之石像也、置感応於天武之叡願、開基趾於白鳳之明時、爾来利生日新、霊験月盛、彼延喜聖代、日蔵上人登当山致精懃時、化人告曰、此山有池方四十里池内七宝満、其池上弥勒御座、則兜卒内院云々、然則一踏此地輩契値遇於知足之上生、一拝此尊族期得脱於龍華之下生、加之、実忠和尚者入龍穴親見兜率勝妙之境、解脱上人者、卜蟄居新得明神降臨之瑞勝地、異他何処比之惣代々崇敬種々奇特不遑具記、爰元弘歳次雖合狼煙成変災恨、永徳辛酉更作鳳甍復旧構、喜而不経幾年数、応永第五暦忽有不慮之火災重及伽藍之回録、其後斧斤之計久絶、土木之営永廃、嗟呼縁合故生之昔則鎊蘭若於春花、縁離故滅之今空埋礎石於秋草舎残之類誰不悲乎、方今貞盛殊承一寺之群議、励建立之願念、専勧十方之檀那、乞再造之資助、不憚寸鉄尺木、無恥一紙半銭、貴不見乎、泰山起微塵巨海始於一滴、仰願者、衆望早満大功速成、則結縁之尊卑、随喜之緇素皆誇寿域遊福庭、悉越苦海到楽邦、仍勧進状如件

文明十四年七月日

勧進沙門貞盛敬白

『笠置山記』（月潭道澄）

出典　笠置寺所蔵の現物

解説　黄檗宗の僧、月潭道澄が元禄二年に笠置寺の僧の依頼によって寺史を再編したもの。『笠置寺縁起』をもとに記述されているが、江戸時代の笠置寺を知る貴重な資料でもある。

原文

山城州木津之東、溯渓流而上三十里、有山名笠置、峰高谷峻、林樾蒼潤、恠石奇巌、錯立層出于、煙雲之中、山水霊区、最為勝絶、信為梵宮仏宇之所宣托也、按旧記云、人王第三十九代天智天皇、有一皇子、性勇鋭好畋猟、一日騎駿馬、携弓矢趁鹿入此山、比至絶巓、馬遽奔馳、執轡拽之而不留驀直進于、石壁之上、四蹄相交、直墜下十余丈、心思驚駭、恍如夢中、忽有神人扶掖、毫無損傷、便下馬憩息巖畔、群従漸至慰労皇子、従容告謂、我命幾危、非神仏加護、則豈能得活乎、願当就此処、雕刻弥勒菩薩尊像、上答洪恩、下利群生、遂将所戴藺笠置于石上、以為標識、既而率群従還宮闕、越数日復命駕到石壁之下、方経画間、倏有化人、来助為鐫勒、不日而厥功既畢、聖相円満、皇子感悦、益深叡信、普集四衆、慶讃供養、笠置本名鹿鷺、自是更今名云、逮天武帝白鳳十一年辛未、朝廷有旨、緘立精藍、因山賜名、号笠置寺、広殿崇閣、架巖聳雲、極其壮麗、道俗拝瞻、其無以異登兜率陀天、欽奉慈厳、親聞円音也、役小角者、神異不測之人也、日域霊区、修歴殆遍、嘗入此山、千手窟内、行秘密法、聖武皇帝、創東大寺、採材於伊賀山、将流下于木津川、至此山麓、則巨石横亘、水勢湍急、舟筏難通、有司病焉、漸達天聴、特召良弁僧正謀之、僧正承旨、即入千手窟内、修法祈念、忽霹靂轟空、電閃雨射、林岳為之揺震、洪水暴漲、石崩流平、筏路漸通、良材輻湊、天工法力、可謂両奇矣、実忠和上者良弁之上足也、嘗神遊于兜率内院、乞聖衆、得常念観音院修法儀軌、後就此山構一堂、以天平勝宝四年壬辰正月朔、始修其法二七昼夜、感得十一面観自在、現妙色身降臨壇場、又以同年二月朔、於東大寺羂索院、修法如前、自古迄今、勝軌永行矣、桓武天皇延暦十三年甲戌、南京碩徳、普集此山、始開法華八講会、傚石淵勤操之式云、嵯峨天皇弘仁年間、弘法大師、飛錫於此山、於虚空蔵菩薩石像前、修求聞持法、于時明星放光、照耀像上、光之所及、石尚窪焉、金峰山日蔵上人、入千手窟、五七日修密供、感得諸天散花、後上人勧請金峰椿本大明神、永為此山鎮守、泰昌年間、醍醐天皇、幸於此山、菅丞相為扈従、丞相覩其聖境、発願吾当於未来際托跡此所、利益含識　緜是里人、立廟奉之、号栗栖宮、歳時祭祀、威霊益彰、安元年間、後白河太上皇、臨幸瞻礼石像、特詔寺僧、令修法事、毎歳春秋二期、法華八講会及長日仁王講不断読誦、法華等皆依勅旨、或遵御堂関白道長公、鎌倉右大将頼朝公鈞命而行之、各賜腴田、永充香燈之資焉、沙門貞慶者、藤尚書左丞貞憲之子也、壮歳出家、居興福寺菩提院、専学相宗　究其奥旨、有才弁之誉、性好寂静、不楽浮競、嘗睎此山之幽邃、眷々于懐竟移瓶錫戻止焉、巖棲澗飲、与世邈如修習、唯識観々、法既成云、後鳥羽上皇、欽其徳望、遣使召入宮闕、登座講説、聳動宸聴、特賜解脱上人之号、自是世人、不名而但称笠置上人耳、建久五年甲寅秋、上人造六角堂於山南般若台院、奉安釈迦文（殊が抜け？）仏像、復書写大般若経六百巻、置仏龕内、其経皆紺紙金字、函軸精緻、又於龕扉内絵、四聖八天像、荘厳妙麗、難以言諭、如上興造蓋由勅願也、故上人承旨、於上梁前、躬詣伊勢神祠、祈請護法時、殿扉自啓、神現其形、上人感喜投礼、須臾而隠、迄回奉神御於堂内云、七年丙辰、重修大殿、上人自製疏文、募化遐邇人民、上皇聞之、不勝叡感、即賜勢州蘇原荘田若干畝、令充営繕之費、遂鳩斲木陶土之工、相与従事、大殿工竣、次第修整、経蔵宝塔、門廡庖湢之属、締構煥然、視昔有加、非上人福智兼備、豈能如是哉、後鳥羽順徳二上皇、各降勅宣、於山場四至界内、厳禁漁猟殺生、上人又以元久元年甲子十一月十七日、始行龍華大会、意欲使一切有縁、仝結三会勝縁也、有自述願文、辞意墾到、読者莫不興感矣、後醍醐天皇、元弘元年、国運衰変、干戈騒動、天皇避難、臨幸此山、駐蹕月余、東兵馳聚圍之、然此山形勝之区、四面険絶、自有金城湯池之固、官軍恃此、不意一夕武卒、自北峯梯巌、而上竊入皇居、縦火焚之虐燄亘天、宝坊灰燼、化人雕刻之像、既遭燬損、祇樹鬱密之林、亦多焦枯、閼伽池頭、戦血汚流、般若台畔、敗旗委地、天皇遷龍馭於佗所、群臣尽離散於四方、見者蹙頞、聞者惨心、衆僧失其所居、寺産亦為豪右被奪、此山禍災莫若斯時抑且劫数之使然乎、迄乎天皇重祚、雖有再興之議而朝廷多故未果厥事、自爾以降三百年来、金地荒涼、無有能起廃者、逮正保五年戊子秋、藤堂大学頭伊賀侍従高次公、以此山属食邑管内、覩霊場之寥落、不勝咨磋、遂就弥勒前、鼎建一堂、且歳施僧糧若干石、令掌香火焉、余以貞享丁卯春、重過山頂、礼石像訖徘徊于、巌庭苔礎之側而自嘆曰、吁茲山自開創已来、迄今千有余載、其間、興廃代謝、不知其幾、唯此石像、雖兵燹燬損、尊容隠没而宝石儼然、法身常在、歴風霜而不泯、閲歳月而無渝、倘有解脱之輩、乗願轂而再来、化風普被神力、宏施致使阿逸多、露久隠之慈顔、僧伽藍煥重新之、華構晨鐘夕梵、与渓声松籟、常転法輪、於未来際、上祝聖躬、下福黎庶、共享無為之化、斎入菩提之場、則豈非大饒益哉、茲者寺僧文殊院卜信等、以旧記蠹損而文理難通、需

余重製、因為緝録、寺像顛末、以昭来者云是為記

旹

元禄二年歳旅己巳仲冬穀旦

寍山嗣祖沙門月潭道澄和南敬撰

『遊笠置山記』（津坂東陽）

出典　『津坂東陽詩文集』（国会図書館所蔵・和本）

解説　藤堂藩の儒者、津坂東陽の笠置登山の記録。格調高い名文で笠置山を紹介する屈指のもの。

津坂東陽（孝綽）は友人の機宗禅師と相語らって登山。午後に上野を発ち、夕方に笠置に至る。翌早朝地元の案内人を先頭に登山を開始して名所を巡り、山上からの景色を楽しんだ。下山後木津川に舟を浮かべ、獅子ヶ淵（鹿ヶ淵）の上流まで遡って川岸の巨岩や急流の有様に喝采し、今を盛りのツツジを愛でた。午後四時頃、舟を返し、降り出した雨の中を伊賀上野へと向かった。途中豪雨となり、やっとの事で午後九時頃、上野の城門に入った。当時の人々は本当に健脚である。

笠置の景勝は大峰山にはかなわないという者があるが、大峰は健脚でなければ入山できない。その点、笠置山は里に近く、登ることもたやすい。登れば僅かでその景勝は人の目を奪わせる。他にこのような山があるであろうかと絶賛する。

原文

笠置之山在畿内東偏、属我藩封域、距上野城半日程而近、其為神秀霊境、亜和之大峰云往昔彼称金剛界此称胎蔵界 余初來于上野、即切折屐之情、然無好伴、未能乗輿、十有三年于此矣、蓋遊勝地必須雅侶、苟伴俗物不若無遊也、今茲享和辛酉之歳、方外良友機宗禪師、為余謀遊、余搏髀雀躍、遂拉二三子以従焉、時夏五幾望、小午発足、迨暮抵笠置邑、歇逆旅之舎、隔水対山、是其北面巌岫崢嶸、宛然漢画形勢、上方勝槩思過半矣、旦日夙起、雇郷丁為導、俟山霧方晴、渡津過市、繞山西趾而行、斜自坤隅而登、樹竹蒙籠、無所眺覧、地勢陂陀易登、盖盤回而行也、有双巌対峙為関者、其下設一団瓢、以休登陟者之労、呼曰楠廠、不知何謂、自是漸転而北、約行六百歩、詣福寿院、首観古鐘、制頗奇雅、所謂瓜形者、相伝称黄鐘調、余請鳴之、悠揚清婉可聴、誠非尋常音也、躡凳閲銘、建久年製、去今僅六百余年、当時古律久亡、恐無能制黄鐘者、余不能暁鐘律、若或偶中、抑亦奇矣、書不知誰手、古韻可玩、託摹於主僧而去、過護法祠、西折而行、路右有一奇樹、大逾合抱、亦数百年物、皮理皴皺、若浪紋、未審何木、殊方不可知、以余所経、他処未有見之者、良可異也、左顧則鉅巌兀然横乎絶崖之上、魁偉驚人、状如隆厦、長十丈、其三之一、突出于崖外、路経其下、過者危之、号曰薬師石、不審其義、旁一巌贅附、曰馬蹄石、郷導言上有蹄跡、儼然若印、相伝天武帝為皇子時、嘗猟于此、馬蹶幾殆、忽有神人扶掖、竟免顛墜、因卸笠置之石上、以記其識、及践祚遂創伽藍、是其所以号笠置也寺創於白創於白鳳壬午、去今千百二十年、相去数十弓、蒼巌負山、壁立北向、高可八丈、広五丈余、称弥勒石、陥中鐫像、是為当山本尊、罹災石焦、状不分明、但頭上燄光円相僅存而已、荒庭曠濶、更無一物、隔庭別架崖構堂、猶神祠之拝亭、不足古之什一云、文殊石在弥勒之右、高及其半、濶倍之、此亦旧有所鐫、為回禄漫剥也、余偶記唐詩曰、真相有無因色界、化城興滅在蓮基、題之其旁之石、右還降磴、過堂下而北、又三大石負山並立、高可四丈、広半之、其一北向、号胎

蔵巌、次東向号金剛巌、両巌連接而曲、如立屏風、下方分開、嵌然成洞、黬黒不測、俗呼龍窟、其説河
漢、殊属伝会、次亦東面、雕鏤虚空蔵、形勢爛漫、巌面都遍、雖未免俗、亦奇観也、殊怪巌倚絶崖、前
劣通径、無由設架棚、不知其於何所寘足、豈実有神人履虚而作之邪、詑為天仙霊作、不能詰其説也、既
而思之、此自山頂縋而下、捐命施工也、好奇行怪、不尤甚乎、巌額有窞、称星墜痕、郷導喋々語怪、令
人揜耳焉、更北数十歩、抵洞門、古歌所咏笠置石屋崇巌層纍、枕崖而峙、高可三丈、頂一全石横亘、厚
可二丈、径五六丈、方平若削成、内濶称之、巍然若城闕、容数人並行、余観石門多矣、未嘗見若是宏壮
者也俗称千手岩屋、下曰観音谷、天平年間僧良弁者、承詔祈雨、奉千手観音于此、以修法云　洞口北向、前臨大壑、林巌峡流之景、天然一幅画図、窈窕深邃、
極有幽趣、殆苦目不周玩、情不給賞、衆皆盪胸称観止矣、洞中左傍有一小竇、裁容人、詰曲窈黝、動或
進退維谷、称為胵䐛鑽入《タイナイクヽリ》、若能行出者、得冥間與亡母相見云、浮屠愚人、不亦甚乎、洞下右崕巌、顔有
大書篆文之刻、称楠公花押、相伝元弘之乱、公蒙徴來于此也、自題名以見志、好事者為鐫焉、字径尺
余、頗似公諱字、余欲摹榻、崖峭無縁措足可恨也、出洞而西、従観音谷之上、縁崖以去、蹊頗峻隘、傴
僂而進、汗津津下矣、傍有太鼓石、以杖撃之、馮馮有声、盖内虚也、行数百歩、抵不動巌、山岬突出、
如人竦肩、鉅石畳起、頂聳魁巌、自他望之、屹似巨仏之立、故号焉、是為山之極北、世俗所謂奥院者
也、東峰有懸泉、号千手瀧、隔観音谷望之、匹練飄颻之光、隠見乎松翠之間、亦絶妙画景也、俯瞰脚
下、絶壑千尋、逡巡側身而過俗称東覗、二三子直欲稜頂、余戒而止之、左旋繞其背、赴平等巌、戦兢匍匐、醜
態可笑、余趦趄不敢前、然不可独止、勉彊相従、即岬之肩尖、三面壁立峻絶而上頭坦夷如砥、広袤数
丈、可坐百許人、中央有一円石、大約十圍、宛如台盤托物、見者恐其滾転、号曰盪石《ユルギイシ》、余嘆曰、岌岌
乎危哉、善矣其取勢命名也、郷導曰否、此石也人撼之輒動、宛転不已、若有血氣者、而地震暴風未嘗顛
隊焉、於是隻手試之信矣、余聞之、西土繹山絶頂、一丸石高数十丈、欹置平石、下臨不測、有可転之

而不転之勢、泉州霊山大磐石上、有一巻石、其形類毬而下不属、勢重万鈞、然以一夫撼之、則兀兀然動揺、紹興大龜塚上、直竪一石、如擂槌、一人撼之則動、其下可以線過、而数十人舁之則不能起、莆田九鯉湖雷轟漈有石人、以手指戳之則動、而極力挨之、則屹然不動、雁蕩南峰有両石相圧、大可屋二間、下為静石、上為動石、欲推動之、須一人臥静石上撐以双脚、石轟然作聲、移開尺許、如立而手推之、雖千百人不能動、人咸以為理之不可解者、或謂神戯為之、余嘗思之、此蓋石底有筍相接、深入而漸大、故動而不転、是石亦然耳、不足怪也、進臨崕端、俯瞻巌壑、危尤甚、不禁目眩股栗、非君子之所宜近也、俗称西覗、是処眼界豁如、流峙之趣、奇絶殊勝、然人憚其険、或不能到焉、同遊僉曰、苟至此山而不詣此境、則如未始遊焉、余曰、然哉、抑食肉不食馬肝、不害為知味、何必勧人冒険耶、矧以親之遺体、徒為遊観、履此不測、其可不戒哉、既而笑曰、山水中見二学究身一説法、頗亦殺風景、恐山霊冷笑耳、即払衣而起、郷導援而止之、指点曰、艮方傍麓一弧村曰飛鳥《アスカヂ》路、元弘天子蒙塵于此也、彼民導賊、夜由観音谷登、襲陥行宮、何其刁狡也、於是我邑絶隣交、至今無肯與婚、如買奴婢亦弗容焉、彼輩子孫世患癩風、因号癩郷鄙之、非孽報而何、睥睨其地、扼腕以語、令人慨焉激昂、嗟呼人心之尚義也、逮今五百歳而下、尚猶悪遺臭、邑俗之厚、殊可嘉称、往歳我公巡封之日、称為義邑、事見公覧古詩序、蓋倣楚人称武陵為義陵云可謂華衮之褒哉、彼兇民之家、眞所謂天刑病、不亦可畏也耶、臨風感歎者久之、復路而還、比往頗易、迤邐而南、登覧行在故阯、在中峰最高頂、古木蕭森、莽叢荒穢、不勝懐古之感、盤桓詠詩、不能成章、穿林繞径、往西極山觜、道是楠公館舎之所、按史公拝命献策即辞還河内、急於修城也、豈其所一宿、遂欽慕云然耶、亦盛徳遺愛之至也、有一磐石、方四丈許高半之、一方斜下、可以攀躋、往昔官軍所鳴海螺、亦錯称楠公吹螺巌、二三子走而上之、乗勢直趨、殊不為意、既而幾不能下、面無人色、教導惎《ヘテ》レ之、狭趾疾歩、乃得不顚、若少駐足便滾云、此亦游者所当戒也、其地白砂清麗、可不席而坐、盖為覇府相君近朝京師而過、例所修憩所云、山下閭廛直在履底、滄流貫其間、舟船泛泛殆可喚也、正南四里、南都春日山鬱秀乎群山之表、蒼翠可掬矣、迤西河内生駒山亦指諸掌、是日蒙雲不見、浪華即在其西、平安当直北、並距比十二里、皆可一日而至也、転而東行可百歩、遶出於弥勒石之頂、是処亦善響、足頓之鼕鼕鳴、余笑曰、弥勒何罪乃止、頫而窺之、杳見堂背、凛焉膽寒、足心酸渋、惴惴乎、相引以去、於是山中諸勝捜覧略遍、遂南過正月堂遺趾、磴径迤邐、降至薬師巖之下、顧念洞門之勝、猶未慊焉、再往観之、愈難為懐、徒倚久之、然後始去、護法祠左方有東峰之路、詢之郷導、無有奇観、故不往焉、由福寿院前南行、覧般若台古基、灌木猥奥不得入焉、昔者茲山之盛、台殿相望、荘厳輪奐、元弘兵燹、盡為灰燼、壊磴沕礎、随処存跡耳、正月堂先南都二月堂、所創並建于天平勝宝四年、彼迄今巋存、遺法永行、此則荒廃数百年、按、図得認其故址矣、般若台建久中本山中興祖解脱上人所築、台上設六角堂云、余皆併其名失之衆頗惆悵、余為之誦唐句曰、仙境是誰知処所、人間空自造樓台、只道鬼神能護物、不知龍象自成灰、機宗唖然曰、亦講道学來、遂過多聞院、啓龕謁毘沙門像、相伝為楠公所奉持、全無憑據、疑亦誣耳、主僧齢過古希、龐眉古貌、似有道骨者、因質問山中故実、出旧記見眎、京僧月潭所録甚詳、但不勝恠誕、亦浮屠常態爾、文殊不動知足三院、盖不足往観云、於是始辞山而下、還抵双巖之下、郷導謂曰、來時失報、元弘之役、参人足助次郎重範守阪門、射殪先登二騎、賊躍馬逼埤、又射却之、南都僧兵累以巨石滾下、人馬粉砕、賊軍敗走、自相蹂践、積屍填満山谷、此間号地獄壑、応是当時綽名、然則史称血漲川者、味乎地理之過也、亭午到津頭、早所命舟艤竢、逆旅主人具廚帳以従、溯洄入峡中、即向在洞門所下瞰者也、源出于伊賀、西経木津、入淀河、古称泉河、過獅子潭、北崖積石成峯、高可百仞、崚嶒竦勢、涵影潭底、石罅疎松、参差如挿、尤有逸趣、舟子指示曰、巖尖突起臨水、形勢若獅頭、所以為名也、南顧見鯰巖者、頽然乎山之半腹、又水滸有蟹岩者、亦皆以形似得名、徒足悦俗眼耳、自此以往、両岸林巖愈奇、杜鵑花點綴巖際、紅紫如纈、舟中伝杯引満、殽蔌略具、賞詠声驩、興可言耶、沂可十町、至旄頭湍、水心有両巨石、突兀而出、駭水衝激、跳過石頂、其迸散而下、鬖鬆紛乱、比兜鍪所着白旄毵然下垂者、奇観称名、鼓掌歎賞、岸頭層巌競峙、杜鵑花最盛、爛漫照波、殊為壮観、夫遊笠置者、不可不至斯境也、又不可不以斯時也、於是洗杯更酌、乘興忘反、日已向晡矣、乃命廻舟而下、時軽陰晻曖、微雨廉纖、烟嶂雲巒、幻出一段奇観、余扣舷詠曰、山色空濛雨亦奇、機宗撃節曰、維天之賜、不亦厚乎、既反逆旅、雲陰俄加、雱霈暴至、余掻首而嘆曰、天賜過厚、何以堪之、機宗正色曰、於山曁峡免於妨遊、詎非幸歟、天何負乎、衆皆命轎、以油幰冒之、余笑其孱、独撐傘而歩、其実性不勝油氣也、隴阪升降衝泥渉潦、殆将顛踣者数矣、薄暮届島原駅、峽流驟溢、渡舟頗危、僅而獲済、因恐前程阻水、努力疾走、不敢少愒、雨益甚、路益艱、逮夜臨長田川、猶聞喚渡声、我心則降矣、比入城門、正初更頭也、同行内二人及余僕稍後、渡絶宿民家、翌午始帰、渡猶危云、嗚呼癡雨悩人、良亦苦矣、然勝地賞会之楽、良朋雅詠之歡、孰謂所得不償所失乎、矧夫十数年之素願、乃今而獲遂焉、不可以不記也、或曰、笠置勝槩、奇則奇矣、然視大峰、直児孫耳、余謂大峰者窮僻之境、雲巒千里、鳥道僅通、非極健脚不易到焉、即奇偉瑰怪、固為絶妙、然荒涼杳絶、使人憯悽而寂寥、凡名山異境、卒皆然矣、今夫是山根盤里巷之間、登僅幾許、乃即絶勝奪目、佗山安得有之乎、豈不信為奇妙哉、是乃所以尤為名山也、爰撰此記、為後来探勝之客、不厭辞之絮煩、委曲具録、繊悉罔遺、山之勝槩盡乎茲矣、庶使来遊者信足而行自得蹊路如見所夢爾、

『陪游笠置山記』（齋藤拙堂）

出典 『拙堂文集』中内惇編（明治十四年）

解説

拙堂は十一代藩主、藤堂高猷に従って来山した。この記はその時のもの。

拙堂（寛政九年～慶応元年〔一七九七～一八六五年〕）は開明派の儒者で、幼少より学問を好み、その逸材振りが聞こえており、高猷が十二歳で襲封すると共に藩主の諸学指導に任じた。藩主に随ってしばしば江戸に逗留していたため諸学者との交流も深く、拙堂の文名は諸国に知られるようになった。将軍家定から幕府儒官への登用の誘いも受けたが辞退し、藩学の充実に努め、渡辺華山にも近づき同時に蘭学や海防問題にも関心を持っていた。知人に幕臣川路聖謨、江川英竜その他各地の儒者がいる。

藩主一行は文政十年九月十五日夜、伊賀上野の城を出て翌朝笠置に到着した。山上の福寿院で休息してから笠置山の名所を巡り、山頂の行在所に至り楠木正成を偲んだ。下山後は木津川で鯉を取らせ酒宴をはった。

原文

文政十年九月、我公依レ例移二鎮上野城一、因巡レ封上二笠置山一、修二故事一也、山属二城州一、為二後醍醐帝蒙塵処一、今係二我藩封域一、在二上野城西五里一、十五日子夜、駕出二城門一、双戟啓レ行、沿路焼レ炬如レ昼、臣謙承二乏侍読一、得二載レ筆従一、比レ明老幼夾レ途観欣欣然、十六日食時、達二笠置一、邑屋稠密、夾二木津川一、入レ館、伝レ殖而出、公更二猟服一、布韈芒鞋歩行、群下均服従レ之、山在二南岸一、臨レ水、曲折如二琉璃屏一、渡レ川就レ之、繞従二西北隅一盤廻而上、山高十町而已、太平記為二十八町一者誤、入二憩福寿院一、此行謙嘱二図書局一齎二太平記一、乃取レ之、為レ公読二笠置條一曰、参河人足助二郎重範守二城門一、以二勁弓長箭一、射二殪賊将二人一、此為二嚮所レ過阪上双石対峙処一、今仍称為二第一城門一是也、曰、及二賊逼一レ陣、寧楽般若寺僧兵、累以二巨石一投レ賊、賊人馬齏粉、因自敗潰、積屍填レ谷、此亦在二城門外一、其傍今呼為二地獄谷一、可二以相証一、至二賊将陶山藤三小見山二郎間道一、襲二行在一、曰、此為二山之東北一也、公乃従二左右一出レ院、門側有二懸鐘一、形甚古雅、係二建久年製一、有二銘文数十字一、按此寺白鳳十一年創置、天平勝宝四年創二正月堂一、歴代修建、号為二宏壮一、建久中、僧解脱又築二般若台一、此鐘亦当時所レ造、及二元弘兵燹後一、不レ能復レ旧、独此鐘為二古物一、命レ僧敲レ之数杵、声鏗鏗然、杵止響騰、曰、黄鐘調也、過二護法祠一左折、有二一大石一、頽然横二崕上一、曰二薬師石一、其西有二弥勒石一、皆高十丈許、濶称レ之、其石高及二其半一者為二文殊石一、旧各鐫二仏像一、罹レ災滅、弥勒独存二頭上円光一、文殊漫剥、僅存二痕跡一、右折過二仏殿下一而北、有二胎蔵金剛二石一、皆高四丈許、曲折相連、其下開裂丈余、欿然成レ窟、窺レ之深黒、其右随二金剛一東面者、鐫二虚空蔵一、石高濶略等二二石一、仏身専レ之、彫刻分明、尤為二奇偉一、此皆僧侶黠者所レ設、当時不レ能下護二王法一伏中賊魔上、眞不霊頑物耳、又北数十歩得二石門一、門石長六丈余、両傍盤石畳起承レ之、其下空濶、可二数人竝行一、左傍一小洞、入数十歩、得二一竇一纔出、如三児離二母体一、呼曰二胎内竇一、此間怪巌争立、古木蓊欝、使二人凛然一、纔出二石門一、豁然山水可レ瞰、過二大鼓石一、叩レ之鼕鼕鳴、其下曰二観音谷一、実為二賊所レ渉間路一、謙為レ公指二東北一村一曰、此為二飛鳥路村一、係二柳生氏之封一、当時其民実導二賊将経レ此襲陥二行営一、本邑之民醜レ之、至レ今五百余年、不レ通二婚嫁一、言及レ之唾罵、臣嘗質二之土人一、且問曰、今尚然耶、其人瞋レ目杝レ腕曰、万劫如レ是爾、而臣以レ此知三民心之好レ義出二於天性一也、昔者先君祐信公来観嘉レ之、称為二義郷一、親製二古風一篇一、為レ公誦レ之、公竦聴者久レ之、又西数百歩有二不動巌一、巌半垂在二崕下一、而平等巌在二其背一、公欲二往観一レ之、侍臣止レ之、遣二数人一、攀二巌肩一、匍匐而行、峻険難レ措レ足、号為二蟻径一、過レ径即平等巌、巌坦平、広袤数丈、下臨二絶壑一、巌上有二一円石一、高及二人頷一、可二重数千斤一、以レ手撼レ之、則兀兀動揺、而終レ不レ可レ転也、遂従登二行在旧址一、為二中峯最高処一、帝之夢二楠公一、及楠公之上謁陳レ策、蓋皆在レ此、今唯見二老樹鬱蔥榛莽蕪穢一耳、為レ之慨然、穿レ林而西得レ坪、吏預設二幄亭一休歇焉、崖上有二一石一、呼為二吹螺巌一、道、官軍鳴二海螺一処、下レ山、来時所レ駕楼船在焉、藩祖高山公従伐二大阪一時所レ用、沂二上流一数町、遶二山麓一、怪巌錯出、老木紅黄相間、命二土民一習レ舟者、撒レ網獲二鯉数十頭一献焉、日下舂、還レ館命烹レ鯉賜レ宴、帰入二城門一、夜正三鼓、此山以係二封域一、先臣津阪孝綽、既有レ記詳レ之、此行所レ遇既殊、不四敢不三重録以備二参考一、謙謹按当時官軍護二行在一者三千余人、皆伊賀伊勢之兵也、今我公撫二一伊一而有レ之、今日所レ従士数百人、其中必多二義軍之裔一、且行在之受レ圍、在二元弘元年九月一、此行正値二其時一、追二撫往事一、感念殊深、夫為二人臣子一者、常則勤恪、変則仗レ義授レ命、無二古今之異一、謙職忝二風教一、従二游豫一、飽二飲食一、而徒然無述焉、臣所レ懼也、因謹記如レ此

年表

六六四年（天智三年甲子）	天人降りて笠置石像弥勒を造るとの記事あり	『帝王編年記』
六七一年（天智十年辛未）	天智の皇子、笠置山に遊猟して危難に遭う	『笠置寺縁起』
六八三年（白鳳十一年）	笠置寺創建（天武二年を白鳳元年とする）	『笠置寺縁起』
六八四年四月二十四日（白鳳十二年壬申卯月二十四日）	役の行者、笠置山に登り千手窟に詣でる（『一代峯縁起』は四月二十二日とする）	『笠置寺縁起』『一代峯縁起』
七四三年十月以降（天平十五年十月以降）	良弁、笠置寺千手窟にて千手の秘法を修し、大仏殿の用材を流下せしめる	『笠置寺縁起』『東大寺縁起』
七五一年十月（天平勝宝三年辛卯十月）	実忠、笠置寺の龍穴より兜率の内院に入り、十一面悔過の行法を持ち帰る	『笠置寺縁起』『東大寺縁起』
七五二年一月一日（天平勝宝四年壬辰正月一日）	笠置寺正月堂にて修正会が行われる	『笠置寺縁起』
七九四年（延暦十三年甲戌）	笠置寺にて法華八講が行われる	『笠置寺縁起』
八一〇～八二四年（弘仁年中）	空海、笠置寺虚空蔵の宝前にて求聞持法を修す	『笠置寺縁起』
八五〇～八九〇年（嘉祥～寛平）	僧遍照、笠置寺に参詣	『今昔物語』
九〇八年八月十二日（延喜八年戊辰八月十二日）	日蔵上人来山し、三十五日間参籠。蔵王権現のお告げで椿本神社を勧請	『一代峯縁起』『笠置寺縁起』

九〇一～九二三年（延喜年中）	醍醐天皇、臨幸さる	『笠置寺縁起』
九八七年十月十七日（永延元年十月十七日）	花山院、御幸さる	『百練抄』
一〇〇〇年（長保二年）	この頃、清少納言の「枕草子」が完成、寺の段に「壺坂、笠置……」と記される	『枕草子』
一〇〇七年六月八日（寛弘四年六月八日）	藤原道長、笠置寺参詣	『御堂関白記』
一〇二四～一〇二八年（万寿年間）	藤原頼道、笠置寺参詣	「笠置寺住僧等礼堂等造営勧進状」
一一〇八～一一一〇年（天仁年中）	永眞、礼堂経営	「笠置寺住僧等礼堂等造営勧進状」宗性『弥勒如来感応抄』
一一一八年九月二十六～二十八日（元永元年九月二十六～二十八日）	右大臣藤原宗忠、経供養のため来山	『中右記』
一一二九～一一五六年（鳥羽上皇年中）	寺領四至中で漁猟停止の院庁下文でる	「大和笠置寺大法師等解案」
一一三〇年四月（大治五年四月）	礼堂焼亡し、弥勒像の足焼ける	『醍醐雑事記』巻七
一一四九年五月十二日（久安五年五月十二日）	笠置の弥勒、彩色を加えて後、霊験が少なくなった旨の記事あり	『本朝世紀』、『沙石集』にも同様の記事あり
一一七四年六月（承安四年六月）	笠置寺住僧が定珍の灯油田に於ける無道を訴える	「笠置寺住僧等の陳情」（平安遺文）
一一七六年十一月三～五日（安元二年十一月三～五日）	後白河法皇、笠置寺臨幸	『笠置寺縁起』、『玉葉』、「一代要記已集」

一一八二年三月十二日 （養和二年三月十二日）	三ヶ月不退の念仏が弥勒殿にて行われ、文治四年（一一八八年）に至るも中断せず	宗性『弥勒如来感応抄』
一一八二年十月十八日 （寿永元年壬寅十月十八日）	院庁御下文をもって不断の法華供養料として田畠寄進さる	『笠置寺縁起』
一一八三年 （寿永二年）	笠置寺にて斎会が始まる	宗性『弥勒如来感応抄』
一一八五年八月二十三〜二十六日 （文治元年八月二十三〜二十六日）	無動寺法印、参詣し埋経す	『玉葉』
一一八五年 （元暦二年）	沙門信長、笠置寺弥勒殿毎月仏供勧進状なる	宗性『弥勒如来感応抄』
一一八五年十二月二十一日 （文治元年十二月二十一日）	如教、笠置寺毎日仏供勧進状なる	宗性『弥勒如来感応抄』
一一八八年六月 （文治四年六月）	沙門観俊、笠置寺念仏道場塔婆寄進状なる	宗性『弥勒如来感応抄』
一一九二年二月八日 （建久三年二月八日）	貞慶、藤原兼実を訪ね、笠置山へ籠居の意向を伝える	『玉葉』
同年十一月二十七日 （建久三年十一月二十七日）	貞慶、養和二年（一一八二年）から始めた大般若経六百巻を笠置寺に於いて書写し終わる	宗性『弥勒如来感応抄』
一一九三年 （建久四年秋）	貞慶、笠置寺に籠居（『興福寺略年代記』では建久三年三月十日）。笠置寺縁起は寿永元年壬寅とする	宗性『弥勒如来感応抄』
同年 （建久四年）	笠置寺二季八講料舞装束勧進状なる	宗性『弥勒如来感応抄』
一一九四年五月二日 （建久五年五月二日）	笠置寺住侶願海による作善願文なる	『続群書類従』巻八二八
同年八月三日 （建久五年甲寅八月三日）	笠置寺般若台院六角堂上棟し、黒漆六角経台を納める	『笠置寺縁起』 宗性『弥勒如来感応抄』

一一九五年十一月十九日（建久六年十一月十九日）	般若台に萱葺五間一面の精舎一宇造立	宗性『弥勒如来感応抄』
一一九六年（建久七年丙辰）	貞慶、笠置寺興行の大願を発し、諸旦那に助成を乞う	『笠置寺縁起』
同年（建久七年丙辰）	八条院、伊勢国蘇原の地頭職を笠置寺に与う	『笠置寺縁起』
同年二月十日（建久七年丙辰二月十日）	貞慶、『弥勒講式』を草す	『弥勒講式』
同年二月十七日（建久七年丙辰二月十七日）	貞慶、『地蔵講式』を草す	『地蔵講式』
同年四月十四日（建久七年四月十四日）	貞慶、笠置寺舎利講仏供勧進状を著す	宗性『弥勒如来感応抄』
同年年八月十五日（建久七年丙辰八月十五日）	重源、笠置寺に解脱鐘を寄進す	解脱鐘の銘文
同年（建久七年秋）	貞慶、般若台庵室にて霊山浄土を欣求する霊山講式を著す	『欣求霊山講式』
同年十二月（建久七年十二月）	貞慶、法華八講勧進状を著す	宗性『弥勒如来感応抄』
同年（建久七年）	貞慶、春日明神を請う。『興福寺略年代記』は建久八年とする	『興福寺略年代記』『春日権現験記絵』
一一九七年二月（建久八年二月）	笠置寺が小柳生の住人による寺領の簒奪を訴える	『大和笠置寺大法師等解案』・宋性『春華秋月抄』
一一九八年十一月七日（建久九年十一月七日）	貞慶、笠置寺十三重塔を造立供養す	宗性『弥勒如来感応抄』
一一九九年六月六日（正治元年六月）	重次名田を般若台領となし、毎年の霊山会の費用となす旨の後鳥羽院庁下文なる	『太上法皇御受戒記後附』（鎌倉遺文一〇六三号）

一一九九年七月二十二日（正治元年七月二十二日）	右大臣源通親から貞慶宛に後鳥羽院庁下文が出された旨の御教書交付	「太上法皇御受戒記後附」（鎌倉遺文一〇六六号）
一二〇〇年七月（正治二年七月）	三位局、八条院のために笠置に於いて修善の願文を草す	『続群書類従』巻八二八願文集
一二〇一年四月（建仁元年四月）	貞慶、伊賀国般若庄能米及び大和国椙本庄内の水田一町を春日社に寄進	「太上法皇御受戒記後附」（鎌倉遺文一二〇四号）
同年五月（建仁元年五月）	貞慶、東山観音堂修理の勧進状を著す	金沢文庫所蔵『讃仏乗抄』
一二〇三年二月（建仁三年二月）	笠置寺礼堂造営の勧進状なる	宗性『弥勒如来感応抄』・『解脱上人御草』
同年二月一日（建仁三年二月一日）	笠置寺礼堂上棟	『浄瑠璃寺流記事』
同年二月二十七日（建仁三年二月二十七日）	明恵上人、笠置寺にて解脱上人と会う	『明恵上人神現伝記』（高山寺資料叢書）
一二〇四年四月十日（元久元年四月十日）	貞慶の使者が鎌倉に参着、礼堂建築のため奉加を依頼	『吾妻鏡』
同年十月十五日（元久元年十月十五日）	礼堂完成	『吾妻鏡』
同年十一月七日（元久元年十一月七日）	貞慶の使者が鎌倉将軍家に参着、礼堂完成のお礼	『吾妻鏡』
同年十一月十七日（元久元年甲子十一月十七日）	貞慶、当寺本堂にて龍華会を開催す	『笠置寺縁起』・宗性『弥勒如来感応抄』・『解脱上人御草』等
一二〇五年八月十二日（元久二年八月十二日）	貞慶、藤原範子（形部卿三位　後鳥羽上皇乳母）の追善供養導師を務める	『名月記』
同年十月（元久二年十月）	貞慶、興福寺奏状を草す	『興福寺奏状』

一二〇六年四月十一～十二日（元久三年四月十一～十二日）	藤原定家、弥勒の御前に於いて故九条良経のために供養。導師は貞慶	『三長記』
一二〇八年（承元二年）	貞慶、海住山寺に入る	『解脱上人御形状記』
同年十一月（承元二年十一月）	笠置山沙門弁慶、二十九年に及ぶ大般若経一部六百巻の書写を完了させ、その開願供養会のための勧進状を著す	『解脱上人文草』
一二一〇年九月十八～二十日（承元四年九月十八～二十日）	後鳥羽上皇臨幸され、貞慶を導師として瑜伽論供養	「承元四年具注暦裏書」
一二一三年二月三日（建暦三年二月三日）	（貞慶、寂す）	『解脱上人御形状記』・『興福寺略年代記』
一二一五年九月四日（建保三年乙亥九月四日）	境内地に於いての殺生禁断の鳥羽法皇の院庁御下文を順徳院が再確認	『笠置寺縁起』
一二三〇年六月二十日（寛喜二年六月二十日）	宗性、笠置寺に初めて参籠	宗性『春華秋月抄草』奥書
一二三五年二月十四日（文暦二年二月十四日）	悪党笠置山に乱入し、房舎を破損、住侶を殺害	『弥勒如来感応抄』第一奥書
一二四三年四月（寛元元年四月）	笠置寺住侶により礼堂修造の勧進あり	『春華秋月抄草六』（鎌倉遺文六一七七）
一二六〇年（文応元年）	宗性、十三重塔修復	『弥勒如来感応抄』第五奥書
同年五月十一日（文応元年五月十一日）	宗性、笠置寺般若院にて『弥勒如来感応抄』を完成	『弥勒如来感応抄』第五奥書
一二七八年三月二日（弘安元年三月二日）	宗性、般若台霊山会に参じ、『笠置寺般若台霊山会問答記』を記す	宗性『笠置寺般若台霊山会問答記』
一三一三年一月（正和二年正月）	笠置寺本堂朽損、修造の計画あり	「山城笠置寺寺僧申状」（鎌倉遺文二四七七九）

一三一九年七月十八日（元應元年七月十八日）	笠置寺石像前に宝篋印塔建立	現物碑文、『京都古銘聚記』
一三三一年八月二十七日（元弘元年八月二十七日）	後醍醐天皇、神器を持ち笠置山に臨幸。笠置寺縁起は八月二十九日とする	『太平記』『笠置寺縁起』
同年九月二十八日（元弘元年九月二十八日）	夜、笠置落城。後醍醐天皇笠置寺より落つ	『笠置寺縁起』
同年（元弘元年）	東大寺尊勝院が笠置寺を知行	『笠置寺縁起』
一三三二年三月七日（元弘二年三月七日）	（後醍醐天皇、隠岐へ流さる）	『笠置寺縁起』
一三三三年三月十七日（元弘三年三月一七日）	笠置寺の衆徒、東大寺尊勝院の代官を追放、支配権を奪取	『笠置寺縁起』
同年六月五日（元弘三年六月五日）	（後醍醐天皇、京都内裏に戻る）	『太平記』
同年八月十四日（元弘三年八月十四日）	笠置寺本堂造立の勅宣あり	『笠置寺縁起抄出』
一三三五年（建武二年）	後醍醐帝より笠置寺造営の御沙汰あり	『細々要記』
一三三九年八月十六日（延元四年八月十六日）	（後醍醐天皇崩御）	『太平記』
一三七六年三月十二日（永和二年三月十二日）	具秀朝臣、南山帝の御願による笠置寺造営の御沙汰、巡見のため來山	『細々要記』
一三八一年三月十一日（永徳元年辛酉三月十一日）	笠置寺本堂造立なる	『笠置寺縁起抄出』『笠置寺再興勧進状』
一三八五年十二月（至徳二年十二月）	山名氏清、国人と笠置周辺に於いて合戦	『興福寺略年代記』

一三九八年（応永五年）	笠置寺籠所から出火、本堂炎上	『笠置寺縁起抄出』『笠置寺再興勧進状』
一四八二年（文明十四年）	『笠置寺縁起』なる	『笠置寺縁起』
一四八二年七月（文明十四年七月）	『笠置寺本堂再興勧進状』なる	『笠置寺再興勧進状』
一四八五年（文明十七年乙巳）	笠置寺住侶貞盛、坊ノ津一乗院にて『笠置寺縁起抄出』を書写させる	『笠置寺縁起抄出』
一四九一年八月二十日（延徳三年八月二十日）	笠置中坊へ侵入の盗人引き渡しにからみ、中坊より中川寺に押し寄せ、合戦	『大乗院寺社雑事記』
一五三四年七月十五日（天文三年七月十五日）	聖有阿闍梨名刻印の阿弥陀磨崖仏完成（行在所下）	現物、『京都古銘聚記』
一五三八年二月二十二日（天文七年二月二十二日）	現在に伝わる『笠置寺縁起』が書写さる	『笠置寺縁起』
一五四一年十一月二十六日（天文十年十一月二十六日）	笠置城にて木沢勢と伊賀衆の小競り合い	『多聞院日記』
一五五〇年二月三日（天文十九年二月三日）	笠置寺八講あり	『多聞院日記』
一五七五年五月十六日（天正三年五月十六日）	多聞院の僧、笠置にツツジを見にくる（笠置寺周辺が平穏になってきた証か）	『多聞院日記』
一六〇四年九月十五日（慶長九年九月十五日）	京都所司代板倉伊賀守（板倉重勝）参詣し、山林竹木寄付す	『正保版笠置寺縁起』
一六一〇年七月十日（慶長十五年七月十日）	礼堂上棟	『正保版笠置寺縁起』
一六一一年八月二十二日（慶長十六年八月二十二日）	礼堂完成し大曼荼羅供執行	『正保版笠置寺縁起』

一六三四年（寛永十一年）	二代藩主藤堂高次、笠置寺参詣し、寺領として十五石寄付	『正保版笠置寺縁起』
一六四四年二月十五日（寛永二十一年二月十五日）	前近衛殿桜の御所、笠置寺参詣	『正保版笠置寺縁起』
一六四五年（正保二年）	正保版笠置寺縁起なる	『正保版笠置寺縁起』
一六四八年八月二日（正保五年戊子秋）	二代藩主藤堂高次、笠置寺参詣し、一堂を建て歳施若干石を賜う	『笠置山記』堂内棟札
一六五八年六月六日（明暦四年六月六日）	三代藩主藤堂高久、部屋住の時に笠置山登山	藤堂藩記録『永保記事略』
一六七五年四月九日（延宝三年四月九日）	藤堂藩、笠置寺と地元百姓との間に境界を定む	藤堂藩記録『西島八兵衛文書』
一六八二年九月四日（天和二年九月四日）	多聞院、知足院住持、藤堂藩より下山の処分をうく	藤堂藩記録『宗国史』
一六八七年（貞享丁卯〈四年〉春）	僧、月潭道澄、貞享丁卯（四年）春笠置山に登山し、元禄二年十一月『笠置山記』、『笠置山十境之詩』を著す	『笠置山記』『笠置山十境之詩』
一七〇〇年十一月（元禄十三辰年十一月）	三代藩主藤堂高久、石灯籠寄付のため黄金三枚下さる	郷土資料館寄託文書五
一七〇四年八月（宝永元年八月）	四代藩主藤堂高睦、解脱上人『地蔵講式』と上人所持の鈴を寄進さる	笠置寺所蔵の原本『永保記事略』
一七三八年八月六日（元文三年八月六日）	東大寺大勧進庸訓上人が公慶上人所持の牛玉宝印十一面観音を寄付し、『十一面尊記』を著す	笠置寺所蔵の『十一面尊記』、「寄付状」
一七三九年九月十八日（元文四年九月十八日）	七代藩主藤堂高朗、笠置山登山	藤堂藩記録『永保記事略』
一七七六年七月（安永五年七月）	毘沙門堂本尊を納置する厨子建立	「本尊多聞天再興厨子建立之記」（厨子背面文書）

一七七七年十二月四日（安永六年十二月四日）	九代藩主藤堂高敦（のち高嶷と改名）、石灯籠寄進。笠置山登山は安永六年九月	藤堂藩記録『庁事類編』
一七九一年十月十二日（寛政三年十月十二日）	笠置寺三院風雨による堂塔破損につき修復願い	藤堂藩記録『庁事類編』
一七九八年九月二十八日（寛政十年九月二十八日）	毘沙門天堂（もともと般若台持仏堂と称し、焼失していた）再建	笠置寺所蔵の棟札
一八〇一年五月十五日（享和辛酉年五月十五日）	津の儒者津坂東陽、笠置山に登山し、『遊笠置山記』を著す	『遊笠置山記』
一八〇三年三月十九日（享和三年三月十九日）	京都町奉行森川越前守、笠置山登山	郷土資料館寄託文書一三三
同年三月二十六日（享和三年三月二十六日）	伏見奉行加納久周、笠置山登山	郷土資料館寄託文書一三四 藤堂藩記録庁事類編
同年六月（享和三年六月）	木津川筋に水害。奉行森川越前守（俊尹）見分の途上笠置山登山	「石井家文書」（木津町史所収）
一八〇四年三月（享和四年三月）	毘沙門天堂再建。霊仏霊宝展示、結縁灌頂執行	郷土資料館寄託文書一三七 笠置寺所蔵の棟札
一八〇五年四月二十八日（文化二年四月二十八日）	京都町奉行曲渕景露、笠置山登山	郷土資料館寄託文書一四一
一八一二年三月二十一日（文化九年三月二十一日から）	笠置寺中興解脱上人六百年忌執行	郷土資料館寄託文書一四七
一八一三年九月二十二日（文化十年九月二十二日）	十代藩主藤堂高兌、笠置山登山	藤堂藩記録『庁事類編』
一八一三年十月十三日（文化十年十月十三日）	藤堂采女、笠置山登山	藤堂藩記録『庁事類編』

一八一五年八月（文化十二年八月）	老中酒井忠進（一二・四・六mまで京都所司代）、笠置山に登山	郷土資料館寄託文書三一〇
一八二七年九月十六日（文政十年九月十六日）	十一代藩主藤堂高猷、笠置山に登山。従った斉藤拙堂が『陪遊笠置山記』を著す	『陪遊笠置山記』
一八二九年四月四日（文政十二年四月四日）	頼山陽、笠置山に登山	「笠置山元弘の行在所を観て作れる歌」
一八三一年八月（天保二年八月）	作事奉行梶野良材、笠置山に登山し、『笠置紀行』を著す	『笠置紀行』
一八三四年（天保五年）	笠置寺所有の田畑を村方が惣作することの証札提出	郷土資料館寄託文書一九六
一八四八年四月（嘉永元年四月）	本堂屋根葺き替え	郷土資料館寄託文書二三八
一八四九年四月（嘉永二年四月）	十一代藩主藤堂高猷寄進による大般若経開眼供養執行	郷土資料館寄託文書二四三
一八五四年六月十四日〜（安政元年六月十四日〜）	安政大地震、笠置寺に壊滅的な被害	郷土資料館寄託文書ほか
同年八月十二日（安政元年八月十二日）	豊滝稲荷大明神を勧請して稲荷堂再建	福寿院、文殊院、多聞院連名の棟札
一八五五年二月十五日（安政二年二月十五日）	目付大久保忠寛（右近将監）、笠置山に登山	郷土資料館寄託文書二六二
一八五五年四月（安政二年四月）	三院住持、藩主藤堂高猷、城和領巡検の際、笠置本陣へ挨拶	郷土資料館寄託文書二六三
一八五七年十一月（安政四年十一月）	老中脇坂中務大輔、笠置山に登山	郷土資料館寄託文書二八二
一八六一年五月十四日（文久元年五月十四日）	英国初代駐日大使オールコック、江戸への途上、笠置通過	オールコック『大君の都』

一八七三年十月三十日（明治六年十月三十日）	福寿院が智積院の所轄（末寺）に入る。福寿院代表は俊丈	『智積院日鑑』
一八七六年（明治九年）	丈英、無住の笠置寺に入る	『笠置山記』（明治三十四年発行）
一八九四年九月（明治二十七年九月）	大師堂、現在地に建立	大師堂棟札
一八九八年四月三十日（明治三十一年四月三十日）	明治二十九年八月三十日近畿、東海を襲った台風により破損した毘沙門天堂修繕落成	笠置寺所蔵の棟札
一九〇〇年（明治三十三年）	笠置山元弘彰趾会により行在所が整備さる	『相楽郡誌』
一九一五年四月十七日（大正四年四月十七日）	丈英他界	笠置寺に安置の位牌
一九一七年五月五日（大正六年五月五日）	東宮（後に昭和天皇）、笠置寺参拝	当時の新聞記事
一九二八年五月（昭和三年五月）	大師堂修繕	大師堂棟札
一九三二年四月十九日（昭和七年四月十九日）	笠置山が史跡及び名勝に指定される	「文部省告示一一〇号」
一九四八年十二月一日（昭和二十三年十二月一日）	笠置寺住職慶順が他界	笠置寺に安置の位牌
一九四九年十二月二十五日（昭和二十四年十二月二十五日）	笠置寺住職慶尊が他界。尊亮住職に就任	笠置寺に安置の位牌
一九五三年八月十五日（昭和二十八年八月十五日）	南山城水害、隣村大河原村に激甚被害	当時の新聞記事
一九五七年四月（昭和三十二年四月）	本堂改修なる	

一九五九年（昭和三十四年）	慶範、住職就任	
一九五九年（昭和三十四年）	解脱鐘鐘楼改修	
一九七四年（昭和四十九年春）	舎利殿完成	
一九九〇年（平成二年）	大師堂建替	
一九九一年（平成三年）	ＮＨＫ大河ドラマ「太平記」の舞台として観光客が押し寄せる	
一九九八年十二月（平成十年十二月）	庫裡改築完成	
二〇〇二年四月二十～七月七日（平成十四年四月二十～七月七日）	奈良国立博物館「東大寺のすべて展」にて笠置寺から解脱鐘出展	
二〇〇四年五月十六日（平成十六年五月十六日）	毘沙門堂改築落慶	
同年九月十八～十一月三日（平成十六年九月十八～十一月三日）	「興福寺国宝展」にて『笠置寺絵縁起』、大和文華館から「笠置曼荼羅」出展	
二〇一〇年十月三十～十一月十四日（平成二十二年十月三十～十一月十四日）	平城遷都千三百年祭に協賛、寺宝展開催	
二〇一二年四月七～五月二十七日（平成二十四年四月七～五月二十七日）	奈良国立博物館「解脱上人貞慶御遠忌八百年記念特別展」にて『地蔵講式』出展	
同年十一月四日（平成二十四年十一月四日）	笠置寺に於いて解脱上人貞慶八百年遠忌法要が盛大に執行される	
二〇一三年五月七日（平成二十五年五月七日）	笠置寺住職、慶範から慶昭へ交代（総本山智積院より辞令受領）	

二〇一四年四月二十二～六月十五日（平成二十六年四月二十二～六月十五日）	京都博物館「南山城の古寺巡礼展」にて毘沙門天像、『笠置寺縁起絵巻』出展	
同年十一月三十日（平成二十六年十一月三十日）	笠置寺弥勒像彫顕千三百五十年祭執行	
二〇一六年六月一日（平成二十八年六月一日）	春日大明神を勧請して元弘の役で焼失した春日神社を再建	

主要参考文献

笠置寺に関する論文

・佐藤虎雄「笠置山の史跡及名勝」（『京都府史跡名勝天然記念物調査報告』十一、一九二八年）
・足立　康「笠置寺弥勒像と笠置曼荼羅」（『建築史』一ノ一、一九三九年）
・川勝政太郎「笠置磨崖仏小考」（『史迹と美術』十三ノ二、一九四二年）
・西村　貞「南山城笠置寺の磨崖仏」（『奈良の石仏』一九四三年）
・田中重久「笠置寺の岩壁画」（『日本壁画の研究』一九四〇年）
・矢代幸雄「笠置曼荼羅（歎美抄）」（『大和文華』二号、一九五二年）
・堀池春峰「笠置寺と笠置曼荼羅についての一試論」（『仏教芸術』十八、一九五三年）
・坪井良平「解脱鐘」（『日本の梵鐘』一九七〇年）
・豊島　修「笠置山の修験道」（『近畿霊山と修験道』山岳宗教史研究叢書十一、一九七八年）
・大矢良哲「笠置寺式弥勒石仏について」（『史迹と美術』一九八〇年）
・竹居明男「笠置寺編年史料」（『同志社大学文学界「人文学」』一四三号、一四四号、一九八六年、一九八七年）
・山本寛二郎「笠置山虚空蔵石磨崖仏私考」（『史迹と美術』五八二号、一九九〇年）
・松前健他『笠置町と笠置山』（所収の各論文　笠置町教育委員会　一九九一年）
・小林慶昭「解脱上人貞慶と笠置寺」（『密教学研究』第二十三号、一九九一年）
・宮　次男「笠置寺縁起絵」（『角川絵巻物総覧』一九九五年）
・平田　寛「笠置寺の図像抄」（『絵仏師の作品』一九九七年）
・畠山　聡「中世東大寺の別所と経営」（『鎌倉遺文研究Ⅰ』一九九九年）

・成瀬不二雄「笠置曼荼羅と日本中世絵画の理想的表現」(『大和文華』一〇三号、二〇〇〇年)
・田中尚子「笠置寺縁起の位相」(『国文学研究』一三一号、二〇〇〇年)
・田中尚子「笠置寺縁起の成立とその背景」(『古典遺産』第五一号、二〇〇一年)
・宮治　昭「巨大仏の系譜　弥勒信仰と盧舎那仏」(『東大寺展　東大寺のすべて』二〇〇二年)
・「解脱鐘解説」(『東大寺展目録』二〇〇二年)
・「解脱上人、笠置寺絵縁起、笠置曼荼羅等の解説」(『興福寺国宝展目録』二〇〇四年)
・小野妙恭「大般若波羅密多経　平安後期古書写経」(二〇〇〇年)
・財団法人京都府埋蔵文化財調査研究センター「発掘調査　史跡及名勝笠置山」(二〇〇五年)
・大阪大学大学院文学研究科「笠置寺調査報告一」(『小野随心院所蔵の文献・図像調査を基盤とする相関的・総合的研究とその展開一』二〇〇六年)
・泉　武夫「笠置寺摩崖線刻菩薩像の制作時期をめぐって」(『京都国立博物館学叢』二八号、二〇〇六年)
・大阪大学大学院文学研究科「笠置寺調査報告二」(『小野随心院所蔵の文献・図像調査を基盤とする相関的・総合的研究とその展開二』二〇〇七年)
・船田淳一「貞慶の笠置寺再興とその宗教思想」(『仏教大学総合研究所紀要』第十七号、二〇一〇年)
・加須屋誠「笠置曼荼羅図小論」(『方法としての仏教文化史』二〇一〇年)
・「南山城の古寺巡礼展」(所収の各論文、二〇一四年)

笠置寺に関する案内書

・『雍州府志』貞享元年(一六八四年)
・貝原益軒『和州巡覧記』元禄九年(一六九六年)
・『山城名勝史』正徳元年(一七一一年)

・『山州名跡志』宝永辛卯（一七一一年）
・「山城名跡巡行志」宝暦十二年（一七六二年）
・「都名所図会」天明七年（一七八七年）
・津坂東陽『遊笠置山記』享和元年（一八〇一年）（『津坂東陽詩文集』）
・『笠置寺古跡由緒記』文化十年（一八一三年）明治時代の写し
・斉藤拙堂「陪游笠置山記」文政十年（一八二七年）（『拙堂文集』門人中内惇編　一八八一年）
・氷室長翁『芳野日記』嘉永元年（一八四八）
・人倉笠陰『笠置山独案内』（笠置寺発行　一八八六年）
・小林慶尊『笠置山記』（笠置寺発行　一九〇一年）
・川村文芽『笠置山及付近写真帖』（一九一八年）
・『京都府相楽郡誌』（京都府教育会相楽郡部会　一九二〇年）
・龍背辰次郎『笠置山元弘戦記』（松本亭内古跡研究所　一九二五年）
・小林慶順『笠置山誌』（笠置寺発行　一九三九年）
・岡本和重『笠置山の景勝と史跡』（笠史会　一九六七年）
・『笠置町と笠置山』所収の各論文（笠置町教育委員会　一九九〇年）
・竹村俊則『昭和京都名所図会』（駸々堂出版　一九八九年）
・近畿文化会編集『笠置、加茂　近畿日本ブックス』（一九九六年）

笠置寺創建に関する資料

・『笠置寺縁起』（笠置寺保存の写本並びに『大日本仏教全書　寺社叢書第二』仏書刊行会　一九一三年）
・『笠置山縁起』（『大日本仏教全書　寺社叢書第二』仏書刊行会　一九一三年）

・『阿娑縛抄』（『大日本仏教全書四一』 仏書刊行会 一九一四年）
・正宗敦夫編『伊呂波字類抄』（風間書房 一九八八年）
・『二月堂絵縁起』（『大日本仏教全書 東大寺叢書並びに続々日本絵巻大成六』（一九九四年）
・『諸山縁起』（『日本思想大系』二〇、寺社縁起 岩波書店 一九七五年）
・「古事類苑宗教部」（吉川弘文館 一九九六年）
・川崎康之『天武天皇』（岩波書店 一九五二年）
・遠山美都男『壬申の乱』（中央公論社 一九九六年）
・『今昔物語』（日本古典文学大系二二～二六、岩波書店 一九五九年）

弥勒信仰にかかる参考書

・速水 侑『弥勒信仰』（評論社 一九七一年）
・宮田 登『ミロク信仰の研究』（未来社 一九七五年）
・平岡定海『日本弥勒浄土思想展開史の研究』（大蔵出版 一九七七年）

平安時代に関する資料

・『枕草子』（日本古典文学大系一九、岩波書店 一九五八年）
・『後二条師通記』（『大日本古記録』東京大学史料編纂所編）
・『類従三代格』（『弘仁格抄』第二十五巻、国史大系編修会）
・『百錬抄』（『国史大系』第十一巻、国史大系編修会 吉川弘文館）
・『御堂関白記』（『大日本古記録第一』東京大学史料編纂所編）

貞慶に関する資料

・『類聚伝記大日本史七』（雄山閣　一九三五年）
・『解註　謡曲全集巻六』（中央公論社　一九五一年）
・『日本高僧伝』（『元亨釈書』国史大系編修会、吉川弘文館　一九六五年）
・『古今著聞集』（日本古典文学大系八四、岩波書店　一九六六年）
・『名月記』第一・二・三（国書刊行会　一九七〇年）
・『玉葉』第一・二・三（国書刊行会　一九七一年）
・「鎌倉旧仏教」（『日本思想大系』一五、岩波書店　一九七一年）
・岩城隆利『日本の仏教と奈良』（明石書房　一九八六年）
・『日本霊異記』（新日本古典文学大系三〇、岩波書店　一九八六年）
・宮島新一『解脱上人作善集』（『月刊文化財』一九八六年）
・小松成実編『春日権現験記絵（上下）』（中央公論社　一九九一年）
・竹居明男『解脱上人貞慶と春日信仰』（日本古代仏教の文化史、吉川弘文館　一九九八年）
・曽根正人『古代仏教界と王朝社会』（吉川弘文館　二〇〇〇年）
・上横手雅敬「貞慶をめぐる人々」（『権力と仏教の中世史』法蔵館　二〇〇九年）
・「貞慶展所収の各資料」（二〇一二年）
・『大日本史料』第四編の一二（東京大学史料編纂所　一九七二年）
・『沙石集』（日本古典文学大系八五、岩波書店　一九六六年）
・『一言芳談抄』（岩波書店　一九四一年）
・近藤成一『鎌倉幕府と朝廷』（岩波書店　二〇一六年）

貞慶の著作に関する資料

・『興福寺奏状』（日本思想大系一五、岩波書店　一九七七年）
・『解脱上人小章集』（日本大蔵経　第六四巻、鈴木学術財団編　一九七五年）
・藤田経世編『讃仏乗抄第八』（校刊美術史料　寺院篇　下巻、中央公論美術出版　一九七六年）
・『貞慶講式集』（大正大学綜合仏教研究所研究叢書第二、山喜房仏書林　二〇〇〇年）
・『愚迷発心集』（岩波書店　一九三四年）

宗性に関する資料

・平岡定海『東大寺宗性上人の研究並史料』（日本学術振興会　一九四八年）
・『宗性上人凝然写本目録』（東大寺図書館　一九五九年）
・『弥勒如来感応抄』第一～第五（東大寺所蔵）
・『弥勒如来感応抄』第一～第五写本（東北大学所蔵）
・『讃仏乗抄第八』（東大寺所蔵）
・『讃仏乗抄』（金沢文庫所蔵）

鎌倉時代に関する資料

・『三長記』（『内外書籍　史料大成』一九三六年）
・『解註　謡曲全集巻六』（中央公論社　一九五一年）
・吉川英治『新・平家物語』（講談社　一九八九年）

・中尾　尭『中世の勧進聖と舎利信仰』（吉川弘文館　二〇〇一年）
・『吾妻鏡』（岩波書店　一九四〇年）
・『明恵上人集』（岩波書店　二〇〇二年）
・徳仁親王「室町前中期の兵庫関の二、三の問題」（『中世日本の諸相・下巻』吉川弘文館　一九八九年）
・『愚管抄』（日本古典文学大系八六、岩波書店　一九六七年）
・『鎌倉遺文』巻一～四十二　補一～四（東京堂出版）

元弘の役及び戦国時代に関する資料

・『光明寺残篇』（群書類従巻第四五四）
・『神明鏡下』（続群書類従巻第八五二下）
・『北条九代記』（続群書類従巻第八五五）
・『東寺王代記』（続群書類従巻第八五六）
・石川日出鶴丸（『笠置戦役と越中石川』一九二九年）
・『興福寺略年代記』（続群書類従巻第八五七）
・『至徳二年記』（続群書類従巻第四十）
・『大乗院寺社雑事記』（潮書房　一九三一年）
・『楠公遺芳』（大楠公六百年大祭奉賛会発行　一九三五年）
・『多聞院日記（一）』（三教書院　一九三五年）
・川田　順『吉野朝の悲歌』（第一書房　一九三九年）
・吉川英治『私本太平記』（毎日新聞社　一九五九年）
・『太平記』（日本古典文学大系三四、岩波書店　一九六〇年）

・由良哲次『南北朝編年史上』（吉川弘文館　一九六四年）
・国史大系編修会編『国史大系　第21巻下　今鏡・増鏡』（吉川弘文館　一九六五年）
・鈴木良一『応仁の乱』（岩波書店　一九七三年）
・石川旭丸『越中石川家史』（一九七六年）
・平井　聖『日本城郭大系一二』（新人物往来社　一九八〇年）
・森　茂暁『後醍醐天皇』（中央公論新社　二〇〇〇年）
・『ふぢ河の記』（新日本古典文学大系五一　中世日記紀行集、岩波書店　二〇〇〇年）
・呉座勇一『応仁の乱』（中央公論新社　二〇一六年）
・『足助町史』
・『加茂町史』
・『神皇正統記』（岩波書店　一九六五年）
・『日本外史』（岩波書店　一九七六年）
・『新葉和歌集』（岩波書店　一九九二年）

藤堂藩関係の資料

・上野市古文献刊行会『永保記事略』（一九七四年）
・上野市古文献刊行会『庁事類編』（一九七六年）
・上野市古文献刊行会『宗国史』（一九八一年）
・上野市古文献刊行会『藤堂藩大和山城奉行記録』（一九九六年）

江戸時代その他の資料

・『筑紫巡遊日録』（元禄四年　一六九二年）
・吉田寅次郎著『嘉永癸丑吉田松陰遊歴日録』（一八八三年）
・伴林光平『月瀬紀行』（佐々木信綱編『伴林全集』湯川弘文堂　一九四四年）
・震災予防調査会編『大日本地震史料』（思文閣　一九七三年復刻）
・萩原尊禮他編『古地震』（東京大学出版会　一九八二年）
・島ヶ原村郷土史研究会『島ヶ原村本陣御茶屋文書』（一九八七年）
・村上泰昭『大倉笠山、その妻袖蘭の絵と書』（泰房庵発行　一九九八年）
・『加太越え奈良道見取絵図』（東京美術〔原本は文化四年発行〕一九九九年）
・清河八郎『西遊草』（岩波書店　一九九三年）
・『芭蕉俳諧論集』（岩波書店　一九三九年）
・『大君の都（中）』（岩波書店　一九八三年）
・『読史余論』（岩波書店　一九九〇年）
・『芭蕉書簡集』（岩波書店　二〇〇五年）
・月譚道澄『巌居稿』（公文書館内閣文庫所蔵）

明治時代以降の資料

・石井教道『大倉家沿革誌』（一九五七年）
・「京都の社寺建築」（『京都府文化財保護基金』一九七九年）
・笠置町教育委員会「史跡及び名勝笠置山保存管理計画策定報告書」（一九八五年）

・アーネストサトー『明治日本旅行案内（中巻）』（平凡社　一九九六年）

辞典類

・『望月仏教大辞典』（世界聖典刊行協会　一九三三年）
・『増補大日本地名辞書第二巻』（冨山房　一九六九年）
・川勝政太郎『日本石造美術辞典』（東京堂出版　一九七八年）
・『年代日本歴史　一〜六』（筑摩書房　一九八〇年）
・『日本歴史地名大系第二六巻　京都府の地名』（平凡社　一九八一年）
・『日本歴史地名大系第三〇巻　奈良県の地名』（平凡社　一九八一年）
・『仏教語大辞典』（東京書籍　一九八一年）
・『角川日本地名大辞典二六　京都府下巻』（角川書店　一九八二年）
・『日本歴史地名大系第二四巻　三重県の地名』（平凡社　一九八三年）
・『修験道辞典』（東京堂出版　一九八六年）
・『三百藩藩主人名事典　第三巻』（藩主人名事典編纂委員会編　一九八七年）
・『岩波仏教辞典』（岩波書店　一九八九年）
・『昭和災害史年表事典二』（紀伊国屋書店　一九九二年）
・『日本史年表』（岩波書店　一九九三年）
・『平安時代史事典』（角川書店　一九九四年）
・『京都大事典府域編』（淡交社　一九九四年）
・『東大寺辞典』（東京堂出版　一九九五年）
・『藩史大事典第四巻　中部編Ⅱ』（雄山閣出版　一九八九年）

・『図説中世城郭事典第二巻』（新人物往来社　一九八七年）

笠置寺の歴史を語る笠置寺保存文書

・『笠置寺縁起』天文七年（一五三八年）書写
・『笠置寺縁起絵巻　三巻』
・『弥勒講式』『地蔵講式』自筆本（奈良国立博物館に寄託）
・『笠置之城元弘戦全図』笠置寺公文僧竜蔵図　応永十四年（一四〇七年）五月画　写笠置寺所蔵
・『笠置寺再興勧進状』文明十四年（一四八三年）
・『笠置寺縁起　正保版』正保二年（一六四五年）
・『笠置山記』元禄二年（一六八九年）
・『笠置寺多聞院毘沙門天王記』延宝九年（一六八一年）
・『正月堂十一面尊記』元文三年（一七三八年）
・江戸時代後期古文書　五四八点（山城郷土資料館所に寄託）

〔著者紹介〕
小林 義亮（こばやし ぎりょう）

昭和14年（1939）1月 京都府生まれ
大阪大学法学部卒
昭和37年（1962）4月 大和銀行（現りそな銀行）入行
平成5年（1993）4月 東京審査部長を最後に同行を退職し、同行関係会社役員に就任。
平成11年（1999）1月 60歳の誕生日を待ち関係会社役員を退任。以後、笠置寺関係の研究に専念する。
平成23年（2011）6月 社団法人日本山岳会常務理事就任。
平成25年（2013）6月 同会公益社団法人に改組後常務理事退任。

ある山寺の歴史 〔増補改訂新版〕
笠置寺 激動の1300年

2023年1月22日 第1刷発行

著 者 小林義亮
発行者 宮下玄覇
発行所 MPミヤオビパブリッシング
〒160-0008
東京都新宿区四谷三栄町11-4
電話(03)3355-5555
発売元 株式会社宮帯出版社
〒602-8157
京都市上京区小山町908-27
電話(075)366-6600
http://www.miyaobi.com/publishing/
振替口座 00960-7-279886
印刷所 モリモト印刷株式会社

定価はカバーに表示してあります。落丁・乱丁本はお取替えいたします。
本書のコピー、スキャン、デジタル化等の無断複製は著作権法上での例外を除き禁じられています。本書を代行業者等の第三者に依頼してスキャンやデジタル化することは、たとえ個人や家庭内の利用でも著作権法違反です。

©Giryo Kobayashi 2023 Printed in Japan ISBN978-4-8016-0294-6 C0021